江苏人民教育家培养工程丛书（第三辑）

守正　立人

——“正语文”课堂教学

SHOUZHENG LIREN
ZHENGYUWEN KETANG JIAOXUE

刘金玉　著

江蘇鳳凰教育出版社
Phoenix Education Publishing, Ltd

图书在版编目(CIP)数据

守正立人 ："正语文"课堂教学 / 刘金玉著. —— 南京 ：江苏凤凰教育出版社，2021.9
（江苏人民教育家培养工程丛书. 第三辑）
ISBN 978-7-5499-9560-8

Ⅰ. ①守… Ⅱ. ①刘… Ⅲ. ①中学语文课－课堂教学－教学研究－初中 Ⅳ. ①G633.302

中国版本图书馆 CIP 数据核字(2021)第 195861 号

江苏人民教育家培养工程丛书(第三辑)

书　　名	**守正立人——"正语文"课堂教学**
作　　者	刘金玉
责任编辑	俞　婷
特约编辑	王红梅
出版发行	江苏凤凰教育出版社(南京市湖南路1号A楼　邮编 210009)
苏教网址	http://www.1088.com.cn
照　　排	南京私书坊文化传播有限公司
印　　刷	南京顺和印刷有限责任公司
厂　　址	南京市江宁区麒麟街道天和路78号
开　　本	787 mm×1092 mm　1/16
印　　张	13.5
插　　页	2
版　　次	2021年9月第1版
印　　次	2021年9月第1次印刷
书　　号	ISBN 978-7-5499-9560-8
定　　价	36.00元
网店地址	http://jsfhjycbs.tmall.com
公 众 号	苏教服务(微信号:jsfhjyfw)
邮购电话	025-85406265,025-85400774,短信 025-85420909
盗版举报	025-83658579

本书如有印刷、装订等质量问题，请与印刷厂联系调换，电话:025-83682876

江苏人民教育家培养工程丛书(第三辑)编委会

为江苏未来教育家成长奠基

纵观世界教育史，每一次深刻的教育变革都离不开教育家的参与和推动。邓小平同志在1986年就提出“希望中国出现一大批三四十岁的优秀的科学家、教育家、文学家和其他各种专家”。2007年《国家教育事业发展“十一五”规划纲要》明确提出了“倡导教育家办学”的方针。《国家中长期教育改革和发展规划纲要(2010—2020年)》也明确提出，要创造有利条件，鼓励教师和校长在实践中大胆探索，创新教育思想、教育模式和教育方法，形成教学特色和办学风格，造就一批教育家，倡导教育家办学。

倡导教育家办学，要在扎根于民族文化土壤的同时，吸纳一切人类文明成果，形成具有本土特色和全球视野的教育实践和教育智慧。在我国源远流长的几千年文明发展进程中，不仅积淀了丰富的教育话语体系，而且涌现出一批又一批的优秀教育家。如，有被推崇为“大成至圣先师”“万世师表”的孔子，有“匹夫而为百世师，一言而为天下法”的韩愈，有“捧着一颗心来，不带半根草去”的人民教育家陶行知，等等。

江苏素有重教兴学的优良传统。明清两代全国202名状元中，有66人出自江苏，约占总数的三分之一。中华人民共和国成立以来，两院院士三分之一以上是江苏籍。“十一五”规划以来，江苏认真贯彻国家、省教育规划纲要，坚持把优先发展教育作为强省之基，把科教与人才强省作为经济社会发展的基础战略，扎实做好教育改革发展各项工作。为顺应发展要求，江苏在2009年启动实施“江苏人民教育家培养工程”，旨在通过培养一批具有教育家潜质的校长、教师，带动全省师资队伍建设，提高全省教育质量。工程启动和实施以来，得到了省内外同行的高度关注，《中国教育报》《人民教育》等权威教育媒体纷纷予以报道，给予了很多的支持和鼓励。在工程的带动下，全省基础教育人才队伍建设工作蓬勃开展，人才梯队不断优化，人才培养形成常态化。无锡的教育名家培养工程、常州和镇江的名师工作室、苏州的姑苏人才计划、南通和淮安的名师名校长培养工程、连云港的中小学高层次人才“333”工程、泰州的中小学卓越教师培养计划、扬州的领雁工程等都取得了良好成效，为江苏基础教育事业的明天提供了人才支撑。

一、设计思路

古今中外的教育家，虽然成长路径各不相同，但他们身上都有一个共同特点，那就是都有强烈的发展愿景，都是积极主动、持之以恒地追求自我发展。而有计划的培养可以促其自觉、促其坚定、催其奋进、助其提高。实践证明，有效整合社会资源，建立系统而完整的培养制度，对培养对象进行引领、促进、支持，给予他们相对良好的成长空间和必要的规制，有助于教师队伍更快更好地成长。我们认为，确立“人民教育家是可以培养的”观念，是科学的人才观、发展观在师资队伍建设中的体现。

确立目标宗旨。为一批立志终身从教、教育理念新、科研能力强、专长突出、风格鲜明、发展潜力大的中小学教师和校长创造条件，提供平台，给予重点培养，帮助他们在教育理论素养和创新实践能力等方面得到全面提升，使其个人专长更加凸显，特色风格更加鲜明，为他们成长为社会公认的人民教育家奠定基础，并以此带动和促进全省中小学师资队伍水平的整体提升，为江苏建设教育强省、率先实现教育现代化、办人民满意的教育做出更大的贡献。

制订培养计划。工程实施的目标是培养基础教育高端人才。从2009年起，计划在全省范围内分四批选拔200名特级教师进行重点培养。200个培养名额，低于特级教师总数的20%，不到中小学专任教师总数的万分之三。分四批培养，每批50人，确保每一名培养对象都能享有足够好、足够多的专家资源、活动资源、财力资源和实践平台，保证培养过程更加具有科学性、针对性和有效性。

明晰选拔标准。分析近代以来我国教育家表现出来的特质，我们发现他们具有三个方面的共同点：一是志存高远，具有远大的教育理想，“敢探未发明的新理”，善于发现和潜心研究教育问题，形成自己独到的教育思想；二是学高为师，具有丰富的学识和科学的经验，勇于探索，在办学理念和思路、学校建设与管理、教育教学方式等方面形成鲜明的特色和风格；三是身正为范，具有高尚的人格魅力，热爱学生，尊重学生，对学生有大爱之心，并有较大的社会影响。为此，在培养对象的选拔上，我们确定了“坚持一个基本条件、着重考察三个方面”的遴选原则。基本条件必须是特级教师，是“师德的表率、育人的模范、教学的专家”。在此基础上，着重考察培养对象是否有正确的、强烈的成长动机，有为人民教育事业奋斗终身的坚定理想和不懈追求；是否具有深厚的教育理论素养、文化素养和专业素养，有成为人民教育家的基础条件和发展潜力；是否具有高尚的人格魅力，在区域和学科专业领域内声望高、影响大、示范性强，受到同行、学生、家长和社会的广泛敬重和好评。

二、制度建构

“江苏人民教育家培养工程”是一项系统性工程，旨在探索高端教育人才培养的政策、制度和实践模式，以培养对象的教育思想、办学行为和先进事迹激发全省所有校长、教师的教育热情和奉献精神。经过五年的实践探索，逐步形成了一套比较完整的培养体系，制定了《江苏人民教育家培养工程实施指南》，形成了管理、培养、考核“三位一体”的培养工作机制。

建立了管理机构。在管理上，教育厅成立了“江苏省人民教育家培养工程领导小组”，负责培养工作的整体把握和指导，指定江苏省教育科学研究院负责工程的具体实施工作。根据培养对象的特点和研究方向，成立了分学段或分学科领域和学校管理等不同培养方向的五个研修组。与培养对象相对应，组建了五个专家指导小组，通过个别指导和集体指导相结合的模式，就培养对象的发展规划、研究方向、课题研究进行指导。

搭建了培养平台。在培养上，以“政府创设平台、专家引领指导、个人主动发展、团队共同提高”为培养机制，以帮助培养对象“提高师德修养、拓展教育视野、创新教学理念、提高教育教学能力水平”为核心培养内容，规划实施了九大系列培养计划：催生教育主张——培养对象理论素养提升计划；聆听高端讲座——培养对象知识结构更新计划；牵手农村教育——培养对象责任修炼计划；推动教育创新——培养对象实践模式构建计划；走近教育家——培养对象分类阅读计划；聚焦实践问题——培养对象小组合作研究计划；带动共同发展——培养对象团队建设计划；教育家办学——影响力论坛计划；行者无疆——教育考察计划。围绕计划，在2014年至2019年第三期培养对象培养期内，共开展省级集中活动20余次、小组活动近100次。

制定了考核制度。在考核上，省教育厅委托省教育科学研究院与培养对象签订“目标责任书”，依据目标责任书开展年度考核、中期考核和终期考核工作。其中，年度考核实行报告评价式考核，研修小组和培养对象每年要做一次工作总结，报告一次研修心得；中期考核在培养期的第三年举行，实行发展性评估考核；终期考核按目标责任书实行目标考核。培养周期完成，在个人考核的基础上，成立“培养工作评估项目组”，对项目实施情况进行整体评估。

提供了条件保障。主要从专家、平台、经费等方面为工程实施及培养对象提供专业支持、环境支持和政策支持。一是组建了专家指导团队，聘请了国内一流专家。目前共聘请专家119人次，其中为第三期培养对象聘请的专家有35人。二是设立省教育科学规划“十三五”人民教育家培养对象专项课题，鼓励培养对象申报教育科研课题研究项目，通过课题研究推动培养对象成长。三是为每位培养对象至少安排一次出国研修的机会、召开一次教育思想研讨会、资助出版一部专著，为他们形成教育教学思想创造条件。

三、实践成效

工程实施以来，每一位培养对象都以教育家的素养标准要求自己，经过五年努力，提升了综合素养，取得了很多教育教学成果，带动了区域内多元团队的共同发展，还通过跨区域的合作在更大范围发挥了重要作用。

素质显著提高。五年的研修对每一个培养对象来说都是一个迅速进步的过程，他们的专业素养与教育能力不断提升，教育思想已现雏形。其一，潜心读书，提升了专业素养。有的培养对象五年阅读了100多部专著，撰写了40多万字的读书笔记。其二，实践探索，提高了教育能力。通过构建自己的课堂教学模式提高课堂教学质量，通过成立名师工作室和建设学科基地发挥辐射作用，通过管理模式的变革寻求学校的优质发展，已成为培养对象的行为自觉。其三，活动研修，拓宽了教育视野，丰富了发展内涵，增强了服务江苏教育发展的责任感与使命感。其四，自省反思，凝练了教育思想。通过回顾和反思、梳理和归纳，做到更深刻地认识、更清晰地表达自己的教育理念，初步形成了自己的教育思想。

研究成果丰硕。五年来，各位培养对象在实践研究方面积极进取，取得了丰硕成果。据不完全统计，第三期培养对象公开发表论文880篇，其中在核心期刊发表191篇；编著图书79本，出版专著35本；主持市级以上课题(项目)研究166项，开设县级以上公开课、讲座1821节(次)；被媒体报道210次。教学办学上，他们不仅善于把自己的教育理念运用到实践中去，而且非常注重特色成果的形成，成为江苏基础教育改革大背景下一例例鲜活的典型。他们的教育教学实践获得了广泛认可，产生了深远的影响，累计获得各级各类荣誉表彰300余项。这些成果来之不易，体现了各培养对象不断超越、勤于探索的精神。

带动效应显著。培养对象皆有自己领衔的发展团队，不仅有学校管理团队、教师集体和学科教师团队，而且有市(区、县)的名师团队、骨干教师团队，为带动当地教师发展做出了很大贡献。在团队发展过程中逐渐形成了由“被动发展”走向“主动发展”、由“短期性发展”走向“持续式发展”的良好格局，表现出相当高的发展水平与强大的辐射力。另外，第三期培养对象共开展“牵手农村教育”活动近30次，覆盖近30个县、市(区)50多所农村学校，发挥了培养对象的专业服务作用，带动了农村地区教师专业发展。难能可贵的是，他们在成为“培养对象”后，依然有着清醒的自我认识。他们常常淡看自己的努力和成就，却对“机遇”怀有感恩之心。正如一位培养对象所说：“孔子的彼岸是闻达于诸侯，我在想我们的彼岸是什么。也许我一辈子也成不了教育家，但我可以拥有教育家的志向、教育家的情怀、教育家的理想。在培养工程一千多个日日夜夜里，我如农夫般日日耕耘，如哲人般时时自省。从此岸到彼岸，是岁月的距离，更是成长的步履。让我们揣着梦想、带着感恩、携着激情，执着行走在成为教育家的路上，不为彼岸只为海！”

当前，江苏教育系统正在全面学习贯彻落实党的“十九大”精神，全力推进教育现代化建设，坚持以立德树人为根本，以发展素质教育为主题，以提高教育质量为核心，以促进教育公平为重点，以服务经济社会发展为重任，以深化教育教学改革为动力，以扩大教育对外开放、提升教育国际合作交流水平为重要路径，以教育信息化为着力点，以争取加大教育投入、建设高素质专业化教师队伍为关键，探索建立中国特色现代学校制度，努力营造健康向上的校园文化和有利于教育改革发展的社会氛围，努力办好人民满意的教育。衷心地希望“江苏人民教育家培养工程”的实践探索能给我国推进教育发展和办学专业化、促进高端教育人才成长提供借鉴。

编委会

2020 年 11 月

自序

PREFACE

守正立人:语文教学的真谛

打小,我就爱读书,爱语文。因为家贫,无以致书,故书读太微,以所学语文课文为主,以消化所学语文课文之内涵为要。而这一做法对我一生为人与为文具有重大而深远的影响。

此内涵为何?

为人文——文章之思想,之本质,之情感,之观点,之传统——它深深地影响着我之为人处世,待人接物,观照古今,观望世界,观见自我。

为工具——文章之语言,之构思,之立意,之选材,之方法——它深深地影响着我之读文写文,披文入情,情动辞发,因情而文,因文生意。

打工作,我就爱上了教语文。不管是年轻时,还是现在;不管是在乡下,还是在城区;不管是小考,还是大考——我所教班级学生无不喜欢我,喜欢我的课;学生家长无不肯定我,肯定我的成效;同事们无不赞扬我,赞扬我的教法;领导们无不表彰我,推广我的做法。因为教得出色,富有成效,被评为了先进,被调进了名校,被邀请讲语文经验、上语文课——我的语文课也持续地发展着。

我的语文何以教得"好"?何以能让他人信服?何以持续教得"好"?何以能让他人持续信服?又何以持续做到事半功倍?何以让学生学业成绩与学生未来发展持续"立于不败之地"?

思来想去,就四个字——"守正立人",唯"守正立人",才能教好语文。

"守正立人"非仅为今日时代之用语,而是我自求学以来为人为文之追求,我自工作以来教学语文学科之追求,更是三十多年的为人为文经历和语文教学实践之追求。

“守正立人”乃语文教学的真谛！

三十多年来，我持续不断地探寻着“守正立人”之语文教学的真谛，努力地让语文真正成为语文，让语文真正成为育人的基础性学科，让语文真正成为学生终身受用的母语学科。

1988年至2001年这十三年间，是我学教语文的时期。这一时期，我一直在死教语文与活教语文之间摸索着、游走着。虽然，刚工作时，对语文教学似乎一无所知，帮助者也几乎没有，但终能取得一点成绩，思来想去，是在教学中做到了两点：一是借助语文课文对学生进行相关的人文教育，二是老老实实、扎扎实实、勤勤恳恳地做好听说读写工作。当然，在语文教学中该有的快乐是有的，该有的严肃是有的，该有的奖励是有的，该有的处罚同样是有的。事实上，在我的语文学科的教学中，我班学生在作文、演讲等与语文学科相关的比赛中，均取得了优异的成绩，其他功课也获得了长足的发展，学生们的整体实力得到全面的增强，整个班级呈现出蒸蒸日上的好势头。我似乎明白了语文应该教什么和怎样教了。

——这是“守正立人”语文教学的起步阶段！

2001年至2010年这九年间，我追求着高效语文课堂教学。此时，我已经由乡下学校来到现在的洋思中学。而洋思中学以课堂改革著称，我又是被安排主抓语文教学的副校长，自然，我的语文课堂教学必须凸显洋思整个的课堂教学改革特色。所以，这一阶段，我以我的语文课堂教学改革为范例，进行着体现洋思课堂教学特色——“先学后教，当堂训练”的教学改革。显然，这样的改革是成功的，包括着整体的面上的成功，个别的学科性的成功，即我的语文学科的课堂教学的成功。其间，我将语文的“先学”、语文的“后教”、语文的“当堂训练”都进行了很好的研究与实践，教师教语文的规律与学生学语文的规律在“洋思教学模式”中均得到了充分的体现，“高效”二字在语文课堂教学中得到了充分的实现，最终于2010年形成了既体现共性又体现语文学科个性教学的书籍《高效课堂八讲》。这本书影响很广泛，至今已经有了二十版次，而且获得了江苏省社会哲学类优秀成果奖。

——这是“守正立人”语文教学的发展阶段。

2009年至2015年这六年间，我的语文教学追求改变了航向——开始追求阳光教育下的阳光语文。彼时，全国上下都在关注学生负担问题，都在研究着“减负”问题。富有教育理想与教育情怀且正值壮年的我也在思考着究竟怎样的教育才是应有的教育，究竟怎样的语文教学才是应有的语文教学。在通读捷克著名教育家夸美纽斯《大教学论·教学法解析》一书后，我就萌发了“阳光教育”与“阳光语文”的念头——教育应该是阳光的，语文学习应该是阳光的；阳光教育与阳光语文是“减负”的切实行动。于是，我申请了“阳光语文”的课题研究，孜孜不倦地追求着语文教与学的“阳光”行动。最终，“阳光语文”结题了，我的“阳光语文”也被多家报刊杂志介绍,《刘金玉与阳光语文》一书也成功入选由中国教育报刊社人民教育家研究院组织编写的《教育家成长丛书》系列,成为众名家成长丛书之一。

——这是“守正立人”语文教学的推动阶段。

2016 年至 2021 年,又是一个六年,我又产生了一个新的语文教育思想——“守正立人”之“正语文”。确实,“高效语文”让我的教学回归规律,“阳光语文”让我的教学充满阳光,但总感觉我们的语文教学还缺少了什么。缺少什么?缺少一个“正”字。也就是我们现实中的语文教学严重存在着“不正”之现象——是语文教学的“不正”使我们的语文不像语文,使语文失去了语文的本味。纵观语文教学,“不正”之现象可谓多矣。因此,必须切实大胆地“匡正”;而要想“匡正”,必须研究语文,研究语文教学,特别是传统文化,传统的先进教育思想,切实大胆地“弘正”;通过“匡正”“弘正”,最终让语文及语文教学“归正”。于是,我提出并践行着“正语文”教学策略。

——这是“守正立人”语文教学的定型阶段。

通过多年的实践,我充分地认识到,只有切实做到“匡正”“弘正”“归正”,我们的语文、我们的语文教学才能最终“正”起来。

此“正”起来,首先是方向正。育人的方向永远是第一位的。做到了方向正,也就首先得以体现语文人文性特征,现今所提出的语文核心素养中的“文化的理解与传承”也才能得到最终的落实;做到方向正,也就高度重视语文的工具性,现今所提出的语文核心素养中的“语言的建构与运用”“思维发展与提升”“审美鉴赏与创造”也才能得到最终的落实。

此“正”起来,其次是行动正。有了语文育人的正确方向,还必须有正确的行动。即要有策略与方法,路径与手段。自然,课堂教学是第一位的。语文课堂教学中,教师必须用语文的方法教语文,学生必须用语文的方法学语文,教学合一,教学相长。行动正,自然包含着内容与材料的“正”,唯此,才能保证学习的根基正,发展正。

此“正”起来,最终是结果正。有了方向,有了行动,还必须要有可喜的结果——要让我们的学生通过语文学习“终成正果”;使学生能够成为“学会运用祖国语言文字进行交流沟通,吸收古今中外优秀文化,提高思想文化修养,促进自身精神成长”之人,而不是“精致的利己主义者”。

围绕“正”来认识语文,教学语文,我们的语文才会真正“正”起来,我们的语文教学才能切实做到“守正立人”。

“守正”,守住语文教学规律的“正”,守住中华优秀传统文化的“正”,守住中华优秀教育思想的“正”,守住本土教育教学特色的“正”。这就需要切实做到牢固树立“匡正”“弘正”“归正”的语文教学思想,在具体的课堂教学中,扎实做到“正向”“正行”“正果”。

“立人”，造就具有正确世界观、人生观、价值观，良好个性和健全人格，继承和弘扬中华民族优秀文化传统和革命传统，增强民族文化认同感，增强民族凝聚力和创造力，拥有国际眼光和未来担当的堂堂正正的中国学生。

“守正立人”是“正语文”的核心思想。“立人”是“正语文”的目标与方向，“守正”是“正语文”的思想与策略。唯有做到“守正”与“立人”，语文才能成其为语文，语文教学才是语文教学。“守正立人”之“正语文”教学表面只有六年时间，其实已经有若干年，上学时就受语文“正”之影响，工作中不断实践，最终提炼为“正语文”，提炼为“守正立人”。

“守正立人”之“正语文”教学之路表面只有六年，实际上已经走过了很长时间，长达三十三年，其省级课题得以结题，获得了市级教学成果奖，其成果也将出版，可以说是告一段落了。今后的语文教学之路又将如何走？怎样走得更为切实有效？我想，一切唯有在传承中创新，在创新中发展，一切唯有与时俱进，从实际出发，针对问题进行改革，语文教学才能富有成效！如今，还在定型阶段，下面还有高潮阶段、再发展阶段、再深化阶段，等等。我将“为一大事而来，为一大事而去”，我坚守“守正立人”之语文教学真谛，持之以恒地走在“守正立人”之语文教学的大道上，让语文真正成为语文，最终真正实现语文学科的育人目标。

是为自序。

2021 年 2 月 19 日于家中

目录 CONTENTS

第一章　“正语文”课堂教学之理性思考

第一节　“正语文”课堂教学之审视

一、“不正”是学不好语文的根由

在革命历史题材电视剧《历史的选择》中，毛泽东面对严峻形势，说道：“廉颇老矣，一饭三遗矢……”谁料想，荧屏上显示出一行字幕：“脸谱老爷，一翻三仪式……”观众看得一头雾水，不知所云。

一位大学语文教师曾做过这样的实验：他要求班上的每个学生写一篇千字文章，要求不得出现错别字或语句不通顺的情况。结果，有 95％的学生完成不了，而完成任务的学生中，有 50％的学生完成得很差。

记者曾对南京各大高校语文课程的开设情况进行粗略统计：各校开设大学语文课的情况参差不齐，课时有多有少，师资力量也悬殊，有的学校根本就没有开设这门课程。

一位大学教师坦言：“大学语文课不是教育部规定的公共必修课，学校不重视，学生就更不用说了。”

《中国青年报》和新浪网曾以“汉语需要保护吗?”为主题做了调查，结果“书写中使用汉字经常感到困难”竟达 45％。

另据报道，在复旦大学举办的汉语比赛中，外国留学生竟然击败了中国学生。

……

这些活生生的事例证明，语文教学现状令人担忧，确实已经到了亟待改革的地步。

《汉语的危机》与《危机下的中文》明确指出，作为我国文化象征的汉语，已近岌岌可危。白先勇先生提出的“百年中文，内忧外患”，让我们也不得不思考都德小说《最后一课》中母语沦落时的伤痛。外语、数字化、网络语言等的冲击，加上我国考试体制中对汉语地位的淡化和漠视，语文以迅雷不及掩耳之势溃退千里，望“现代”而兴叹的语文教学，游走在教育的边缘，一副垂死挣扎状。

深有忧患意识之士指出：“中文危机的解决之道，语文教学是关键，也是最难的地方。”而现实则是，自 1950 年 8 月 1 日《中华人民共和国教育部颁发中学暂行教学计划

(草案)及中等学校暂行校历(草案)令》公布，至今60年来，应试教育的白热化浪潮将语文教育推到了业内外人士公认公愤的“少慢坏差”的困境之中。

语言学家吕叔湘这样评价我们的语文学习：“10年的时间，2 700多课时，都用来学习本国语言，却是大多数不过关，岂非咄咄怪事！”著名作家王蒙认为，当下我国的语言文字使用处于无序状态，已经成为影响一代中国人文化素质的大事。

语文学习之所以出现如此现象，原因是多方面的。语文课堂教学的低效是重要的一个方面，一个最为重要的方面，一个不可忽视的方面。我以为，语文教学的“不正”是语文教学薄弱、低效、发展不良的总根子，是造成学生语文学不好，中文基础越来越薄弱的根本原因。

二、语文教学“不正”之表现

(一) 学习环境的“不正”

“蓬生麻中，不扶自直”“橘生淮南则为橘，生于淮北则为枳”，足见环境对于学习与成长的重要意义。语文学科的学习同样如此，也需要一个适合的环境。但现实情况是，不重视语文学习环境的建设，导致学生语文学习环境的“不正”，学生缺少熏染，对语文学习不重视，收获自然减少。而语文学科的学习最需要的就是环境的熏陶与渗透。

语文学习环境的“不正”主要表现在两个方面。

一是认为语文学习与硬环境创设无关。

所谓硬环境，就是看得见的学习环境。有些学校没有阅览室，没有图书馆，没有学校语文学习环境的布置。同样，班级没有语文学习环境的布置，没有图书柜，没有读书角，学生都是处于一种常态化的环境之中。人是最容易受环境影响的动物。没有语文硬环境的创设，自然，学生就不能很好地受到潜移默化的影响，就不能很好地投入语文学习之中。

二是认为语文学习与软环境创设无关。

软环境，就是指学校、教师对语文学习的指向、态度。很多学校认为“学好数理化，走遍天下都不怕”，于是高度重视数理化的教学。又认为“数理化学习是硬功，语文学习是软功”，数理化学习短期就能见效，而语文学习需要长期付出，短期没有什么效果，学与不学似乎没有什么差距。于是在语文学习上所给的时间远远少于数理化，致使语文学科成为了边缘学科。学校通常检测的学科都是可以操作的数理化学科，而语文学科却普遍不被重视，对语文学科教师的要求与考核也不那么严格。很多语文教师也有此认识与想法，于是在语文教学上得过且过，这也导致语文教学在具体实践中出现严重的偏差。我们的家长同样存在这样的想法，语文花再多的时间也不一定见效，而数理化却不同，所以，让孩子补数理化的家长很多，而补语文的、补作文的却少之又少(我的意思不是鼓励家长花费大量钱财精力让孩子在课外补习语文)。“上有所好，下必甚焉”，学校不重视，教师不重视，家长不重视，自然，学生也就不重视了，也就认为语文学科的好坏差距并不大，重视不重视结果都差不多，数理化才是学习中的关键，学习的重点。在如此思想的支配下，教师怎么能够教好语文？学生又怎么能够学好语文呢？

软环境还包括良好的校风、班风、学风、教风。学习需要好的风气，语文学习尤甚。因为语文是集人文性与工具性于一体的学科，而人文性实际上与学生所生活的环境与风气有着密切的关系。许多学校将学生语文成绩不理想归结为学生不行，教师不行，实际上原因是多方面的，风气“不正”是其中极为重要的因素。

所有各科教师的整体语文素养也是学生学习语文的软环境，严重影响着语文教学质量与水平。教语文表面是语文教师一人之事情，因为语文教师本就承担着语文教学之职责。但从根本上说，学校里的所有教师都是语文教师，都承担着语文教学的任务，只不过语文教师教学是显性的，而其他各科教师的教学是隐性的，教师在课堂上的为人品质、文明程度、思想认知、思维表现、语言表达、题目解读、言谈举止、穿着打扮、教学策略都与语文有关，都在给学生以一定的熏染与影响。就是语文教师水平再好，如果其他教师语文水平不行，学生语文水平是不可能得到真正的提升的。即使是学校各种会议中的讲话，也是语文的潜在教学，让没有经过专业训练的、语文基础薄弱的教师进行讲话，无形中对学生造成了一种不良的语文教学影响。

（二）教学思想的“不正”

常言说：“态度决定一切。”语文教师的态度决定着学生的态度，学生的态度决定着自身的发展。“怎样的教师培养怎样的学生”，学生语文不行，一个重要原因还在于教师，在于语文教师思想的“不正”。

一是认为并非所有学生都能学好语文。在语文教学中，有些语文教师没有树立正确的语文学习观，认为语文不是所有学生都能学好的，语文学习也需要天赋，有的学生是天生学习语文的料，而有些学生是怎么学也学不好的。于是在语文教学中，语文教师对那些所谓的有“天赋”的学生格外重视，而对那些所谓的缺少“天赋”的学生弃之一边，不闻不问，或少闻少问，任其自然。人为地将学生分为语文学习的三六九等，导致学生过早分层分类，让相当一部分学生对语文学习望而却步。人是容易受暗示的，语文教师的不重视，不看好，不相信，不欣赏，会导致学生受到暗示：我不是学习语文的料，我在语文学习上不会有大的进步与起色，于是，对语文学习也就采取了放弃的态度。自然，语文学习不进步就成为事实了。

二是认为语文学习是学生自己的事，学生语文成绩的好坏与语文教师无关。在此思想的支配下，教师放松了对自我的要求——没有了语文教师形象的考究，形象粗俗，不拘小节，随随便便，大大咧咧；没有了对语文教学精益求精的追求，不去用心探求语文的性质、规律、方法；没有了对学生学习语文的严格要求，不用心组织学、解、用；没有了持之以恒、不达目的决不罢休、不懈追求的精神。如此，教师对学生的感染力缺少了，对学生的引导力丧失了，对学生的期望值降低了，学生在这样的教师的教导之下，语文素养还能有多少进步与发展呢？而且，这样的教师自己也是得过且过，不思进取，怕学习，不钻研，水平与能力、素养与品质也不能得到很好的发展。一切“听天由命”“顺其自然”，这样一年、两年、三年的语文教学，必然是“以己昏昏，使人昭昭”，学生语文学习不仅不会有提高，不落后就谢天谢地了！事实上，学生本来基础很好，本可以得到进一步的提升，却遇到了这样的教师，结果成绩越来越不理想。

三是认为学语文必须要有兴趣。很多教师都认为凡事必须有兴趣才能做好。是的，这有一定道理。但必须清楚的是，兴趣是在实践中培养起来的，不是天生就有的。如果没有接触到某一事物，学生就不会产生兴趣。没有好的语文教师与语文课，会有多少学生有学习语文的兴趣呢？在语文学习的过程中，教师的引领、引导、引发是关键，教师的示范影响是关键，激发学生学习语文的内在动力是关键，让学生在语文学习过程中得到快乐、得到自信是关键。有了动力，有了自信，才能有快乐，才会有兴趣，才能持续发展。

四是认为学好语文必须让学生进行大量的训练。“题海战术”现在较为流行。其对于数学这些自然学科而言还有一定的依据——进行了大量的训练，量变引起质变，熟能生巧，做几遍总比一遍强，虽然这些自然学科也是变化无穷，但重点就是基础知识的应用，对于基础教育阶段的学生而言，更是如此。一些语文教师也模仿之，认为语文也是如此，训练，训练，训练，特别是语段分析更是如此，几乎天天练，周周练，月月练，但总不见效果。原因就在于语文绝不是练出来的，而是感悟、理解、实践、见识出来的，语文没有统一的答案，只要言之有理就可以了，而不是非此即彼。语文是靠读万卷书，行万里路，阅无数人而发展起来的。

（三）语文备课的“不正”

不打无准备之仗，高效的语文课堂教学离不开高效的备课。谁都知道备课对于语文教学的重要意义。但在具体的备课中，却严重存在着“假大空”的现象，致使备课不到位，备课形式化，备课低效化。

一是只有各自为战的备课。由于学校管理不到位，最终以教师个体教学结果为评价教师教学好坏的依据，导致教师“闭关锁国”“各自为战”，表面上进行所谓的集体备课，实际上是互不来往，不通信息，致使“集思广益”“群策群力”未能体现，最终整个组素质不得提升，学生从教师处获得的只是一人之思想，而非语文集体之智慧，发展自然落后。

二是抄改为主。为了应对学校检查，为了体现集体备课，备课组长也确实做了工作，那就是利用现有网络资源布置教师们进行抄写、修改教案，最终形成的教案不是自己的、本组的，而是拿来的教案，非切合课堂学生实际的教案，其实际教学效果可想而知。

三是一人说了算，“集体”二字未落实。有些备课组确实是坐到了一起，确实在讨论教案，但只是围绕着一人事先准备好的教案进行所谓的研究，而非每一个都进行了事先研究，再提出不同的看法与做法，致使表面上在研究，实际上最终还是一人说了算，一人定基调，并没有真正发挥大家的作用，集体备课沦为一人备课。

四是只备教学内容。备课不仅要备教学内容，还应备教学过程、教学方法、教学策略，还应讲清教学依据、教学思想、教学板书、教学手段、教学检测等。许多备课组只做教学进程的内容安排与分工，对其他内容常常不涉及，即便涉及，也只是蜻蜓点水，浮光掠影而已。

（四）文本解读的“不正”

文本的解读关系到整个课堂教学的方向。方向一错，方法再科学，最终还是缘木求鱼，南辕北辙，导致整个语文教学的失败。文本解读存在着三个误区：

一是“教参有什么，我就说什么”，一切紧紧围绕教参转。教参内容多就多讲，教参内容少就少讲。对于这些教师来说，教参神圣而不可侵犯，不能越教参一步。在他们看来，教参太重要了。我们作为普通教师，怎么能够发表自己的主见呢？教参是大家思想的集中，是经过大家们反复斟酌的，岂能有问题？为什么编这么多？还不是要我们让学生学这么多吗？在这样的思想的支配下，就出现了“照本宣科讲教参”的笑话，徒增学生学习的负担，缺少真正的自我发展。其实，“教参”是教学参考，非教学必需。一些教师在教学中也常是将教参中的内容一股脑儿全部塞给学生，导致时间来不及，学生根本就接受不了。自然，学生学语文就无趣了。

二是“教参算什么，由我说了算”。有些教师对教参不以为然，嗤之以鼻，认为教参不过如此而已。自己教学时间这么长，也是著名院校毕业，水平也不差，对教材了如指掌，而且，在教学中，也曾经发现一些问题，于是，对于教参不再深入研究，全由自己说了算，“我行我素去教参”。岂不知，不用教参是能够教学，但缺少了比较，缺少了借鉴，缺少了纠正，更何况，自己怎么能够保证对文本的理解都那么正确无误呢？怎么知道这就是重点与难点呢？怎么知道哪里需要讲解呢？换句话，教学就不能真正做到准确无误、对症下药、有的放矢了。特别是一些所谓的名师大家，为了体现自己独特的理解与把握，不分青红皂白，出现了全盘否定教学参考书的情况，甚至出现误导学生的现象。其实，一线教师更应该好好地研究教参——首先要深刻领悟为什么要有统编教材，在此基础上，参阅“教学参考书”，特别是其“编者设计意图”，将其领悟到位，如此，才能在课堂教学中实现编者的编写意图，促进学生有益成长。

三是“究竟讲什么，他人说了算”。现在各个学校都高度重视集体备课、“青蓝工程”“走出去学习”“请进来培训”。这本是好的培育教师的重要举措，但由于“组长”“师傅”“专家”“特级教师”等头衔的影响，我们的好多教师对他们顶礼膜拜，采取拿来主义，导致好的教学“水土不服”，效率低下。再者，就是一些教师根本不动脑筋，而是利用现代网络，从网上下载“好的”“优秀的”“成功的”教学课件与教学设计，无修改地应用到自己的课堂中去。他们认为既然这些课件是得到大家承认的，在自己的课堂中也能应用。岂不知别人是从自己的课堂教学出发的，而不是从你的课堂教学出发的，你的学生与他的学生不一样，你的教学方法与他的教学方法不一样，你处的要求与他处的要求不一样。如此，直接拿来与应用，想使学生优秀最终只是枉然。

（五）教学目标的“不正”

课堂教学中最重要的是教学目标的确立。目标一错，满盘皆输。目标又决定着教学的内容，教学内容是教学目标的充分体现。一堂课中教学目标的确定要慎之又慎。但在实际教学中，教学目标的确定却出现诸多“不正”的现象。

一是只有共性目标，没有个性目标。现在的语文课本基本是按单元来编写的，而整个单元是有着共同的目标的。于是，就有教师将单元目标当作单课目标来处理。一个单元采取一刀切的方式进行，课堂缺少了本课内容的特色，缺少了本课学习的个性。自然，学生学得就不带劲，教学也缺少应有的个性发展。

二是只有个性目标，没有共性目标。每一个单篇文章都是有独特的价值的，包括独特的选择、独特的结构、独特的主旨、独特的写法、独特的表达等。于是在课堂上出示的目标就只是个性化的单课的教学目标，而未能将其放于整个单元考虑，失去了共性特征，不能突出单元的目标。

三是以他人目标为目标，缺少自我的、班级的目标。现在实行集体备课，好多教师缺少自己的理解与把握，而是将集体备课的教案占为己有，采用拿来方式，教案怎么讲，自己就怎么讲，没有一丝变通，没有自我修正。结果自然缺少了生本、班本。

四是只有自己的目标，没有编者目标。一切以自己为中心，认为自己所确定的目标才是真目标，不去好好地研究教材，研究编者，不去好好地学习他人，研究学生，一切想当然地确定目标，用老经验来对待新问题，岂不知教材变了，教材的编排主旨变了，教材的特色内涵变了，结果是穿新鞋走老路，不能与时俱进。同样的一篇课文，放在初一讲与放在初三讲，要求是不一样的；同样的议论文，在初一只是对内容的基本把握，而在初三，却要对之进行精要的剖析，详细地学习议论文知识，体会其表现，最终达到初步掌握议论文写作的目标。

（六）教学方式的“不正”

现在课堂教学都在突出强调教学方式的转变，特别强调课堂教学要做到“自主、合作、探究”。于是整个课堂呈现出了形形色色的教学方式的变革，但很多的变革都是表面的、形式的、浅显的，而非本质的、深入的、真正的，形成了诸多教学方式的“不正”。

一是课堂教学必须让学生动起来。教师采用多种手段努力地让课堂“动起来”，有的从上课动到下课，有的不该动时却在动。结果，课堂变成了“浮动、躁动、骚动”。课堂上静不下来，没有了“宁静以致远”的学习氛围。

二是课堂教学必须让学生围起来。有些教师简单地认为所谓“合作学习”，就是让学生“围坐”学习。一遇到问题，解决的最佳方式就是围坐讨论，时间一到，就让“首席发言人”进行发言、交流。岂不知，这样的“围坐”学习只是“合作学习”的一种形式，而非“合作学习”的根本。“合作学习”变成了“故作学习”“浮作学习”。

三是课堂教学必须亮起来。现在教学手段不再是传统教学手段那么单一了，而是多样化、信息化、综合化。于是，在课堂上，我们的语文教师全盘否定传统，将传统教学手段弃之一边，不闻不问，而是充分借用现代教学媒体努力让课堂“亮丽精彩”起来。结果，学生在这样的“熏陶”下，有的只是新鲜、好奇，只是被形式所吸引，却没有能够真正投入，没有真正学到，没有充分思维，可谓是“事倍功半”。

（七）名著阅读的“不正”

2011 年公布实施的《义务教育语文课程标准》提出要“多读书，读好书，好读书，读整本的书”的要求，并且将读书作为语文学习考核的一个重要方面。于是，各校、各语文教师也似乎响应、行动起来了，都在积极推广学生名著的阅读。但在现实生活中，却出现了与之相背的做法。

一是假读书。这是名著阅读最大的“不正”。“假读书”就是在读书上做假；不真读书，做表面文章。原因只是认为读书无用，读书浪费时间，读书还不如做题。事实上，读书是要花时间的，没有时间读不了书。相较于要读的名著，语文教学时间明显不够，但是，中考、平时考试要考，那怎么办呢？那就需要教师做好“名著导读”讲义，让学生读、背、默。试问，这样的名著阅读有什么意义与价值！

二是软读书。读书是个软任务，似乎是可有可无的事情。虽然也让学生买书，也有时间让学生读书，但是，只是泛泛要求，在学生有时间的情况下阅读，把阅读变成软任务，而不是非读不可，非用心读不可的硬任务。最终，有兴趣的学生可能会读一点，而绝大多数人却因为任务性不强，时间不能得到保证，读书蜻蜓点水、浮光掠影，再加之教师检查不到位而使读书成为形式，不能让学生真正从中受益。

三是伪检测。名著阅读的知是基本的内容，知作者，知背景，知写什么，知表达什么，知怎样表达，这些都是如同文本阅读一样需要考测的内容。但名著阅读的本身之意还不在此。这些都是表面的一些内容。更主要的是两个方面，一是思维——给你什么样的思想，给你如何的认识，给你如何的启迪，让你从中获得什么，这是名著的延伸意义之一；二是方法——特别是部编教材名著阅读中特别强调方法的指导、获得、掌握、应用，这对于阅读一般性名著的拓展阅读具有深广的意义。

（八）作文教学的“不正”

作文教学是语文教学的半壁江山，“得作文者得语文”，足见作文教学的重要性。但是在现实教学中，存在着诸多作文教学“不正”的现象。

一是好些教师都认为非所有学生都能作文，都能作好文。于是对学生采取不同的态度，特别是对那些所谓的“学困生”的作文常常是不理不睬，甚至当作反面材料，进行说教；另一方面，对于一些所谓的“优生”的作文，由于自己水平与认知的缺乏，只是在大力“点赞”，却无法在其“升格”上做足文章，导致这些“优生”作文水平也不能够得到提升与发展。

二是认为学生生活阅历少，特别是农村孩子生活单调，写不出像样的好作文来，致使教师对农村作文教学失去信心。岂不知农村生活其实是丰富多彩的，底层人物是最能打动人心的，学生只是缺少发现“美”的眼睛，缺少“美”的表达而已。

三是只强化技巧训练，写作格式化、程序化。许多教师不在学生做人与生活上做文章，而是在学生的作文表达技巧上做文章，教给学生的常是如何开头，如何结尾，如何过渡，如何引用诗歌等技巧策略。这些确实要教，但仅教这些，而未能切合主题、切合文题，再好的技巧、再美的语言也不能使文章容光焕发。有的教师用最为传统的方法让学生每天背作文，仿作文，甚至背一篇优秀作文以应付所有作文，致使学生不能灵活多变，对作文生厌。

四是作文考核的要求统一化、格式化。任何学习都应该是循序渐进的，一步一步向前推进的。作文也是如此。虽然语文教材中作文教学的编排与数理化学科一样也努力注重逻辑性，从初一到初三各个阶段、各个单元各有重点、训练点。但在现实教学中，语文教师却不根据此编排进行教学，“是作文的都教，是作文的都抓，是作文的都要求”，从第一篇开始就是主题要求、方法要求、选材要求、用词用句要求、创意要求、书写要求、时间要求、卷面要求，似乎要穷尽一切写作的要求。这样学生从初一到初三作文都是同一要求，自然，所要学的写作上的那些单元重点就不扎实，训练就不到位。究其原因，一方面是教师的责任，另一方面却是学校、教育局的责任，因为学校的、教育局的语文月考、段考、级考都是这样的要求，上面有这样的要求，教师别无他法，只能按指挥棒的意志调整自己的教学步骤。

（九）综合实践活动的“不正”

语文是实践性很强的一门学科。这种实践性，不是单一的实践，而是综合性的实践，是应用型的实践。在语文课堂上所学的知识、技能，只有通过课外的实践，反复训练才能最终形成，达到“用”的地步，达到“升华”的地步。为了使语文课堂所学达到真正掌握与应用的地步，语文教材中设置了“综合实践活动”。本来这是一种有益的创新，也得到专家与教师们的认同，但在实际应用中，却严重出现“不正”的现象。

一是根本不教。因为主抓语文教学工作的领导认识不到“综合实践活动”的重要性，也没有紧跟形势的变化，没有深入研究教材的编写思想，仍用老思想、老方法来指导教学，特别是在语文教学情况的检测中，没有将“综合实践活动”的相关内容作为考点来处理，导致广大语文教师认为教不教“综合实践活动”无所谓，总是一带而过，这是上面瞎指挥所带来的严重的后果；有些教师认为，“综合实践活动”是个全新的内容，不理解其操作之法，认为较为繁杂，不好懂，不好做，认为做与不做关系不大，于是，干脆弃之不做。

二是以讲义代教。因为中考将“综合实践活动”作为试题的缘故，又因为“综合实践活动”较繁杂，所以，很多的学校、教师就将“综合实践活动”之内容进行分工，想尽“综合实践活动”可能会考到的问题，给予答案，形成“综合实践活动”之讲义，让学生背熟，以在考试中能够“应用”“解答”。

三是只有布置没有检查。有的教师也很看重“综合实践活动”，认为其确实有利于学生能力的提升与语文核心素养的发展，于是根据教材中的要求布置学生课外进行“综合实践活动”。结果，学生确实按照要求“活动”了，但是，由于课时的限定，自己对“综合实践活动”理解不够、参与性不强，故只是重在“活动”上，没有进一步的提升，最终学生“活动”浮光掠影、浅尝辄止，收获了了。

（十）作业布置的“不正”

作业本是检测、巩固、拓展课堂所学的一个重要方式，学生应该对作业充满着期待。但是，相反，在现实教学中，学生对作业充满着排斥，好多学生都是被动完成，而不是主动完成。为什么会这样？全在于作业布置的“不正”。

一是所布置的书面作业多。语文作业本应以阅读、实践为主，但由于应试思想的存在，很多作业都是书面为主，练习为主，如同数学作业一样，在规定时间内完成，且有分数标识。于是，语文作业就失去了语文味，学生就不能从语文的书面作业中得到语文的快乐。许多教师认为，书面作业是看得见的作业，是硬任务，而阅读与实践性的作业是看不见的作业，是软任务。很多教师进入这样一个误区：在考评教师质量高低的今天，语文教学质量要好，就必须像数学一样争抢时间，把看不见的作业时间抢回来，让学生每天都做着看得见的书面作业。

二是所布置的作业重复多。训练是必须的，也是必要的。但凡事都应该有一个度。学生从初一到初三，所训练的都是以语段分析为主、以中考为导向的练习，这些训练题常常不分年级、学段，好多都是重复的，初一做了，初二也做了，初三还做。如此反复训练，学生怎么会不厌烦？如果让学生在初三再做一次初一做的语段分析，还是照错不误，就是因为没有真正理解，没有深入把握，只是被动接受。

三是作业单调。现在语文作业的形式太单调了，往往是做、做、做。而语文的本质绝不是做，而是实践，只有在实践中才能学好语文。单调的作业不让学生生厌才怪呢！有些教师认为只有这样布置，学生才会做，如果只是让学生读书、实践，没有硬性的作业规定，学生总是把作业放在数理化后做，有时间就做，没时间就作罢。这是事实。但其背后的原因，却非每一个语文教师都是明白的——学生不做是表象，语文作业的单调无趣是根本；学生作业很多是应付式的，并不是真心实意去做的。

（十一）学习时间的“不正”

做任何一件事都是需要时间的，学习语文同样需要时间。在现实语文教学中，严重存在着浪费时间、消耗时间的现象，导致学生学习语文负担增加、事倍功半，更让学生无法从语文学习中得到快乐，厌学语文，望语文兴叹。

一是没有充分用好语文学习的最佳时间——课堂教学时间。课堂是学生学习语文的主阵地，只有在语文课堂上真正实现学习的高效，学生才能享受到语文带来的快乐，才能得到语文核心素养的根本性提高。但在现实教学中，由于课堂不能按照语文学习的规律教学，不能从学生的学情出发进行精准教学，不能从学生学习语文的情致教学，不能正确处理学生在语文学习过程中的问题，教师只是一厢情愿，自说自话，将从自己的角度出发进行课堂准备的内容讲给学生听，学生听得自然是昏昏然，不知所云。

二是拼命增加与延长语文课后学习时间。语文学习确实需要课外时间的支持，但一味倚重课后时间，布置大量的语文作业，那是本末倒置。因为课后是课堂学习的补充，而不是语文学习的根本。事实上，在正常的上学期间，学生语文课外学习时间是很短的，更多的时间被数理化时间所占用，因为这些功课更需要课外的反复巩固与练习。所以，尽管布置了大量的作业，但最终却是交差事——没有时间做，有的甚至根本不会去做。课堂不实，课后又没有时间巩固，学生的语文成绩怎么能够得到提升?

三是布置大量的课前预习题。“凡事预则立，不预则废。”预是立的基础，于是我们现在的语文教师都喜欢课前让学生进行大量的“预”。这里存在两大问题：一是“预”是不是就是课的预，二是这个“预”究竟用多长时间进行。由于对这两个问题未能深入研究，人云亦云，不管三七二十一，布置课前预习，布置大量的预习作业。但是，行吗？有用吗？效果如何呢？布置了怎样的预习题呢？有时间完成吗？这些问题鲜少有人能回答。较多的回答就是老祖宗传下来的，人家也做，自然，我也要这样做。因不明，果自然不显。这样无法促使学生对语文学习产生真正的兴趣，也会导致课堂教学效果的低下。

(十二) 管理过程的“不正”

科学的管理才能有高效的结果。语文教学管理也是如此。在实际语文教学中，语文教学管理严重存在着“不正”的现象。

一是级段语文教学不协调。初一年级、初二年级、初三年级本是逐级上升的学习阶段，本是使语文教学协调统一不断发展的阶段。但在实际教学中，三个年级之间缺少往来，缺少交流，缺少互通，各擂各鼓，各自为战，没有统一的指挥，没有一致性的目标，没有共同的愿景，只对所教学生负责，只对所教年级负责，只对所教的学段负责，至于到了下一阶段，就不是自己的事了，缺少长远眼光，缺少学生发展意识。

二是少序列。各个阶段有各个阶段的事情，各个年级有各个年级的事情，任何事情都要讲究教学的序列，缺少了序列就显得杂乱无章，就会胡子眉毛一把抓，就会没有重点，没有关键，最终发展不全面、不充分。语文教学也是如此。在实际教学中，由于管理的缺失，特别是外行领导内行，教学随意化的现象比比皆是。本来教材的编排是严密的体系，是经过科学论证的编排。但由于“教学的需要”“升学的需要”就出现了进度严重超先，甚至是一学期教两学期内容的状况；还出现了打断教材编排，提前集中教文言文，而将现代文滞后教的现象，甚至于只教文言文，不教现代文，只教一些常考的字词的现象。

三是过分地强调语文的“清”。“清”是检测与促进教学的一种好的方法。但在实际应用中，出现了不分学科的一刀切的“清”。语文学科具有特殊的属性，不仅是工具，更是人文。而且，有些知识非一时半刻就能“清”。结果，如同数理化一样，课堂必须“清”，不仅要清具体内容，还要清人文，这就违背了语文学科的本质属性了。

（十三）语文试卷的“不正”

语文试卷对整个语文教学起着重要的导向作用。试卷应该是经过反复而精心的研究的产物。但在现实教学中，语文试卷却存在着诸多的“不正”，导致语文试卷过时、单一、单调。

一是严重脱离现实中的语文。现在语文试卷常分为三大项——基础知识、阅读理解、作文。基础知识常常测试的是字形、标点、成语、排序、病句、名著阅读、综合实践、名句默写等专项内容。基础知识测试题成为了一个大杂烩。现实中的语文可不是这样的。它是综合性的，是在应用语文，实践语文。阅读与写作、方法与技巧在同一项语文实践、语文应用之中。上面所讲的这些专项内容不可能在实际的语文教学中单独出现，而是在具体的文本中综合出现，所需要的是将其准确应用与理解，发现与修正，丰富与完善。

二是单调重复缺少层次性。如果你翻开初一语文试卷，再翻开初三语文试卷，你会发现语文试卷大同小异，不仅形式是如此，内容也是如此。基础知识如此，阅读理解如此，作文也如此。彼此之意没有循序渐进。初一的可考初三的，初三的可考初一的。如此，语文试卷如何让学生有真正的兴趣提升呢？这是由于学校、教师从初一年级开始就对准中考，以中考来检测、促进学生发展的缘故。

三是只考测语文中笔头表达能力，不考测学生实际的口头表达能力。语文学习不仅是阅读学习、写作学习这些书面的学习，还有听与说的交际学习，以培养学生的交际能力。听说读写一定要并重，并同样进行考核。这一点在现实生活中显得尤为重要。由于试卷的导向作用，课堂教学只偏重读写，而忽视了听说，学生觉得学习语文的作用不大，自然就会趣味不浓。

（十四）教学评价的“不正”

教学评价是教学的导向。科学的教学评价能够有效促进课堂教学。但在现实生活中，很多语文教师受到不正确的思想的指引，导致教学评价发生偏移，致使学生出现各种问题，语文素养不能得到真正提升与发展。

一是认为有了分数就有了一切。课堂教学不是着眼于听说读写思，不是着眼于学生的语文素养的培育，而是以学生能不能考试，能不能考到高分为评价的标准。于是课堂上一切围绕考试转，一切围绕分数转，凡是与考试、分数无关的都不讲，都不学。谁教的学生成绩好，谁就是英雄；反之，则是孬种。

二是认为学生在课堂上活跃度是重要标志。好课的评价标准中常常有一条就是学生在课堂上比较活跃。于是，课堂上就想方设法采取多种学习形式来确保课堂的活跃度。岂不知，语文学习不仅需要活跃，更需要安静。看似热闹活跃的课堂，学生是无法真正静下心来思维、思考、思想的。

三是认为改革的课堂才是优秀课堂、理想课堂。哪些是改革的课堂呢？现在流行的翻转课堂被认为是改革的课堂。于是，不分生情地要求学生回去预习，回去看微课视频，然后再在课堂上进行所谓的展示。导致学生假预习，假看微课，假展示。用导学案上课的课堂被认为是改革的课堂。于是学生在课堂上都会拿到一张学习单，有的是课前就做好的，或做了一部分，课堂上学生接着学，接着做。学生在这样的课堂上，被一张纸所牵累，成了做题的机器，缺少了自身真正个性的发展。

……

以上语文教学“不正”之现象，概括起来就是：

1. 语文学习环境营造不当使然

数理化是硬功，真功，快功，而语文却是软功，虚功，慢功。全社会轻视语文，漠视语文。

2. 语文教师本身语文素养决定

怎样的教师培养出怎样的学生。语文教师的素质、素养不能真正担当起教学语文的重担。

3. 教师观念落后不能与时俱进

有些教师认为，语文素养不是教出来的，是学生与生俱来的，是语文潜质决定的，非语文教师之力能改之。

4. 对语文内涵与本质未能把握

对语文究竟是什么，语文的本质是什么，学习语文的目的是什么，未曾真正理解与把握。

5. 现今语文教学评价尺度使然

对究竟如何考核、评价语文学习，怎样的语文评价是有效的、高效的，未有一个科学尺度。

6. 不能真正理解学生学习时间

这种观点认为：学语文非人人能为，有的学生不是学语文的料；必须花大时间，只要时间到，自然语文好。

语文教学上的“不正”表现很多，上面所列举的只是其中几个，绝非所有。只有充分地认识到语文教学的“不正”，才能在语文教学上“求正”而“纠正”，才能“扶正”而“守正”，才能真正使语文课堂教学“正”起来，效果好起来，学生的语文素养才能不断提升，才能彻底改变语文学不好、语文不好学的现状，才能让学生的语文学习富有成效，让学生的语文素养得到真正而持续的发展。

三、语文课堂教学“不正”之后果

（一）教的后果

1. 教得随便

随心所欲，想怎么教就怎么教，教学内容不确定，只要是语文的东西都讲，凡所应有，无所不有，无重点，无详略，无中心，眉毛胡子一把抓。

2. 教得无序

没有序列，先讲什么，后讲什么，再讲什么，没有精心思考，只是想当然，对于现代教育媒介，只是一味顺从，没有慎重选择，只为装潢门面。

3. 教得无味

在教学中，缺少创建，只是一味地依从他人、备课组、教研组，只是一味地依从教学参考书，依从练习册，课堂上照本宣科，传统老式花样讲、讲、讲。

4. 教得辛苦

每天工作非常忙碌，眼睛一睁，忙到熄灯。又是早读，又是背诵，又是默写，又是订正，又是考试，又是评讲，又是面批，又是晚自习，怎一个“苦”字了得?!

5. 教得厌烦

“前世杀了人，今生教语文”成为很多语文教师心态的写照。语文好教而又难教，出成绩更难。语文的变化最大，语文的非议最多，语文的责任最强。

6. 教得繁琐

语文教学内容最多，最复杂，什么都是语文，什么都不是语文，语文本身的东西很多，学科渗透、社会实践、名著阅读、审美训练，一应俱全。

7. 教得无果

教得苦，教得累，教得烦，教得多，最终“有心栽花花不开”。

（二）学的后果

1. 学得被动

对于语文学习，就一个字，听。两个字，听、记。三个字，听、记、默。不是“我的语文我做主”，而是“我的语文，我的语文教师做主”，学生处处被动，没有丝毫主动，成了学习语文的机器。

2. 学得痛苦

语文本是最接近现实生活、最生动活泼的。但学生却感到语文是最难学的，那么多的书要读，那么多的名句要背，那么多的文章要写，那么多的试卷要做，真是苦不堪言。

3. 学得单一

从小到大，语文作业常就是老三篇：语段练习、写作训练、字词抄写。课堂更是除了听，还是听。今日复今日，明日复明日，天天如此，月月如此，年年如此，内容单调、重复，自然无乐、无味。

4. 学得疲劳

语文学习本是最为轻松、最为快乐的。语文之中的景观、人文、理据，现实、过去、未来，五彩缤纷，五光十色。但我们的学生整天面对的却是试卷、笔记，学得何其辛苦，何其疲惫，可见一斑。

5. 学得浅薄

语文学习课时最多，内容最杂，课前、课堂、课余、节假日都在大阅读，每天日记，每周周记，一周一篇大作。虽然如此，但学生学得浅薄，只知其然，却未知其所以然。

6. 学得艰苦

数理化成绩常常与所花的工夫成正比，而语文却并非如此。语文耗时多，购买资料多，最终提高一分却似乎比登天还难。

7. 学得无用

语文耗时多、资源杂、成本高，但结果却令人大失所望，说不出来、用不起来之现象比比皆是，学了一些形式化的语文，更不用谈创新。即使是有些大学生，也错别字连天，观点陈旧、抄袭。

鉴于语文教学存在的诸多“不正”现象，必须大力扭转、改变并切实实施“正语文”教学行为，使语文教学“归正”。即必须全面、科学理解并实施“正语文”课堂教学策略。只有如此，语文才能重获希望，语文质量的提升才不至于是一句空话，学生的语文素养才能得以真正提升并发展。

“正语文”课堂教学应该成为每一个语文教师的自觉追求和应然选择！

第二节　“正语文”课堂教学之内蕴

语文教学中“不正”问题的大量存在，普遍存在，导致了教师之“教”与学生之“学”出现了严重问题，且有愈演愈烈之势。如果不及时解决与克服，则语文真的“到了最危险的时候”，语文将真是“语将不语，文将不文”。

一、“正语文”课堂教学之内涵界定

简而言之，就是“正向”的语文课堂教学。

所谓“正向”，就是正而不邪、正而不歪、正而不反。具体讲，就是语文教师以奠基所有学生未来幸福成长为宗旨，以培育与提升所有学生语文核心素养为目标，以适宜学生语文学习的氛围为环境，以现行语文课程标准为指向，以相应语文优秀教材为载体，依据学生课堂真实学情，按照语文教学规律，严格遵守国家教育教学法规，采用与时俱进

的方式所进行的语文课堂教学。

二、“正语文”课堂教学之“非”与“是”

(一)“正语文”课堂教学之“非”

1. 反语文

与语文的教学宗旨完全背道而驰的语文,只为应试的语文。

2. 邪语文

曲意理解语文,将学生引向邪路的语文,将文本本质理解错误的语文。

3. 负语文

让学生无语文学习兴趣,增加学生学习负担的语文,没有正效只有负效的语文。

4. 侧语文

不能全面把握语文特点,只见树木不见森林的语文,零打碎敲、没有系统的语文。

5. 歪语文

忽左忽右,没有主旨、根本的语文,用非语文的方法来教学的语文。

6. 副语文

不能正确看待语文本质属性,把语文当成学习的附属物,可有可无。

7. 新语文

认为必须采用全新的形式进行教授、新瓶装旧酒的语文,只有推翻创新没有守成的语文。

8. 形语文

重形式、少内涵,重表象、少本质,重讲授、少把握的语文,只是教了,却不管是否理解、掌握、应用的语文。

一句话,语文教学不是死记硬背、加重负担、机械训练、题海战术、只要分数不要素养、只做表面文章、只重形式的语文;语文教育更不是游戏语文、戏说语文、异化语文、花式语文。

(二)“正语文”课堂教学之“是”

1. 回归常识的语文

语文就是培养学生听说读写的能力,就是让学生通过语文的学习能说善听、能读会写。

2. 回归本原的语文

语文就是引领学生学习语言,通过语言的学习、理解、把握,得以掌握语言,提升人文。

3. 回归正道的语文

语文就是最基础的工具,是交际性的工具、表达性的工具、传承性的工具、发展性的工具。

4. 回归和谐的语文

语文就是促进和谐发展的语文，促进师生和谐，促进各学科和谐，促进学用的和谐。

5. 大语文

非小语文。听说读写思做的语文，其包容性很强，处处应该是语文，生活是语文，各门学科是语文。

6. 远语文

非近语文。必须立足长远，为学生的未来成长奠基，为今后发展，为其他方面成长奠基，非仅是为了通过考核。

7. 慢语文

非快语文。必须像农业一样，一步一个脚印，符合语文学习的特点，慢慢来，慢功出细活，慢功出精品。

8. 人语文

非“分”语文。是着眼于人的语文素养发展的语文，人应该是语文的根本与核心，分数只是表象。

9. 乐语文

非苦语文。语文应该最让人阳光，让人精神，让人充满朝气，应该是有效果、有趣味、有意思、有意义的语文。

10. 序语文

非乱语文。语文应该有规律、有层次、有序列，语文的教与学应该服从规律，不得随意，不得想当然。

11. 用语文

非“花”语文。语文不是用来摆设，实用性很强，应该做到学以致用，对自己人生有用，对自己走向社会有用。

三、“正语文”课堂教学之关键要点

（一）宗旨

宗旨必须“正”。奠基学生未来幸福成长是“正语文”课堂教学的宗旨，而非仅是分数，仅是成绩，仅是名次，仅是升学；不仅立足现在，更立足长远，立足未来。

（二）目标

目标必须“正”。培育与提升学生语文核心素养是“正语文”课堂教学的目标，它是评价语文课堂教学的根本标准，而非仅是着眼于学生习得的知识，更非仅是用来应试。

（三）环境

环境必须“正”。适宜学生语文学习的氛围是“正语文”课堂教学的环境，而非任其自然、可有可无的教学氛围，更非死气沉沉、死水一潭的教学氛围。

（四）指向

指向必须“正”。现行语文课程标准是“正语文”课堂教学的指向，是课堂教学的依据与保证。

（五）载体

载体必须“正”。相应语文优秀教材是“正语文”课堂教学的载体。此相应是指经过多年实践运用的语文教材，非教辅资料，也非校本化的语文教材，更非个人编写的语文教材。现在国家通行的统编语文教材就是载体正的语文教材。

（六）对象

对象必须“正”。所有学生都是“正语文”课堂教学的对象，即全体学生，一个都不能少，而非少数学生、个别学生。

（七）依据

依据必须“正”。学生课堂真实的学情是“正语文”课堂教学的依据，从而有效实施精准化的教学，而不是随意化的教学、想当然的教学。让预设服从生成，让问题成为课堂教学的依据。

（八）方法

方法必须“正”。语文教学规律是“正语文”课堂教学的方法，即用语文教与学的方法来教学语文，而非主观化、我行我素的教学，非标新立异却无真正实效的语文教学。

（九）规矩

规矩必须“正”。国家、省、市出台的相关教育教学法规是“正语文”课堂教学的规矩，将规矩落到实处，以规矩教学，就让教学有法可依，而非随意化、加重学生负担的教学。

（十）方式

方式必须“正”。与时俱进是“正语文”课堂教学的方式，这就保证了教学的先进性、时代性、传承性，从而让学生充满学习语文的乐趣。特别是进入了人工智能时代后，必须采用与之相适应的语文教学方式。

（十一）时间

时间必须“正”。40分钟或45分钟是“正语文”课堂教学的时间，课堂是学习语文的主渠道、主阵地，也是语文教学高效的根本之所在。不能把提高语文教学质量的希望放在课外、课后，以课外、课后为主，课堂为辅。否则，就是本末倒置，缘木求鱼。

四、“正语文”课堂教学之追求目标

“正语文”课堂教学必须要结出优良的果实，形成“正果”，即通过“正语文”课堂教学的实施实现语文课堂教学之“果正”，这是“正语文”课堂教学的追求目标。

“果正”，当然是面向学生的，当然是以核心素养为主要内容的。义务教育阶段的语文教学就是需要达到以下几个方面：

（一）交际好

在口语交际中，能听清、听准、听明白对方讲话内容与意图；能依情境和要求说清，说准，说明白；能用普通话说话；能巧妙地说话；能借助外力助交际。在这里，特别强调一点，学会用家乡话说话，用方言说话。当然，在学校里，理应用普通话授课、教学、回答、交流；但在家庭里，我们应该提倡并努力做到用本地语言说话，说方言，用口语，这一方面可以加深对家乡的了解和认识，另一方面接地气，有传承，有亲切感，彼此之间亲近，加强对家乡的情感，感受家乡独特的语言文化，更好地热爱家乡。乡音，对于任何一个人都有着深刻的难以抹去的印象，也为以后走上家乡的工作岗位奠定基础，更何况，还有“入乡随俗”一说呢——“入乡随俗”还包括着语言的“入乡随俗”。

（二）读好书

读好教材，学到基本知识，形成基本能力，得到情感熏陶，正确理解文本；读好课外书，包括古今中外名著，扩大阅读视野，积累语文知识；读好自然书，读好社会书，走进大自然，走进大社会，能观察、思考、领悟、体察，不断充实人生；能用书本所学来正确思考社会、人生，奠定人生基础，指导自己发展。

（三）写好文

写好应用文，为步入社会奠基；写好常见文——记叙文、说明文、议论文，能根据要求准确表达；写好文学作品，能正确抒写自己内心情结，表达内心思想，陈述感人事件；写对字，写好字，用好词，用好标点，写对句子。

（四）做好人

通过语文学习，提升自己对事物、对社会、对人生的正确认识，形成正确的人生观、世界观、价值观，并以此指导自己的日常行动，使文道结合、文人结合、知行结合，实现人的境界升华，从而作用于自己的语文学习，做到双促进、双提升、双发展。

五、“正语文”课堂教学之显著特点

（一）语文性

语文的教与学都必须符合语文的特点，用语文的方法来教与学语文，教语文应该教的，学语文应该学的。换言之，不是用数学的方法来教语文，虽然它们之间有诸多的相同点，但必须在突出学科共性的同时，凸显语文学科的个性，使学科个性得以充分张扬。课程标准为语文教学提出了具体而明确的要求，《义务教育语文教科书》（教育部审定）则是语文教学的载体。这些都规定了语文应该教什么，应该学什么，应该如何教，应该如何学，必须研透、用实。

（二）奠基性

语文学科的基础性、工具性决定了其对学生未来成长与发展的奠基作用。所以，在教学中，必须切实培养学生的语文素养，提高学生的语言建构与应用能力、思维发展与品质能力、审美鉴赏与创造能力、文化传承与理解能力。特别是语文学科特有的人文性特点，更是对学生未来走向起着决定性的意义与作用。在教学中要特别突出其“立德树人”的意义，彰显人文价值，提高人文品质。

（三）学生性

语文学科的教学必须面向所有学生，以学生为本，从学生实际出发，从学生未来发展出发。这儿的学生不是指个别的学生、个体特殊的学生，而是指所有的学生、全体的学生，要让所有的学生都得到奠基性的发展。从学生实际出发，从不同地区学生语文学习的实际出发，而不是从教师教学出发，从教师好教出发，教师不能在课堂上随心所欲地教学。从学生未来发展出发，就是指要立足长远，立足未来，而不是从眼前的考试、应试出发。

（四）规定性

语文学科的教学必须符合相关的规定，内容——课程标准，方法——语文教学规律，要求——各级减负法规，时间——课堂45分钟，教师——身正与学高，手段——与时俱进，等等。“正语文”课堂教学的规定性规定了学校和语文教师在教学过程中不能随便行事，要理解到位并切实遵守、执行，这样，语文教学才不会走样，才不会偏颇，才能“行得正”“站得稳”“发展扎实”。特别是课堂45分钟，这是学生语文学习的重点与关键时间点，必须切实用足、用好、用透，否则，就是本末倒置。

（五）协调性

语文课堂教学非单一的方面，而是整体的、全面的综合体，每一方面都不可或缺。有学习环境的建设，有语文教学理念的树立，有语文教师的培育，有课堂教学方法的改革与实施，有管理制度的建立与推进，有课堂教学评价的建立与实施，有课外学习的补充与完善等等。所有这些方面都必须统筹建立与实施，协调并进；如果只是“单打独斗”，没有系统的协调性，就不能有效实施与推进。语文课堂教学不仅要高度重视课堂教学这个中心，还要协调发展集体备课、课后辅导、家庭作业等之间的关系。

（六）执行性

做什么事都要有强有力的执行。执行力是通向成功的重要因素。语文课堂教学从“不正”走向“正”，最终获得成功的关键也在于执行力。这种执行力不仅在于我们的教师，还需要各个部门、各个系统的紧密合作，这是对自己工作承诺实施的具体体现，是对学生高度负责的表现，也是对自身价值的重要体现。执行力既要有高度的自觉性，又要有高度的强制性。

（七）坚持性

要让语文“归正”，必须有持之以恒、坚持到底、不达目的不收兵的吃苦精神。说实在的，现实中的语文课堂教学中“不正”的现象很多，必须要一个一个地有序解决，有的还是硬骨头，特别是有些语文教师思想顽固、僵化、守旧，这些都需要长时间、花大力解决，绝不可能一蹴而就，千万不能半途而废。

六、“正语文”课堂教学之内生变化

“正语文”课堂教学与传统课堂教学有着很多不一样的地方，正是这些变化才让“正语文”课堂教学变得扎实而有效，持续而有内涵，公平而富有质量，才让我们的语文课堂富有公信力、生命力和发展力。

（一）程序之变

1. 变“教后学”为“学后教”

传统教学一般都是从教师的讲授开始，学生的责任就是听讲并记录；教师讲完后，学生才能去看书理解。这就是所说的“先教后学”。

而“正语文”课堂教学却要求从学生的“学”开始，从学生的“读”开始，在“学”与“读”的基础上，针对“学”“读”中出现的问题进行多种方式的“教”。这就是“学后教”。

显然，传统的“教后学”是一种注入式教学，学生置于被动地位，成为学习的客体，成为接受知识的工具；而“学后教”是一种发现式教学，学生置于主动地位，成为学习的主体，成为发现知识的主人。

2. 变“五步教学法”为“学后教，教后用”

苏联著名教育家凯洛夫提出的“五步教学法”——组织教学、复习旧课、讲解新课、巩固新课、布置作业，是我国传统教学倍加推崇的通用教学模式，直到现在，许多教师仍在运用。

而“正语文”强调学在教先，用在教后。“学”把读书权给学生，旨在暴露问题，实现“以学定教”；“教”把解决权给学生，旨在解决问题，“以教促学”；“用”旨在应用问题，“以练馈学”。

显然，“正语文”课堂教学各个环节层层相扣，步步为营，符合学生语文学习规律。

（二）目标之变

1. 变“教学目标”为“学习目标”

目标是课堂教学的纲，关系到课堂教学的方向。

传统语文课堂教学有目标，是“教学目标”。它是教师在认真钻研课标、教材、学情的基础上，明确自己教学时要达到的目标；换言之，就是作为课堂教学组织者的教师所应该追求的目标。

“正语文”课堂教学也有目标，但不是传统意义上的“教学目标”，而是“学习目标”。它是教师将钻研所得的“教学目标”转化为学生应该达成的目标；换言之，“学习目标”不是教师教学中对自己提出的目标，而是针对学习对象——学生所提出的目标，是学生通过课堂学习必须达成的目标。

显然，由“教学目标”转变为“学习目标”不仅是说法的改变，更是目标达成主体的变化，因为课堂是学生的，学生是学习的主体，自然应该是“学习目标”，这是目标的科学归位，反映教师对课堂的一种新型认识。在课堂上，“学习目标”应该是显性的，“教学目标”应该是隐性的，达成了“学习目标”，自然也就达成了“教学目标”。

2. 变“一维目标”为“三维目标”

传统语文课堂的“教学目标”常常是“一维目标”——知识目标，即以掌握多少知识点为主要教学任务的目标。

“正语文”课堂教学的“学习目标”不是一维的，也不是二维的，而是三维的——知识与能力目标、方法与过程目标、情感态度与价值观目标。洋思中学特别注重情感态度与价值观目标的呈现与实现。一是因为课堂是“立德树人”的主阵地；二是由语文学科的“人文”属性决定。故“正语文”课堂教学从五方面进行情感态度教学目标的实现：一是语文教师用自身充满正能量的形象感染学生；二是建设适合学生语文学习成长的班级环境；三是建立教师学生课堂教学规则；四是形成良好的班风学风；五是通过语文课文的人文渗透来熏染学生。

3. 变“暗箱目标”为“阳光目标”

传统语文课堂教学中，教师怀揣的“教学目标”，是一种暗箱性质的目标，一般是不呈现给学生看的。尽管教师可能全程都在围绕“教学目标”施教，但“教学目标”在暗处，教师自己心中有数，而作为学习主体的学生却是浑然不知，昏昏然，云里雾里，完全被教师牵头走，上课干什么，往哪里走，一切听教师摆布。夸美纽斯认为，之所以出现这种现象，是因为“没有树立固定的路标，使它成为学生在每年、每月、每日之末要达到的目标，完全没有制度”，“没有指出可达到这些目标的路径”。

“正语文”课堂教学要求推行“阳光目标”。一上课就要用最快的速度让学生知晓此节课所追求的“学习目标”——可以小黑板展示，可以投影揭示，可以语言讲出，可以边说边写。目的只有一个，让学生学有方向，学有指向；使整个课堂的教与学做到中心明确，主旨清晰，“不蔓不枝”，“形散而神不散”，为目标的达成而教，为目标的达成而学，师生就会目标同向，行为同轨，效果自然就会明显。

（三）时间之变

1. 变“课前预习”为“课堂先学”

传统语文课堂教学高度强调“课前预习”。当然，现在仍在继承传统。虽然不叫“课前预习”了，更名为“前置性学习”，但究其本质还是“课前预习”。为了让“前置性学习”

富有“实效”，有的还“创造性”地设计了“前置性学习单”“前置性学习卡”，有时也叫“导学案”“预习纸”“活动单”等，目的之一就是让学生在课前有预习的抓手；有的甚至还提出“课前预习不充分的课坚决不上”。

而“正语文”课堂教学却坚决取消“课前预习”，要求把“课前预习”移至课堂。要求语文教师在课堂上放出足够的时间让学生“学”，让学生“读”，让学生“思”，让学生“悟”。注意，是课堂上，非课前，是课堂上的“学”，非课前的“预习”。

这样做的最大益处就是“保证了每一学生学习行为的真实性”“真正实现减负增效，推进了课改”“满足了学生学习的好奇心、新鲜感”，更能提高语文课堂教学效率，倒逼语文课堂教学改革——向课堂要质量，向课堂要效益。

2. 变“课堂书面作业课后化”为“书面作业当堂训练”

传统语文课堂教学也布置“课堂书面作业”，但常常由于讲授时间长、内容多，所以，课堂上所布置的作业，往往是在课后完成，即“课堂作业课后化”。显然，这样做，失去了“课堂作业”的意义，增加了学生课后作业负担。

“正语文”课堂教学也要求布置课堂书面作业，但要求课堂书面作业必须“当堂完成”，做到“千忙万忙，当堂训练不慌不忙”。显然，这样做，有力地保证了课堂教学的真实性、实效性，就体现了“课堂作业”的意义，也有效地减轻了学生作业负担。注意，这里所讲的是课堂书面作业，而不代表课后就没有那些读写与实践类的作业。

3. 变“培尖补差在课后”为“培尖补差在课堂”

传统语文课堂教学追求“培尖补差”，其培补时间主要是在课后——要么成立“培尖班”，要么成立“补差班”，利用课余时间进行。

“正语文”课堂教学也强调“培尖补差”，但时间却在课堂。“正语文”提出“培尖不如自培”——语文成绩优异是放养出来的，是自主学习出来的；“补差不如防差”——课堂切实做到“关注有问题的学生”“关注学生的问题”“当堂学，当堂教，当堂练”，就能够让学生学有所得，学有所获。

（四）主体之变

1. 变“少数人学”为“所有人学”

传统语文课堂学习对象表面看来是所有学生，但由于课堂采取的是“灌输式”“注入式”“讲授式”的教学方法，所以，实际上学习的只是少数——少数听得懂的学生，少数有积极性的学生；这就造成另外的许多学生成为陪读生、睡觉生、旁观生。对学生课堂学习效果的检测也集中在少数学生身上。

“正语文”课堂教学要求课堂知识必须做到“堂堂清”“人人清”，这就迫使语文教师必须关注所有上课的学生，对所有上课的学生高度负责，采取最为有效的措施让所有的学生学到并学会。

2. 变“从尖子生回答问题开始”为“从学困生回答问题开始”

传统的语文课堂教学一般都是从尖子生回答问题开始的，虽然有时表面上也请所谓的学困生回答问题，但教师总把尖子生回答问题的情况作为判断学生有没有学会的重要依据。

“正语文”课堂教学则要求“从学困生回答问题开始”，让学困生优先回答问题，在“学困生回答问题”之后，如有问题，则请尖子生来补充、修正、完善。

显然，“正语文”课堂教学看重的是全员的发展，而非仅为少数学生的发展，是为了课堂教学的真正公平。同时，让尖子生解答学困生问题，在某种程度上就是一种更为有益的培尖，让尖子生在帮助他人的过程中得到发展，让学困生也得以掌握基础知识，可谓“各得其所，各取所需”。

（五）方式之变

1. 教式之变

传统语文课堂教学是以教师为中心的课堂，“全程讲”是传统教学的基本特征。

“正语文”课堂教学也充分发挥教师作用，但其作用不是“全程讲”，而是“全程导”——导问题，导方法，导方式，导结论，导应用，导规律。为让“全程导”更为科学，“正语文”课堂教学提出了“二次备课”的概念——变“依据教学预设教学”为“依课堂生成教学”，切实做到以变应变，随机应变，服从课堂生成，有效调整教学预案，从学生的问题出发，有针对性地解决问题。

显然，由于“洋思教学模式”是教师“全程导”的课堂，教师便由“讲授者”的角色转变为“引导者”“指导者”“辅导者”的主导的角色。只有充分发挥教师“导”的作用，最终才能引发学生真正有效的学，也才能实现真正的“少教多学”。

2. 学式之变

传统语文课堂教学中，学生的“学”是一种“接受学习”——在教师的讲授下，全程听、记、写、练。显然，这是一种被动的、强制的、非发自内心的学习。其效果可想而知。

陶行知说：“‘学’字的意义，是要自己去学，不是坐而受教。”“正语文”课堂教学要求把读书权还给学生，把思考权还给学生，把记录权还给学生，并提出“只有写下自己思想的语文书才是自己的语文书”“不让学生自己用好工具书的课堂不是语文课堂”。不仅要自己学好，还要与他人共同学，进行共同实践、共同探究、共同钻研，最终实现共享共赢共进。

显然，“正语文”课堂教学实现了“课堂教学的最优化”，一改传统语文课堂死气沉沉、被动接受之状态，课堂变得生动活泼、主动自觉、积极追求，课堂不仅有意思，而且更加有意义。

（六）手段之变

1. 变“教具单一化”为“教具综合化”

传统语文课堂教学的教具一般就是那几件——黑板、教材、画图，显然很是单调，不能很好地引发学生的学习兴趣。

“正语文”课堂教学则要求从现实出发，从学生发展出发，合理运用各种教具，使之更好地促进学生语文学习。“正语文”课堂并没有像一些学校那样废除传统教学工具，也并不强求一定要用多媒体进行教学，而是“有机融合”，“选择使用”，“该用则用，不用则弃”。这样就让古今手段合而为一，综合应用。

2. 变“教师独占讲台”为“师生共用舞台”

传统语文课堂教学是离不开讲台的，讲台成为教师权威地位的象征，教师站在讲台上，以讲台为中心，对学生施教，对学生提问。

“正语文”课堂教学将讲台变成师生共用的舞台，不仅教师可以用，学生也同样可以用——学生不再是站在座位上作答的学生，而是走上讲台说自己的看法、讲自己的体会、展示自己的成果、提出自己的问题的“小教师”，同时又是向同学请教的“小学生”。如此，“师生”角色在讲台上的学生身上得到体现。教师呢，则要求站在学生边、学生后，聆听，组织，对话，既是“师”，也是“友”。

（七）评价之变

1. 变“评价少数”为“评价所有”

传统语文课堂教学常常是把“优秀率”“尖子生”作为评价重点的，而“正语文”课堂教学不仅关注“优秀率”，更看重“及格率”“平均分”。其着眼点发生了根本的变化，将“每一个学生的语文学业的提升”提到至高地位。

2. 变“评价一元”为“评价三元”

传统语文课堂教学评价的往往是知识的掌握程度，而“正语文”课堂教学评价的不仅有知识的掌握，还有对知识的理解、应用的能力，更有课堂学生的各种表现、状态、习惯等。即从一元到“三维目标”的三元评价。

3. 变“评价结果”为“既评价过程，也评价结果”

传统语文课堂教学重视的是课堂结果，是“不管白猫黑猫，捉到老鼠就是好猫”。而“正语文”课堂教学则重视教学过程的评价，教的过程是否真实而有效，学的过程是否科学而扎实。有了这样的语文教学过程，自然就会有好的结果。

4. 变“评价教”为“评价学”

传统语文课堂教学高度重视教师的外在表现——形象、普通话、板书、媒体运用、教案设计、各种准备，讲得是否清晰、流畅、准确等，如果出色，就是“好教师”。而在“正语文”课堂教学中，固然需要教师有教师的形象与基本功——这些为好课堂奠定了坚实的基础，但更看重教师在课堂上是如何引导学生学的——学生学得真实、有序、紧张、高效，这样的课堂就是好课堂，这样的课就是好课，这样的语文教师就是好教师。

七、“正语文”课堂教学之指导思想

（一）“生”本思想

基础教育课堂改革“把育人为本作为教育工作的根本要求”，“关心每个学生，促进每个学生主动地、生动活泼地发展，……为每个学生提供适合的教育。”(《国家中长期教育改革和发展规划纲要(2010—2020年)》)“将实现我国中小学课程从学科本位、知识本位向关注每一个学生发展的历史性转变”，无不强调了学生的核心地位，“每一个学生”的重要性。“正语文”课堂教学相信“没有学不好语文的学生”，“每一个学生都是语言的天才”，打破传统教学“为少数学生”的落后思想，从“学”到“教”到“练”，全过程关注着每一个学生，引导着每一个学生成为学习者、实践者、思想者、收获者，努力让每一个学生真正成为学习的主人，注重每一个学生的语文学习，将每一个学生语文核心素养的提升作为自己的追求目标。

(二)“学”本思想

陶行知先生说，“教员不重在教，重在引导学生怎么样去学”。课堂教学改革的一个重要方面就是改革传统的教学方式，真正视学生为学生，把学习权还给学生，让学生做课堂“学习”的主人。“正语文”课堂教学要求在全校性的真正且科学集体备课的基础之上，引领学生明确学习目标，改革学习方法，还学习时间权给学生，让学生全过程进行语言文字的阅读、理解、探究、感悟、体验、互动、研究、应用、练习、修正、补救、交流、展示、汇报等等，让学生真正做课堂语文学习的主人——想语文的事，说语文的话，干语文的活，尽语文学习的责。最终让学生求得真知，获得真能，拥有真情。

(三)“标”本思想

课程标准是语文课堂教学的最大的纲领，指导语文课堂教学的具体实施。“正语文”课堂教学高度突出课程标准的地位与价值，要求所有实施者务必从育人高度认真学习、领悟、理解其思想内核，不折不扣地严格实施；要求语文课堂教学的评价也必须依此要求、标准实施，切实做到下要保底，上不封顶，确保每一个学生在语文学习中获得大的收益与发展。特别是切实以课堂为中心，在听说读写思上做文章，让学生全过程进行语文学习的实践，在实践中学习语文、理解语文、发展语文。

(四)“文”本思想

叶圣陶曾教导说，“教材无非是例子”；新课程标准也强调，“用教材教，不要教教材”。这些金玉之言无不要求我们要正确对待教材——不能教死教材，要教活教材。但并不是说不用教材，教材毕竟是引子，毕竟是学习的载体、拐棍、依靠。“正语文”课堂教学高度重视“本”的作用与价值，提出“本是根”“本是源”“本是本”“以本为本，本是根本”，否则，会“基础不牢，地动山摇”。语文课堂教学必须切实以教材为载体，“依靠文本、用好文本、走出文本”，对文本中的根本——基本思想、基本知识、基本技能一定要学好、学透、学通。特别是把握好编者意图，用好文本中的“探究与练习”，将编者意图落到实处。

(五)“导”本思想

课堂教学是教与学双边活动的过程。语文课堂教学过程中，一方面要切实落实学生主体地位，保证学生学习的主动权；另一方面，要切实落实教师的主导地位，充分体现教师在学生成长过程中的引导作用，从而使学生之学与教师之导有效结合、融合，以导引学，以导促学，以导训学。“正语文”课堂教学更加强调教师在学生语文学习过程中的“导”的作用——导学什么，导怎样学，导怎样读，导怎样思，导怎样练，导怎样提升认识，导如何发现问题，导如何分析问题，导如何解决问题。“正语文”课堂教学把教师是否有科学有效的“导”作为评价教师作用落实与否的重要方面，教师是否真正尽职的重要因素，课堂是否高效的关键内容。

（六）“效”本思想

“高效”是现代课堂教学的追求，当然也是“正语文”课堂教学的追求。传统课堂由于大量存在着“教的问题”与“学的问题”，导致了课堂教学的低效。“正语文”课堂教学要求克服一切语文课堂教学中的形式主义、虚无主义，从学生实际出发，针对课堂教学中存在的问题，提出了切实可行的学习目标，采用科学的教学策略，通过多种渠道，确保提高课堂45分钟的教学效率，力争做到“当堂学，当堂会，当堂学会，当堂会学”，让学生既能学到语文知识，形成语文能力，也能获得思想情感与态度价值观的发展，最终实现语文课堂教学的“高效率”“大效益”“佳效果”。

（七）“时”本思想

“天下大势，浩浩荡荡。顺之者昌，逆之者亡。”只有做到与时俱进，才不会落后，才不会为时代所淘汰，才能永葆发展态势。语文课堂教学改革亦然。“正语文”课堂教学强调“与时俱进”，就是要求在课堂教学过程中，用符合现代教育思想的方法、手段、策略等实施课堂教学，一切从现实出发，利用一切现有资源，满足学生发展需求，促进学生语文核心素养的发展，为学生语文成长奠基，为学生语文未来奠基，为学生语文发展奠基。在实施过程中，不仅要符合时代发展要求，也要将其他学校先进的语文教育教学思想、经验融入自己的语文学科之中，形成自己的语文学科特色，促进自己的语文学科发展。

八、“正语文”课堂教学之实施意义

（一）学生“高效发展”

1. 语文成绩得到提高

在“正语文”的课堂上，语文学优生因为教师的“相信”“放手”“发现”“引导”而得到提升；语文学困生因为教师的“关注”（关注有问题的学生、关注学生的问题）和教师的“优”（优待学困生、学困生优先）以及因为教师的三个“不”（不放弃、不抛弃、不遗弃）而得到改变。他们的学业基础得到强化，学业成绩得到提升，最终在原先的基础上都有所长进。

2. 语文素养得到发展

在“正语文”的课堂上，语文教师关注的不仅是知识，更是能力、情感、个性，实施解放教育、和谐教育、自主教育、开放教育，学生学得自觉、努力，参与度高，主体意识强，对课堂充满了爱，对学科充满了爱，对知识充满了兴趣，对同学充满了爱，自然情感都得到真正的提升，“真善美”的品质得到培养与提升，语文学科的人文性得到充分的体现。

3. 个性特长得到培养

在“正语文”的课堂上，由于全方面发展，课堂教学效率高，作业完成正确率高，速度快，投入多，学得扎实而有效，因此，学生课后就显得特别轻松。学生课后作业时间，包括毕业年级语文笔头作业时间缩短，这样就有更多的时间来干自己喜欢的“语文活”，就成为了一个独立自主的“社会人”，而非是被教师完全支配的“自然人”，真正成为语文学习的主人。

4. 后续发展得到奠基

在“正语文”的课堂上，由于教师采用的都是真正的语文的教育教学策略与方法，都是符合学生成长需要的思想与内容，所以，学生课堂学习效果好，兴趣强，个性得到了发展，这就为学生的可持续发展奠定了基础。实践证明，学生在这种课堂教学的长期熏陶下，学会了学习，学会了做人，学会了做事，学会了创造，特别是读书、写作能力在不断地增强，为学习其他功课以及后期的持续发展奠定了坚实的基础，使语文真正成为学生发展的基础性与关键性学科。

（二）教师“高效发展”

1. 教师角位正确表现

现代教育背景下，教师必须定好位，明确自己应有的角色。只有角色定位正确了，教师才能明白课堂上应该做什么，应该怎样做。“正语文”课堂教学要求教师正确认识课堂，正确认识自身，正确认识学生，扮演好自己在课堂上的角色，用好自己手中的权力，不越权，不超权，不霸权，不弄权，不要权。要求做好指挥，全程关注并指挥学生作战，让学生做“战士”，让学生像战士一样始终冲在战场的第一线，即教师要把所有的语文学习权给学生，让学生自己解决语文学习中的问题，教师只是像指挥官一样策划上课、组织上课、指挥上课；做好导演，全程引导学生做“演员”，让每一位学生“表达、表现、表演”，即教师在语文教学的过程中，只是像导演一样做好引领作用、引导作用、引路作用、引发作用，让学生全过程地去暴露问题、分析问题、解决问题；做好教练，全程放手让学生做“球员”，让“球员”在教练的指导下团结一致，努力拼搏，争创佳绩。即教师在语文教学过程中，要千方百计地调动学生学习的积极性，让他们享受语文学习的乐趣，开展有效的激励。

2. 教师研究真正实现

课堂是什么？课堂应该是师生共同研究、发展、提升的场所，而并非仅是教师教与学生学的场所。教师要想得到真正的发展，必须有研究的意识，有提高的意识，有创新的意识。“正语文”课堂教学要求我们的语文教师在课堂教学中，切实做到三个“走进”：

一是走进课堂——发自内心地、主动自觉地、高高兴兴地走进，视课堂为研究室，视课堂为生长地，视课堂为加油站；二是走进学生——走进学生内心世界，了解学生学习实情，把握学生学习脉搏，开掘学生学习潜力，正确评价学生发展，科学实施因材施教；三是走进问题——课堂教学必须科学地学与教，但学什么，教什么，这是最为关键的内容。“正语文”课堂要求“教学生不会的，学生会的不教”，这就需要语文教师在课堂上充分把握学生不会的内容，这样，教才能有的放矢，教才能富有效果。而怎样知道会与不会呢？这就要求我们的语文教师必须切实走进学生学习中的问题——问题是课堂学生发展的载体。所以，在课堂上，教师要切实做到两个关注——关注有问题的学生，关注学生的问题，即通过倾听学生言，观察学生行，找到问题的表象，积极剖析问题的内质，使问题得到圆满而彻底的解决。这样，“正语文”课堂教学提出的“问题资源论”——不让学生出问题是教师的错，不发现学生问题是教师的错，不引导学生有效解决问题是教师的错，不积极利用学生的问题还是教师的错——就得到了充分体现。通过“三个走进”，语文教师的教书本领、育人本领、研究本领等都得到真正培养，其教书育人的能力得到全面提升，其语文教学的素养才能得到真正发展。如此，就真正实现了以课堂为阵地的研究发展。

3. 教师价值真正体现

“正语文”课堂教学有力地解决了语文教师负担重，包括由满堂灌带来的声音沙哑等职业病问题，因为它要求教师要全过程放手让学生学，“一堂课有时只讲四分钟”，坚决杜绝课堂上教师满堂讲的陈风陋习，把情境创设权、读书理解权、讲说评价权、纠错交流权、修正完善权、训练反馈权全都给了学生，这样既体现了学生学习的主体地位，又体现了教师的主导作用，使我们的语文课堂不再“有为”——讲，讲，拼命讲，一讲到底，而是少讲、精讲、不讲，是化讲为导，化讲为促，化讲为学，化讲为研，化讲为练，化讲为用，从而使教师充分感受到教育与教学的作用就在于用最少的时间实现最大的价值，实现师生课堂教与学工作的双赢。在这样的语文课堂上，语文教师不再需要进行长篇大论的自我表演、展示，及高分贝高频率的教授，而是在需要处出场，适当地讲，科学地导，有益示范。这样，语文教师说的时间就短了，说的内容就会突出重点、核心、关键，学生学就更有重点与中心，更富有成效，教师的价值得到最充分的体现。这样还会有因为“满堂讲”而带来的诸多问题与弊端吗？

（三）课堂关系真正和谐

1. 师生关系和谐

（1）师生关系

师生关系是课堂教学诸多关系中最为核心的关系。“正语文”课堂教学强调，在课堂上，教师应首先做到人格上平等，尊重学生；但又强调，教师与学生毕竟不同，知识不同、阅历不同、能力不同，所以不能因为所谓平等而无师无生，师不成师，生不像生。教师首先要做好教师，学生首先应像一个学生；课堂上，教师和学生应该各司其职，各谋其事。在其基础上，师生关系应该是“亦师亦友，亦生亦友”的境界。

（2）生生关系

学生与学生的关系是课堂中人与人之间的另一重要关系。只有处理好了，才能达到共生共赢，整个课堂才会真正和谐，班风学风才能不断改善，学生才能不断走向诗与远方。生生关系中两类关系需要处理好，一是全体学生与个别学生的关系，二是“优生”与“学困生”的关系。以第二个关系为例。“正语文”课堂教学提出四句话处理其关系——“优生帮学困生责无旁贷”“课堂对学困生实施‘扶贫’策略”“充分放手，培尖不及自培”“积极关注，补差不如防差”——这就充分体现了孔子“因材施教”“有教无类”的教育思想，和谐落实了两类学生的不同的发展策略。

2. 教学关系和谐

“教”与“学”的关系是课堂上两种行为的关系，其处理得是否和谐关系到整个课堂的教学成效。“正语文”课堂教学从九个方面认识并处理“教”与“学”的关系。

（1）不学不教

双重否定，即在“正语文”课堂教学上，一定要做到“学在教先”“教在学后”，无学就无教。这就高度突出学与教的先后关系，这也是语文课堂教学的一般特点与先后顺序。“课堂从学生的学开始”，这即是新课改的最为重要的理念。

（2）以学定教

课堂上，教什么，怎么教，不是教师决定的，是学生决定的，是学情决定的。课堂上的教必须遵循“教不会的，会的不教”的原则。“正语文”课堂教学要求教师之“教”必须通过学生的学来确定——“教情”源于“学情”，“学情”决定“教情”。

（3）以学施教

在“正语文”课堂上，学生通过学，暴露出了问题后，教师以学生学习存在的问题为教学由头，运用预设的方法和现场生成的方法进行有效施教，从而使教真正服务于学生的学，将学生的学和教师的教落到实处。

（4）以教促学

课堂上，学生是学习的主体，学习是课堂的目的。但只有学生的学，课堂会是粗浅的，是低层次的，要想提升，必须要有“教”。“正语文”课堂教学要求教有成效，教有结果。从内容上看，要有的放矢地精教——教方法、规律、内涵；从方式上看，要突出“互教”——生教生；从数量上看，要体现少教——教不会的。如此，教成了学的手段，成为服从、服务于学的手段；教的最终目的是成为促进学生学，促进学生学到，促进学生学会的有益手段。

（5）以教导学

“正语文”课堂教学高度强调学生的“学”，但绝不排斥教师的“教”。但教师之“教”不是传统意义上的讲解，不是传道，不是解惑，不是授业，而是“导”——引导、诱导、启导、指导——“导学”“导教”“导练”。最终，在教师有效“导”的方式下实现真正意义上的“教”，将“教”变成“导”，使学生在“导教”下知其然，更知其所以然，从深层次理解、把握、运用知识。

（6）以学论教

一堂课好坏的评价不是看教师在课堂的表现如何，方式如何，内容如何，手段如何，而应该看学生在课堂的表现，在课堂上的收获，在课堂上的发展。“正语文”课堂教学要求课堂好坏一定要通过学生的“学”来评，即“以学论教”。这就把课堂评价的视角由“教”转向“学”，由“教”的过程转向“学”的过程，由“教师”转向“学生”，这是“正语文”课堂教学最为深入的地方。

（7）以学研教

课堂教研是提高课堂教学的含金量的根本。研的核心与重点不在“教”上，而应该着眼在学生的“学”上，只有建立在学生科学、有效的“学”的基础上的“教”才有意义与价值，即通过“学”来研究“教”，从学生学习的层面来研究课堂教学的质量与内涵。“正语文”课堂教学要求语文教师要全程研究学生的“学”，以学生的“学”来研究“教”、确定“教”、提升“教”，从而“教”在问题处，“教”在根本处，“教”出水平，“教”出方法，“教”出成效。

（8）教学合一

在“正语文”课堂教学中，表面强调“学在教先”，“教在学后”，但实质上，“教”与“学”是合而为一的：在学生“学”时，教师在“教”——引领语文学习方向与语文学习方法，关注学生问题与问题学生、调查学生存在的不同学情——这是一种“暗教”“隐教”，为全面的“教”奠定基础，埋下伏笔；在学生“学”后，教师引导着学生就问题进行深入探讨和共同研究，有时进行深入浅出的讲解，这些都是与学生的“学”联系在一起的，“教”中有着“学”，“教”时刻引领着、指向着“学”。一句话，“正语文”课堂教学在“教”中“学”，在“学”中“教”，真正实现了课堂“教”与“学”的一体化、同质化。

（9）教学相长

课堂教学不仅为了学生，发展学生，也为了教师，发展教师。“正语文”强调语文课堂应该是教师和学生共同发展的舞台。在“正语文”课堂教学中，教师为了有效地“教”，就必须剖析课程标准、研读语文教材、走近学生，就必须了解“学情”，分析“学情”，进行“二次备课”——正确确定重点、难点、疑点，特别是在学生“读不懂的地方”“读不对的地方”“读不透的地方”“读不到的地方”大做文章，做足文章，最终“教”得其所，“教”在其位，“教”有收益，这就实现了教师的课堂成长。如此，“教学相长”这四字古语也就成为了课堂上实实在在的行动。

3. 人本关系和谐

“正语文”课堂教学要求教师和学生都必须充分尊重课程标准与学科教材（特别是部编教材），并以此为载体，进行“教”与“学”。更强调必须充分而有效地“走进语文学科教材”，即只有把课本知识夯实了，把课本的本质掌握了，才能更好地走出教材，在教材的处理上，切实做到“以本为本，本是根本”——“本”才是“教”与“学”的最有效的基本载体，这样才能夯实基础，才能学好教材，用好教材，走出教材。人成为“本”的主人，而不是“本”的奴隶；“本”成为人学习的工具，而不是人学习的负担。

4. 手段关系和谐

“正语文”课堂教学高度重视现代媒体的建设与运用。但与此同时，又强调“正语文”要合理运用多媒体，不应在形上求新，应在质上求新，同时也高度重视传统教学媒体——粉笔、黑板、嘴巴等的不可替代作用。在传统与现代教学媒体两者的处理上，要求做到“相互为用，相互促进，相辅相成，相得益彰”，做到“只求有效，不求形式”——因为多媒体“只是手段，不是目的”，坚决杜绝“为用多媒体而用多媒体”的现象，让多媒体“为我所用”，而非“为我所累”。

5. “分”“素”关系和谐

“正语文”课堂教学特别注重分数与素质两者关系的处理。其一方面强调抓分数是应该的、必须的，这是显性的语文学业成绩的表现；另一方面强调抓住分数提高的内因——素质，以分数促素质，以素质长分数，做到“分数素质化”“素质分数化”“表面抓分数，实质求素质”“分数素质两不误，两提高，两促进”。也就是说，“正语文”课堂教学追求的是“高分数”与“高素质”，是“素质型分数”，是“分数的品质”，是以提高分数为抓手，提高“分数的含金量”。这与当下所推崇的“高品质”课堂教学的内涵是一致的。

6. 动静关系和谐

新课改强调“课堂上要让学生动起来”。“正语文”课堂教学充分把握了“动”的本质，提出不能因为要让学生“动起来”，就使课堂成为“骚动”“躁动”“浮动”的课堂——这样的“动”是身动、形动、外动，这不是“动”的本质。“动”的本质是“心动”——心中向往、追求，是“行动”——采取切实的行动，“激动”——所学结果令人满意。而要做到“心动”“行动”“激动”就必须让学生“静下来”进行“思想的动”“思维的动”“思考的动”，进行真正的“品、悟、思、习、练、践”，这是“内动”“隐动”“灵动”，是“静”下的真“动”，是化“静”为“动”，是“动”“静”结合。

7. 增减关系和谐

“正语文”课堂教学的出发点就是提高课堂效率，实现课堂效益的最大化，达到最佳的教学效果，就是达到“减负增效”。但“正语文”又强调，“减负”是减不必要的负担，是减课后的负担，绝不是减课堂语文学习的负担。学生在课堂上的语文学习是应该有负担的，这是有责任的表现，没有负担，就没有压力，没有压力就没有动力，就不会有真正的人的成长与变化。只有课堂负担恰当，责任到位，课堂才能“增效”，学生课后负担才能真正自然地减下来，学生才能发展自身个性，才能获得更大发展空间。故此，“正语文”课堂教学要求切实做到“学在课堂”“教在课堂”“练在课堂”，所有学生课堂上必须全过程全心投入求学状态之中，做到“不让一秒虚度，不让一分闲过”。如此，才能真正实现“课堂高效，课后减负”“课堂紧张，课后轻松”“课堂用力，课后享受”的目标。

8. 三维关系和谐

“正语文”课堂教学特别强调，课堂教学必须以知识为抓手，以能力和方法为推进，以情感、态度与价值观为内核，通过有效的“教”与“学”的过程实现课程标准中所提出的三维目标，实现现今所提出的四大语文核心素养。所以，“正语文”课堂教学力求语文课堂教学实现语文知识的“堂堂清”——当堂学，当堂会，当堂学会；人人学，人人会，人人学会。这就需要在语文课堂教学中，以知识为抓手，以能力发展为根本，以情感、态度、价值观为支撑点，教师引领着学生个个都围绕着三维目标在用心、用劲、用情地学习，使三维关系在扎实而有效的课堂教学实践中得到和谐融合与发展。

“正语文”课堂教学策略的实施，最终就是要实现语文教学的“守正立人”。

“守正”者，知识与能力、过程与方法、情感态度与价值观之“三维目标”都必须做到符合语文教学之要义，都必须符合语文教学之规律，这是怎样培养人的方法问题。

“立人”者，文本解读、目标确立、内容选择、思想渗透、方式应用、过程实施等都必须为学生未来的发展奠定坚实的基础，这是培养什么人的方向问题。

“守正立人”者，就是围绕课程标准，依据语文统编教材，教语文应该教的，学语文应该学的，用语文的方法教语文，用语文的方法学语文：不仅要学语文要素，还要学主题思想；不仅要学语言表达，还要学祖国文化；不仅要培养读写，还要培养听说；不仅要学思维方法，还要学审美创美；不仅要学文本，还要创设环境；不仅要求学生，还要身正为范；不仅要知其果，还要探其因；不仅要追求知识，还要追求品质；不仅要知道思想，还要知行统一。

第三节　“正语文”课堂教学之基础

“古为今用”“去其糟粕、取其精华”是一味追求所谓“创新”精神的我们对待传统文化应有的基本态度。对传统文化“一棍子打死”和“全盘接受”的做法都是错误的，“批判地接受”和“传承中发展”才是应有的正确行为。

教育亦然，教学亦然，语文教学亦然。

而今，似乎正处于大变革、大发展、大创新的语文教学表面是“百花齐放”“百家争鸣”，但在某种程度上却是“各敲各的鼓，各吹各的调，各唱各的歌”，乱象丛生，创新似乎不少，变化也有表现，个性也很突出，但缺少了“统一”“共性”“传承”，缺少了共同的认知，更使我们的语文教学似乎失去了共同的“根”——语文是什么？语文究竟教什么？究竟怎么教？究竟为什么教？究竟为谁而教？究竟培养什么人？究竟怎样培养人？……如果对这些基本问题都没有共同的认知，那我们的语文教学方向就会出现偏差，我们的语文教学方法就会出现错误，我们培养出来的人就会有问题，有大问题，一切就可能南辕北辙、事倍功半、适得其反！

要切切实实地解决语文教学“瞎折腾”“乱折腾”“假创新”“乱创新”的问题，还是需要从中华传统文化中寻求解决问题的办法与渠道。因为中华传统文化是解决所有问题的根本之所在，源泉之所在，自然包括着语文、语文教学、语文课堂教学。

中华传统文化之“正文化”正是解决现今语文课堂教学乱象的良药，正确认识与切实弘扬中华传统文化之“正文化”是培育语文核心素养的关键。在中华传统文化——“正文化”思想的影响与引领下，需要切切实实的、有效的、规范的、科学的语文课堂教学——“正语文”课堂教学。

一、“正语文”课堂教学之“正”音

“正”字有两个读音，一是“zhēng”，一是“zhèng”。

读“zhēng”时，意为，正月，农历一年的第一个月。简称“正”，如“新正”。读此音时，是时间名词。

显然，“正语文”之“正”非取“zhēng”音，非取“正月”之意。“正语文”之“正”应取“zhèng”音，取“zhèng”音之“正”意。即“正语文”非读“正（zhēng）语文”，而是读“正（zhèng）语文”。

二、“正语文”课堂教学之“正”解

“正”读“zhèng”音时，其意义特丰，特美，特纯，让人追求与遐想，具有生命意义与价值。

《说文解字》：“正”，从止，一以止。凡正之属皆从正。之盛切。【注】徐锴曰：“守一以止也。”止一，正也。意思是说，凡事必须要坚守一条正道。而要坚守这一条正道，就必须抱紧这条正道，这样才能明白什么是正道，践行并发展这条正道。

《康熙字典》：“正”，上下结构，指事；上面是符号；甲骨文字形，上面的符号表示方向、目标，下面是足（止），意思是向这个方位或目标不偏不斜地走去。

本义：不偏斜，平正。如，《新书·道术篇》“方直不曲谓之正”；《易·乾卦》“刚健中正”；《公羊传·隐三年》“君子大居正”；《论语·乡党》“席不正不坐”。

又直也。如，《易·坤·文言》“直其正也”；《吕氏春秋·君守》“有绳不以正”。

又平质也。如，《论语》“就有道而正焉”；《屈原·离骚》“指九天以为正”，［注］谓质正其是非也；《汉书·李广苏建传》“平心持正，古书之正”；唐· 韩愈《朱文公校昌黎先生集》“正而不至焉”。

又纠正，改正，匡正也。如，《国语·晋语》“以正晋国”；《荀子·王制》“正法则，选贤良”；《左传·隐公十一年》“政以治民，刑以正邪”；唐·魏徵《谏太宗十思疏》“正身以黜恶”。

《辞海》：“正”有 15 个词解，其中较为常见的有 8 个。

第1解：正中；平正；不偏斜。《论语·乡党》：“席不正不坐。”

第2解：端正。《论语·尧曰》：“君子正其衣冠。”

第3解：正直；纯正；正当；正道；正派。《孟子·离娄上》：“义，人之正路也。”

第4解：纠正。《论语·学而》：“就有道而正焉。”

第5解：纯一不杂。

第6解：作为主体的，与“副”相对。

第7解：与“负”相对。

第8解：正面的，与“反”“背”“侧”相对。

《图解说文解字(画说汉字)》：

“正”字是指事字，本义是平正，使不偏离。从甲骨文的字形上看，上面是一个长方形，代表的是古代的城邑，象征方位、目标；下面的三叉状，就像是人的脚。两者连在一起，就是说这个人正在朝着这个城市的方位不偏不斜地走去。

《现代汉语词典》，“正”读“zhèng”时，有注解19个。

第1解：形容词，垂直或符合标准方向(跟“歪、偏”相对)。如正南。

第2解：位置在中间(跟“侧、偏”相对)。如正房。

第3解：用于时间，指正在那一点上或在那一段的正中。如正午。

第4解：正面(跟“反”相对)。如正反。

第5解：形容词，正直。如方正。

第6解：形容词，正当。如正理。

第7解：形容词，(色味)纯正。如味道不正。

第8解：合乎法度；端正。如正体。

第9解：形容词，属性词。基本的；主要的(跟“副”相对)。如正文。

第10解：形容词，属性词。图形的各个边的长度和各个角的大小都相等的。如正方形。

第11解：形容词，属性词。大于零的(跟“负”相对)。如正数。

第12解：形容词，属性词。指失去电子的(跟“负”相对)。如正电。

第13解：动词，使位置正；使不歪斜。如正一正帽子。

第14解：使端正。如正人先正己。

第15解：改正；纠正(错误)。如正音。

第16解：副词，恰好。如正中下怀。

第17解：副词，加强肯定的语气。如问题正在这里。

第18解：副词，表示动作的进行、状态的持续。如正下着雨呢。

第19解：zhèng名词，姓。

显然，19之“姓”解，16—17之“副词”解，2之“空间”解，3之“时间”解均不符合“正语文”之“正”解，其余形容词、动词、副词皆相符。

综上面五大词典之“正”(zhèng)音及“正”意，结合“正语文”课堂教学策略研究之实践，明确“正语文”之“正”意主要为四点：

一是形容词，符合标准方向(跟“歪”“偏”相对)。“正语文”之意就是符合标准方向的语文，不偏斜的语文，均衡恰当的语文。

二是属性词，表示语文的属性。“正语文”之意就是非歪(形歪)的语文，非邪(质邪)的语文。

三是使动词，使……变正，使……端正。“正语文”之意就是使语文教学变正(符合标准方向)或使语文教学不歪，使语文教学不邪。

四是副词，表示语文学习的进行与持续的状态。“正语文”就是正在进行的语文，持续进行的语文，表明语文学习无时不在，无处不在，时时是语文，处处是语文。

从众多词典和生活实践中还可知道，“正”的反义词有反、邪、负、侧、歪、倒、副、偏、误。

如此，“正语文”之意还可以确定为非“反”的语文(正与反，正语文与反语文)，非“邪”的语文(正与邪，正语文与邪语文)，非“负”的语文(正与负，正语文与负语文)，非“侧”的语文(正与侧，正语文与侧语文)，非“歪”的语文(正与歪，正语文与歪语文)，非“倒”的语文(正与倒，正语文与倒语文)，非“副”的语文(正与副，正语文与副语文)，非“偏”的语文(正与偏，正语文与偏语文)，非“误”的语文(正与误，正语文与误语文)。

这儿列举的这么多的“非”语文，现实生活中，果真有吗？当然有，而且比比皆是，有的甚至触目惊心。后面我们再展开说明。

三、“正语文”课堂教学之“正”彩

通过对语词的分析，我们发现几乎所有含“正”的词，无论是二字词，还是三字词、四字词、五字词等，其感情色彩，常常都是褒义，尤其是词语中的“正”字。即使不是褒义词，也是中性词，几乎没有贬义词。

前面所含“正”之例句的“正”义，哪一个不是如此呢？

二字词，如正义、方正、斧正、正则、公正、正德、修正、理正、正确、指正、正骨、正直、正楷、中正、忠正、廉正、正士、正人……无不如此。

含“正”的三字词相对较少。“正能量”是最常见的词，无疑，它是现在提得最多、最激奋人心的一个暖词。

含“正”的四字词相对来说很多，四字词往往是成语，这些词朗朗上口，充满着褒义色彩，尤其是其中的“正”字，因此，在现实生活中，是用得最多的。如正大光明、义正辞严、改邪归正、名正言顺、正直无私、守正不阿、堂堂正正、清廉正直、大中至正、正身率下、秉正无私、蒙以养正、正气凛然，等等。

含“正”的五字及以上词语中的“正”，同样，也是以褒义为主。

如一正压百邪、“上不正，下参差”、正屋不正梢子斜、身正不怕影子斜、上梁不正下梁歪，等等。

中国古代文人常常追求风骨，特别希望自己成为一个“正”人，以死后获得“正”谥为追求。

从“360百科”中可查知，古代文人死后最佳谥号就是“文正”——在中国的历史上，尤其在唐代以后，有一个很奇特的现象，文人做官后，梦寐以求地想得到一个谥号——文正。而作为统治者的皇帝，是不轻易把这个谥号给人的。在历史上，能得到文正这个谥号的人，大多都是当时文人敬仰的对象，如范仲淹、曾国藩等。为什么？

文：经纬天地曰文；道德博闻曰文；慈惠爱民曰文；愍民惠礼曰文；赐民爵位曰文；勤学好问曰文；博闻多见曰文；忠信接礼曰文；能定典礼曰文；经邦定誉曰文；敏而好学曰文；施而中礼曰文；修德来远曰文；刚柔相济曰文；修治班制曰文；德美才秀曰文；万邦为宪、帝德运广曰文；坚强不暴曰文；徽柔懿恭曰文；圣谟丕显曰文；化成天下曰文；纯穆不已曰文；克嗣徽音曰文；敬直慈惠曰文；与贤同升曰文；绍修圣绪曰文；声教四讫曰文。

正：内外宾服曰正；大虑克就曰正；内外用情曰正；清白守洁曰正；图国忘死曰正；内外无怀曰正；直道不挠曰正；靖恭其位曰正；其仪不忒曰正；精爽齐肃曰正；诚心格非曰正；庄以率下曰正；息邪讵诐曰正；主极克端曰正；万几就理曰正；淑慎持躬曰正；端型式化曰正；心无偏曲曰正；守道不移曰正。

由此可见，得到“文”谥本就不易了，而要再得到一个“正”谥就更不容易。文，与人的学识水平有关，而“正”却与人的品质修养相关了，非一般的品质修养，确实需要高品位、高品质、高档次，不是矮子中的将军，而是将军中的将军才能得之。

自然，“正语文”之“正”如上面所有词语中“正”字一样，也是具有感情的，体现了高品质，孕育着正能量。“正”应该是语文教学中至高至美至上的追求与标准，无论是内容、形式，还是教法、学法。语文教学的内涵已经不是“非此即彼”二元式的选择关系，而是以摒弃语文之“不正”为起码要求，通过探索与实践，最终实现语文之“正”的最高追求。从摒弃到实现，其间自然要经历诸多坎坷，且过程绝非一帆风顺。

事实上，“正语文”不仅感情色彩明显，而且语词读来响亮上口，掷地有声，给人无穷的遐想与力量，似乎让语文，让语文人，让语文教学，一下子有了回家的感觉，有了归宿，有了一种大悟大彻，似乎让语文人不仅明白了语文应该教什么，教到什么程度，也明白怎样教，怎样教得有效，找到了具体可行的方法——“正语文”可谓是让人豁然开朗，让人眼前一亮，让人顿悟通彻。

四、“正语文”课堂教学之“正”源

“正语文”从表面看来，是外部强加的“标签”式说法，实则不然，“正语文”之“正”正是来源于中国传统文化。

自古以来，中国人就高度看重“正”，崇尚“正”，追求“正”，以得“正”求“正”而自豪。他们对“正”有特别的认识与要求，为后继者提供了理论根基与发展趋势。

四书五经之首《易经》“蒙卦”中讲:“匪我求童蒙,童蒙求我。”《象》中讲:“蒙以养正,圣功也。”《象》中讲:“山下出泉,蒙;君子以果行育德。”

“蒙以养正”(语出张载《张子正蒙·中正篇》),使蒙者不失其正,教人者之功也。这是古人养成教育的理论,从小教育孩子得正理,学正道,走正路,这才是教育者的真正成功。戴震在《孟子字义疏证》卷下中说:“人之初生,不食则死;人之幼稚,不学则愚。食以养其生,充之使长;学以养其良,充之至于圣人贤人。”

“蒙以养正”,这恐怕是中国典籍中最早讲教育目的的名句了。这句话指出了教育需要抓住时机——蒙,童蒙,儿童时期——此时正是孩子懵懂求知最为炽热的时期。人在童蒙时期,一片天真,未染恶习气,此时教育的最大要旨在于“正”“养正”——童蒙时代应该培养纯正无邪的品质。如果再拓展一点,就是通过教育培育孩子纯正无邪的品质,形成与之相关的各种未来发展的必备的能力,最终为其未来做人做事奠定坚实的基础。有了纯正无邪的品质,他的三观就是正的,三观正了,就会奋斗,就会努力,还能发展不好?幼儿、小学、初中,乃至高中,都是“童蒙”时期,这时期的教育尤为重要,最容易接受,也最容易变化,这时期的教育关系其未来的发展,这时的教育只有一个工作就是“养正”——有没有“养正”,养了什么样的“正”,是不是真正在“养正”,怎样的教师才能使童蒙“养正”,用怎样的方法来“养正”,等等问题,是整个教育的关键之所在。而“养正”的学科很多,语文则是重中之重,关键之关键。学生接触时间最早的是语文,接触时间最长的是语文,接触时间最多的是语文,接触人员最多的是语文,接触最多、用得最多的是语文——只因为语文是母语,语文是必备的工具,语文是知识传承的载体,语文是传统的中华文化之表现、表达。

所以,“正”“养正”也应该成为现代语文教师最基本的目标追求、应有之举。“正向”——方向正,目标正,标准正,箭靶正,培养学生纯正无邪的品质,以及未来成长必备的语文能力,应该是语文教学的第一要务。

——“正语文”就是“正向”语文,“养正”语文。

直其正也,方其义也,君子敬以直内,义以方外。(《周易·上经》)意思是说,“直”包含着“正”,“方”包含着“义”,君子当以恭敬的态度使(自己)内心正直,以正义的准则为外在行为的规范。这里,讲为人,讲君子的特点——“直”是需要的,但更需要的是“正”,正义,正直。培育人的最终目的也就是使人充满着正直与正义。当今社会主义核心价值观就有一点——公正,也就是此。“敬以直内”指“正”存在于人的内心修养之中。说明“正”是植根于人的内心的。

《大学》中说:“物格而后知至,知至而后意诚,意诚而后心正,心正而后身修,身修而后家齐,家齐而后国治,国治而后天下平。”此八条目中,“修身”是根本。前四者是“修身”的基础和方法,后三者是“修身”的目的。格物在于明辨事物,只有明辨事物才能得到正确的认识,有了认识才能意念诚实,然后才能思想端正。只有具备了以上的条件,自身的修养才能提高。自身的修养又是治理国家的必要条件和前提,由此才能治理好自己的家庭，也才能治理好自己的国家，最后达到天下大治。《大学》作为儒家思想的总纲领，造就了后代儒家对社会的关心和参与精神以及自身道德修养的提高，即“内圣”与“外王”之道。“心正”则是前提与基础。

《论语・子路》中孔子讲，“其身正，不令而行；其身不正，虽令不从”。

意思是说，当管理者自身端正，作出表率时，不用下命令，被管理者也就会跟着行动起来；相反，如果管理者自身不端正，而要求被管理者端正，那么，纵然三令五申，被管理者也不会服从的。

孔子又讲：“苟正其身矣，于从政乎何有？不能正其身，如正人何！”

意思是说：假如端正了自己的行为，治理政事有什么难呢？假如不能端正自己的行为，又怎么能让别人端正呢？

作为儒家经典之一的《论语》也多次提及“正”字。上两句就强调了“身正”的重要性。这是对社会管理者来讲的。对于教师而言，对于教育而言，“身正”显得更加重要。

现代人所讲“身正为范”“身教重于言教”，即是孔子“身正”思想的重要体现。只有奠基于自身“正”的基础之上的教育教学，才能使学生“亲其师，信其道”，才能感其“正”，修其“正”，践其“正”，才能在“正道”上越走越远。

《荀子・修身》中讲，“夫师，以身为正仪而贵自安也”。

仪：准则，法度。意谓做教师的，就应当以身作则，而更可贵的是自己心甘情愿这样做。

孟子也说：“仁者如射。射者正己而后发；发而不中，不怨胜己者，反求诸己而已矣。”出自《孟子・公孙丑上》，仁者（的行为）就如同射箭一样，要像射箭手那样，先端正自己的姿势，然后再放箭。如果射不中，就做两件事，一是不要埋怨胜过自己的人；二是要反过来找自己的问题。（君子求诸己，小人求诸人）

孟子还说：“推恶恶之心，思与乡人立，其冠不正，望望然去之，若将浼焉。”意思是说，看到不好的行为，看了一眼就走开，躲避惟恐不及，生怕玷污了自身。形容厌恶的情态。语出《孟子・公孙丑上》。

孟子又说：“存乎人者，莫良于眸子。眸子不能掩其恶。胸中正，则眸子了焉；胸中不正，则眸子眊焉。听其言也，观其眸子，人焉廋哉？”意为，孟子说：“考察一个人，最好的方法是看他的眼睛。一个人的眼睛是不能掩盖他实际上的缺点的。心中正派，眼睛就会明亮；心中不正，眼睛就会昏暗失神。听他的言谈，观察他的眼神，这个人的善恶往哪里藏呢？”

孟子将“正”上升到国家治理层面：“人不足与适也，政不足间也。惟大人为能格君心之非。君仁，莫不仁；君义，莫不义；君正，莫不正。一正君而国定矣。”意思是说，那些在位的小人不足以跟他们一起追求大道，当下的政事也不值得参与，只有大仁大德的人才能纠正君主思想上的错误，君主仁爱就没有谁不仁爱；君主合乎道义，就没有谁不合乎道义；君主正直，就没有谁不正直。一旦使君主行正道，那么国家就安定了。

前面所讲，我们的教育要真正做到“蒙以养正”，就需要有好的教师的教育与引导。显然，“身正”“正己”“心正”的教师才有资格也才有本领教育“童蒙”；这样的教师才能让“童蒙求之”，因为这样的教师身上具有一种“正气”“正能量”，对这些“童蒙”来说，才真正具有吸引力。

——“正语文”就是“正心”语文，“正身”语文。

《论语·乡党》中讲，“席不正不坐”。

席：指铺在地上的草席、蒲苇或竹篾等。古代没有椅子和桌子，都坐在铺于地面的席子上。此句意思是，坐席没有摆正，就不坐。

也许有人会觉得“席不正不坐”未免太过于吹毛求疵。其实不然，当人在自己渐渐偏离正道却没有意识到或把握住时，便会造成更大的偏差。扩大至一个人群或社会更是如此，当大多数的人扬弃正确的“是非善恶”观念，便造成世风日下、人心不古的局面。人人为一己之私可以互相争斗、尔虞我诈，做一些损人不利己之事，葬送的是传统淳朴的民风。因此，别再轻忽自己一时放纵的言行，守住做人的根本——真诚、善良、坚忍，那便是对得起个人的生命意义。

这句话还体现了一个重要思想，就是做任何事情都需要恰当的环境——环境要正，载体要正。荀子说：“蓬生麻中，不扶而直；白沙在涅，与之俱黑。”就强调了环境能够造就人，也能够毁灭人；好的环境能够使人上进，恶劣的环境同样也能够使人万念俱焚。“近朱者赤，近墨者黑”，同样说明这个道理。学生正处于三观未能真正确立之时，正处于变化不息之时，正处于疑惑不解之时，更需要良好的环境的熏陶——教室的布置要“正”，学校的布局、学习的规矩要“正”，只有摆正了这些，学生才能在这些“正直”的环境中“不扶自直”“正坐”“正学”。

在诸多环境求“正”的载体中，对于学生来说，有一个载体最为重要，那就是学生的学本、学材，特别是语文教科书，其选择的文章、编排、内涵都必须要“正”，这样才能既体现语文学科的特有属性，也体现语文教学环境的需“正”的要求——只有在这种“正”环境中学习语文，学生成长才会自然。

《学记》中强调，“大学之教也，时教必有正业，退息必有居学”。意思是说，最理想的教育是，在校按正当的典籍进行，离校后始终遵循不疑。其中的“正业”之意为：正式的典籍，即具有典型性的文本，标本性的文本，有意义有价值有影响力的文本。所以选本很是重要，如果选本一般，缺少意义与价值，那学了不如不学，甚至比不学还坏。这个“正业”就是学生接触的隐性的环境，是对学生影响最大的环境。

——“正语文”就是“正境”语文，“正本”语文。

老子《道德经》中讲：“以正治国，以奇用兵，以无事取天下。”

意思是，以清静无为的正道来治理国家，以奇巧诡秘的方法来用兵，以不扰害人民来治理天下。

又讲:“故圣人云:‘我无为,而民自化;我好静,而民自正;我无事,而民自富;我无欲,而民自朴。’”

意思是,所以有道的人说:“我若‘无为’,百姓就会自我化育;我好静,百姓自然就会走上正道;我若无事,百姓自然富足;我无欲望,百姓自然就变得淳朴。”

还讲:“‘祸兮,福之所倚;福兮,祸之所伏。孰知其极?其无正也。正复为奇,善复为妖。”

这是说祸与福的衍生之道。谁能知道它们转化的极限呢?正常的事可变成奇特的,善良又可变成妖孽,说明正、善会向其对立面方面转化。老子认识到对立面不是一成不变的,它们在向相反的一面转化。

“正”也是道家创始人老子的重要思想。他在《道德经》也多次提及,“正”体现了中国道家传统文化独特的意义。

“以正治国”之“正”既有思想的“正”,又有策略的“正”。将其移到我们的语文教学中,同样如此,我们的语文教学也必须做到“以正治教”——用思想的“正”和策略的“正”来进行语文教学。这样,学生才能如民一样“自正”——思想“正”,行为“正”。如果不能如此,则会出现相反的结果——“正复为奇”,正常就变成奇特,走向事物的另一方面——现在语文教学中就因为有很多非“正”的思想与策略的实施,导致语文教学的各种弊端。

——“正语文”就是“正法”语文,“正行”语文。

《宋书·礼老一》:“治化之本,在于正人伦。人伦之正,存乎设庠序。”

意思是说治理教化的根本,在于匡正人伦。而人伦能得以匡正,在于设庠序(学校),实施教育。指出了设置学校,进行教育的目的就在于匡正人伦。这就强调了设立庠序的重要作用——正人伦。正人伦,是天地之间最大的事,关乎人的生存与发展。当然,这儿的人伦,可能有封建色彩,但归根结底带有教育的目的。

同样,在学校里,在教室里,在课堂上,也有很多人伦关系要处理——师生关系是课堂上最大的人伦关系,如果此关系不正,那师就不能成为师,生就不能成为生。

前面提到《易经》“蒙卦”中讲:“匪我求童蒙,童蒙求我。”我者,教师也;童蒙,学生也。学习,不是我做教师的去求学生学,而是学生来求我学。这就是教与学的关系,教师与学生的关系——学生是学习的主动者,教师是学生学习的指导者。只有学生主动自觉地投入学习中,有学习的愿望,有学习的内在动力,有学习的积极性,学习才会有效果;反之,学生则不是在真学习,就没有真收获。教师呢,更不能强制要求学生听自己的,讲自己所准备的,而不管他想不想听,想不想学,想不想进步,必须做到“以生为本”。

课堂上的人伦关系也包括生生关系,包括了个别学生与所有学生的关系,优等生与学困生的关系。这些学生之间的关系也必须“正”——平等、互动、尊重,而不是你主我次,更不是有你无我。在课堂教学中,必须切实做到共同进步、发展、提升,“一个不能少”。教师在对待各类学生的问题上,必须做到“有教无类”“因材施教”。这样,整个课堂的人伦关系才“正”，课堂才能得到真正的发展。

——“正语文”就是“正相关”语文，“正关系”语文。

清代龚自珍《病梅馆记》有言：“正则无景”，“斫其正”。

“正”本来是常态，是自然之景，应该做到以“正”为美。但在龚自珍《病梅馆记》中，“正”却受到了扭曲，时人“以曲为美”“以欹为美”“以疏为美”，于是“斫正”“删密”“锄直”。最终，这些“正梅”变成了“病梅”。

今观我们的语文课堂又何尝不是如此？

本来读书、背书、写字、写作、研讨、板书等乃是语文学习的“正”法，但不知何时起，这些“正”法变成了过街的老鼠，人人喊打。于是，减少了，没有了，有的就是一些所谓的“曲”法、“奇”法、“疏”法——他们通过“斫正”的方法，让学生又是表演，又是展示，又是讲故事，又是看投影，又是小组讨论。结果呢？学生不“正”了——听不懂了，说不清了，读不会了，字不美了，写不行了，辩不透了，思不明了，语文学习负担越来越重，语文素养不断降低，传统文化逐渐丧失，厌学语文成为普遍现象。——母语学到了如此地步着实让人心痛，全在于未在法“正”上做足文章。

——“正语文”就是“匡正”语文，“求正”语文。

宋代苏洵《用间》：“用心于正，一振而群纲举；用心于诈，百补而千穴败。”

群纲举：纲举目张。千穴：很多漏洞。意思是以正直之心治理政事，行动起来便可纲举目张；用欺诈之心治理政事，尽管千方百计去弥补也是漏洞百出。这与欧阳修所说“尔心贵正，正则不敢私”是同一内涵。

孟子曰：“有事君人者，事是君则为容悦者也；有安社稷臣者，以安社稷为悦者也；有天民者，达可行于天下而后行之者也；有大人者，正己而物正者也。”意思是：有侍奉君主的人，专以讨得君主的欢心为喜悦；有安定国家的臣，以安定国家为喜悦；有顺应天理的人，当他的主张能行于天下时，他才去实行；有伟大的人，端正自己，天下万物便随之端正。

显然，“端正自己”与“用心于正”内涵差不多，都是要求个人在“正”字上做文章。

当然，此处“用心于正”是可以拓宽到各个行业中去的，在语文教学中同样如此。语文教师的形象需要用心于正，这样才能让我们的学生“亲其身，信其道”；语文学习的环境需要用心于正，这样，才能让我们的学生“蓬生麻中，不扶自直”；语文学习的目标需要用心于正，这样，才能让我们的学生在课堂上有所为，有所不为；语文学习的方法需要用心于正，这样，才能让我们的学生在课堂上提高学习效率，做到事半功倍；语文学习的评价需要用心于正，这样，才能让我们的学生在课堂上对自己的语文学习有正确的评价，发现与修正自己核心素养方面所欠缺的部分；语文学习的学习文本需要用心于正，这样，才能使学生在充满正能量的教材中真正徜徉，得到真正的发展；语文学习的文本解读需要用心于正，这样，我们的学生才能在正确的引导下准确剖析学习中的问题，从文本中汲取力量；语文学习的作业训练需要用心于正，这样，学生就不至于觉得语文学习艰难枯燥，就会对语文学习充满热爱与喜爱，把语文学习当作一种乐趣。

用心于正，表现在语文学习的方方面面，只有如此，我们的教师与学生才会有良好和谐的发展。

“潮平两岸阔，风正一帆悬”，这是唐代诗人王湾的著名诗句。意思是潮水涨满，两岸与江水相平，显得十分开阔，顺风行船恰好把帆高悬。我们的语文教学如果也能在“正”字上做文章，也一定会迎来“潮平两岸阔，风正一帆悬”的美好境界，那时，学生语文素养提升，教师幸福施教，学校和谐发展，家长满意颔首，社会啧啧称赞的景象一定会出现，“守正立人”的“正语文”课堂教学的目标就一定能够实现。

所以，“正语文”课堂教学亟需“弘正”：“弘正”者，弘扬、传承中华优秀传统之“正”文化也。

第二章 “正语文”课堂教学之行动策略

第一节 “正语文”课堂教学之环境创设

学习是需要环境的，学习语文同样是需要环境的。

为使“没有学不好语文的学生”的语文课堂教学理念得以实现，首先需要为学生语文学习创设一个“正语文”课堂教学的环境。

这种环境，包括看得见的环境——外在的、显性的、表象的环境，看不见的环境——内在的、本质的、富有激励性的环境。只有两种环境相辅相成，才能相得益彰，才能共同作用于学生的语文课堂学习，最终促进学生更好地成长与发展。

“正语文”环境建设的基本原则就是有用、和谐、促进。

有用，就是对学生的语文成长有作用，而不是为创设而创设；和谐，就是各种创设必须综合考虑，共同作用，使之并行不悖，在各自发挥育人功能的同时，也能使目标同向，共同为学生成长奠基；促进，就是在学生自身努力、充分发展的同时，发挥环境熏染人的外部作用，潜移默化地影响学生，促进学生更好地成长与发展。

或许有人认为，环境创设不仅对语文学习产生影响，也对其他学科学习产生影响，非仅语文学习之特需，在此阐述，是否多此一举呢？当然不。环境建设是共性的需要，当然也是语文学习的需要，是学生成长的需要。但对语文学习的作用与影响更大，更有意义与价值。因为语文学习更需要环境，更需要环境的熏陶。

还有人认为，你所讲的是课堂教学，但此环境似乎与课堂教学关联度并不大，似乎离题了。也不是。要知道，事物之间都是在相互影响的。表面似乎无关，实质关联度很大。环境的影响不是一时的，而是长时间的。环境好，则影响好，心情好；影响好，心情好，则课堂上就会充满激情，就能充分挖掘内在的潜能进行有效学习。如果环境不好，就会失望，就会不高兴，就会痛苦，就会将此心情带到课堂中来，学习的效果可想而知。语文学习是一个系统的工程，绝不是靠单打独斗就能起作用的。

一、语文学习硬环境的创设

语文学习硬环境包括各个方面。总体来说，包括学校的硬环境及班级的硬环境。

(一) 学校硬环境建设

学校硬环境是学生首先接触并受到影响的环境。

其中包括：

布局——要适合学生的语文学习。

布置——诸如宣传语、激励语、公示栏、贴图、挂饰，要起到引领、示范、促进学生语文学习的作用。特别是各类标语要充满诗意、文采，给学生示范，促学生思考，让学生难忘，令学生佩服。

绿化——要做到绿化、美化、序化，给学生以美的影响。试想，在这样的环境中，学生其实无时无刻不在接受着语文学习的影响。如果学生在其间读书、散步，都将会给身心带来无穷的影响。

卫生——要做到净化、有序化、常态化、全覆盖化，让学生始终处于一个洁净无瑕的环境中，从而得到美的熏陶与感染。

图书馆建设——要有足够的供学生阅读的各类图书，要及时购置有益学生身心发展的报刊杂志，要有供学生阅读的电子图书，要有足够的阅览空间及桌凳。这里的足够是以国家一级图书馆建设标准为依据的，不是多多益善，而是符合国家要求，适当超过国家要求。

(二) 班级硬环境建设

学校硬环境建设到位了，班级硬环境也必须跟上。

布置——每个班级都必须布置教室，这里面就有很多的语文性内容在其间：班风、学风都是需要布置上墙的，对学生影响很大；也都有一两句激励性的大幅标语，其表达如何，也影响着学生。“班级风采”是各所学校、各个班级的规定与必备动作，有的目前是滚动式的班级电子日历，这样的布置对学生来说影响很大，每天都在不知不觉中受着思想的、语文的影响，这就是在学习语文。再如桌凳的摆放，是不是整齐，是不是有序，都会给人以心情的影响。

绿化——学校有绿化，班级也要有绿化。谁不喜欢绿呢？绿是希望，绿是生命，绿是成长。学生绝大部分时间都是在课堂里度过的，学校里有绿色，自然很好，但究竟能有多少时间让学生享受呢？在课间，在课堂上，讲台上、窗台上、墙角，有那么一盘、一株、一排、一簇绿色不是能让学生放松，让学生得到身心的愉悦吗？说不定还会给学生以学习的灵感与激励呢！所以，在班级里适当地布置一些绿植还是很有意义的。

卫生——没有谁希望处在一个邋遢的环境中，邋遢的环境影响人的心情，更影响学习的效率，必须高度重视班级卫生环境的建设。

图书柜——学校有图书馆、阅览室，其目的是让学生读书。同时，班级也必须建立图书角，摆放图书柜，并且有足够的图书藏于其间，不是为了好看，而是为了让学生有书看，随时看。

二、语文学习软环境的创设

语文学习软环境，也包括着多个方面。重点有以下几个方面：

（一）“一训四风”的建设

一训——校训，四风——校风、教风、班风、学风，是一个学校潜在的最为重要的软环境。如果一训四风正，充满着正能量，且能得到很好的落实，学生就受到富有成效的影响，这样的软环境对于学生学习成长，特别是语文学习来说，无疑起着巨大的促进与发展作用。

（二）学校对语文的重视程度

任何工作的开展都需要行动的推动，如果光靠所谓的自觉，则效果不会见佳，因为人的认识程度是不一致的，人的自觉程度也是不一样的。学校必须高度重视各门功课的学习，特别是校长要有这个认识。尤其是语文学科的学习，一定要将其作为所有学科的基础来抓实抓好，不能急功近利，只抓那些所谓的“可抓的”功课，忽视语文学科的真正学习。

（三）读书环境的创设与落实

一个不读书的民族是没有希望的民族，一个不读书的学校是没有希望的学校，一个不读书的学生是没有出息的学生。读书之于学校、学生是最为重要的工作。而要让读书工作落到实处，而不是走过场、搞形式，就必须从细处入手，采取切实有效的措施予以落实，从而使图书馆、阅览室、图书角等设施发挥应有的作用，从而做到真读书、读真书。

如何将读书工作落到实处，并富有实效呢？首先要有足够的认知，二是要采取切实的行动。这就需要真正落实国家提出的“大阅读”策略。我所在的泰兴市洋思中学在这方面就较为突出，富有成效。（参见附录一、二）

（四）语文学习成效责任的落实

要让语文学习富有成效，还必须加强语文教学的责任担当，即必须推行语文教学的责任制。这是很重要的隐性环境建设。

“没有学不好语文的学生”这一理念体现了语文学科的教学公平。而要实现这样的公平，仅靠说，仅靠宣传，仅靠自觉，显然是难以落到实处的，还要科学建立并有力推进“语文学科教书育人承包责任制”，这是让每一个学生学好语文的重要保障。

首先，人性特点需要建立“语文学科教书育人承包责任制”。从根本上说，每一个人都是有惰性的，没有谁没有惰性，语文教师也不例外。这是人性特点所决定的。“承包责任制”是让语文教师克服惰性、加强责任感的一种直面人性、最为有效地解决问题的体制——“教好每一个学生的语文”与自己的利益密切挂钩。

其次，价值实现需要建立“语文学科教书育人承包责任制”。进步、发展、实现人生价值，是每一个人的最高需求，自然也是教书育人的语文教师的最高需求。建立“语文学科教书育人责任制”，将教育效果与语文教师的前途与利益、人生价值紧密挂钩，那教师就有了前进与发展的动力，就能自觉地挖掘自身的教育潜能，就会想方设法地动用一切可教育的资源进行科学施教，就会变“要我教”为“我要教”，“要我教好”为“我要教好”“我能教好”。

再次，法治校园需要建立“语文学科教书育人承包责任制”。“法治”是社会主义核心价值观关键词之一。法治是治国理政的基本方式，同样也是学校管理与课堂教学的追求方式。以教书育人为目标的学校应该成为“法治”的示范、模范——“以法治校”，用国家、学校的“法”来规范、规定、管理学校，让每一个语文教育工作者都能认识到学校之“法”的重要性，自觉地“以法治教”“以法守教”“以法践教”“以法促教”。学校之法，就是在国家大法的基础上所建立的适合本校管理的各项“教书育人承包制”。自然，语文教师也必须遵守教书育人承包责任制。

（五）语文教师要有课堂教学的基本要求与科学评价

如何上好语文课，应该有一个基本的共性要求，即必须遵循的共有的教学策略，在体现共性的基础之上，才能有教师个性、学校个性的教学要求。如果连基本的共性都不能做到，再突出的个性也不能掩盖其教学的随意性、低效化。

为了使语文课堂教学富有成效，必须发挥评估督导的作用，对语文课堂教学进行正确的评价，即必须建立一套富有实效的科学评价体系。如果此体系未能很好建立，教师课堂教学就不能依规教学，缺少了指向性，从而使课堂教学随意化、简单化。所以，建立基本的语文课堂教学要求与语文课堂教学的科学评价极为重要。

泰兴市洋思中学对此作了具体的规定，从实际出发，从实效出发，最终得到较好的推进。（参见附录之三、四）

第二节　“正语文”课堂教学之教师形象

常言说得好，怎样的教师培养怎样的学生。确实，教师好，学生才好。

事实上，关于教师之作用的阐述古来有之，且很有说服力。

托尔斯泰说：“全部教育，或者说千分之九百九十九的教育都归结到榜样上。”

加里宁说：“教师每天仿佛都蹲在一面镜子前，外面有几百双精细的、富于敏感的、善于窥伺出教师优缺点的孩子的眼睛，不断地盯着……”

乌申斯基说：“教师个人的范例，对于青年人的心灵，是任何东西都不可能代替的最有用的阳光。”

卢梭说：“做教师的只要有一次向学生撒谎撒漏了底，就可能使他的全部教育成果从此为之毁灭；不要在教天真无邪的孩子分辨善恶的时候，自己就充当了引诱的魔鬼。”

陶行知说：“要想学生好学，必须先生好学。惟有学而不厌的先生才能教出学而不厌的学生；要学生做的事，教职员躬亲共做；要学生学的知识，教职员躬亲共学；要学生守的规则，教职员躬亲共守。”

的确，最好的教育莫过于感染；最有效的德育是教育者本人言行一致。身教重于言教。桃李不言，下自成蹊。为人师者，每时每刻都要接受学生的评判，一生一世都要填写人生答卷。

教育的成功与失败，教师是决定性的因素。教师个人采用的方法和每天的情绪，是造成学习气氛和情境的主因。教师具有极大的力量，能够让孩子们活得愉快或悲惨。教师可以是启发灵感的媒介，也可能是制造痛苦的工具。

一个孩子，对于教师来说，只是几十分之一，对于一个家庭来说，却是百分之百。站在教室里，教师就必须为教室负责，不能将教室里的问题动辄推诿他人；担任学科教师，就必须为学科负责，而不能随随便便地归咎于学生（家长）或教育制度。在教师的手中是许许多多正在成长的生命，每一个都如此不同，每一个都如此重要，全部对未来充满憧憬和梦想。他们都依赖教师的指引塑造及培育，才能成为最好的个人和有用的公民。

岳飞有句名言：“正己之后可以正物，自治之后可以治人。”孔子说：“其身正，不令而行；其身不正，非令不从。”陶行知先生格外强调：“学高为师，身正为范。”

教师，特别是语文教师，承担着教书育人的职责，自然要切实做好学生的表率，因为他不仅在教书，更在育人。语文教师与其他教师相比更具有外在影响力，其他教师重点在学术上，别人看重的也更多是学术，而语文教师却不然，他们的为师形象更为社会、家长、学生所看重，这就是很多学校选择班主任时要选择语文学科教师担任的原因。确实，每天有那么多双学生眼睛盯着，如果他言行一致，不仅能让学生与家长都折服，更能教育管理好学生。这正是俗话所讲的：“喊破嗓子，不如做出样子。”因为“榜样的力量是无穷的”。

所以，我们的语文教师一定要做一个有品德、有品位的人，首先必须有令人信服的行为，从而形成高尚的人格魅力，这给良好的学校集体的形成以很强的向心力。语文教师只有真正切实做到为人方正，才能具有较强的人格魅力、个人影响力，才能引发学生的认同感，学生的认可度才高，才能不断增强课堂教学的组织力，从而促进自身发展和学生学业进步，人格成长。

习近平总书记也提出，要成为具有理想信念、道德情操、扎实知识、仁爱之心的教师。这四个方面是对教师的基本要求，也是最高的要求，因为要达到这四点，必须下功夫。

古人讲：“亲其师，方能信其道。”如果语文教师形象好，学生自然就会亲近他，就会更容易相信其所教，这对于教师与学生而言，都是非常重要的。

所以，我们的语文教师一定要努力真正成为学生的教师，要靠自身的人格魅力去带动和影响学生共同进步,从而实现“无令而从”的教育教学的管理境界。一切对于学生的要求自己应该首先做到。

同样,要实现“没有学不好语文的学生”的语文教育目标,就必须要有一支拉得出、打得响的语文教师队伍。语文教师的教育形象必须正,只有正,才能真正有效实施语文教学。

一、外表要正

大家都知道,育人无小事,事事皆教育;教师无小节,处处皆形象。这句话是对教师说的,更是对语文教师说的,因为语文教师相较其他学科教师而言,更需要加强外部形象的树立。这儿讲的形象,是指语文教师的外表,是指衣着等外在的形象。虽然语文教师的内在素质是最为重要的,但其由内而外反映出来的形象是最为直观、最能让人感知、最先入眼的,对自己与他人有着极其重要的影响。而此影响很有可能会涉及外界对语文教师的看法,有的甚至可能影响其教育教学的质量。

“衣着”:应干净、整洁、美观、常态。

“发型”:应大众化、常态化、规范。

“佩戴”:应体现教师形象、教师特征、教师文化,无需过多外在首饰的修饰。

“化妆”:应该体现自身的内在气质,体现自己的品位。

“走相”:应该悄然无声,走得正,走正路,走如风。

“站相”:应该站如松,腰板挺直,身子正直,无所依靠。

“坐相”:应该坐姿端正,腰板挺直,两腿平放。

“看相”:应该视端容寂,对学生充满期待、耐心。

“说相”:应该文明对话、提问,声音洪亮、清晰,语调亲切、柔和,用普通话。

“手相”:应发挥肢体语言的作用,有大将风度,以手势助教学,要给人以美感。

“板书”:应书写规范,美观,有设计,要根据需要及时板书。语文教师的板书尤其重要,因为语文教师的书写本身就对学生有极大的影响,且是教学一个重要组成部分。

“手段”:应从学生实际出发,从学校实际出发,从教学实际出发,和谐用好现代教学手段与传统教学手段,只为有效,不求形式,该用则用,不用则弃,共同为教学服务。

“状态”:应该全程充满着教育教学的激情,精神饱满地度过每一分钟,与学生共同度过课堂好时光,时时给学生以正能量。

“意外”:应该全程火眼金睛,及时发现问题,有效处置问题,将意外消灭于萌芽状态,正确处理好表扬与批评的关系,让课堂在意外下形成精彩。

“守时”:应该切实做好学生的表率,切实守时、守规,诚信,按时候课,及时上课,及时下课。

“仪式”:应该高度注重仪式感,体现课堂规矩,树立自身形象。

……

教师外部形象点很多，绝不止以上这些方面。

二、思想要正

第一点强调了语文教师外在的、可见的形象。而其内在的思想虽然是隐形的，却是最根本的。一名语文教师关注自己的外在形象是必要的，但关注自己内在的思想却是最为关键的。只有思想正，形象才可能正，行为才可能正。

那么，怎样的思想才是最正的呢？“以人为本”是根本。以人为本，包括以学生为本，以教师为本。教育活动的一个重要任务就是促使每一个学生成长发展，一切从学生实际出发，促进学生成长，使其从不成熟走向成熟，从有发展可能性成为现实中发展中的人；学生发展的关键在于教师，语文教师一定要从心底里认为每一位学生都是有价值的，没有学不好语文的学生，认可每一位学生，把学生作为发展之本，一切依靠学生，时时打造学生，有能力、有方法、有情感地尽心尽力地培养学生。只有思想正了，才能引导学生走向正路，才能让课堂得到发展，学科得到进步，学生得到提升。语文教师，特别要树立“没有学不好语文的学生”的语文教学理念，这是教好每一个学生语文的前提与基础。

三、语言要正

无论是在学生面前，在同事面前，还是在其他人面前，一定要讲真话、说实话，不讲空话套话，不随便允诺，“轻诺必寡信”。说话一定要注意语言的正确表达，要说到做到，因为你的身份是语文教师，你对学生的教育影响力很大，说的每一句话都要“当钱数”。俗话说：“一言既出，驷马难追。”否则，不就是一个说谎者的形象吗？说话必须三思，说话必须算话。这是诚信之本，没有诚信，就失去了基本的“德”，无德之人，怎么能胜任育人之大事呢？学生岂能认同你，家长岂能认同你，学校岂能认同你？语言要正，语文教师更要注意语文的规范性，不能出现一丁点儿不符合语言要求的句子，必须对每一句话的正确表述做出示范，让学生学有榜样。语文要正，还表现在平时说话一定要注意语言的正确表达方式，给学生做出示范，而不是随意地说话，说随意的话。

四、行为要正

行为就是思想的外在表现。要勇于承担责任，不能推功诿过，要处处、事事、时时带头，要相信每一个学生，对每一个学生充满信任。要敢于揽责，在语文学习中出现的一切问题归根结底都是语文教师的问题，要及时进行自我反省。“火车跑得快，全靠车头带。”在语文学习的过程中，一定要切实在行为上做好示范作用，因为学生是要靠教师带的。行为要正，还要切实做到善于反思，“见贤思齐焉，见不贤而内自省也”，“视思明，听思聪，色思温，貌思恭，事思敬，疑思问，忿思难，见得思义”。这样才能有力地克制自己情绪，有力地约束自己，使自己成为学生的精神偶像。教师是一本书，语文教师更是如此，因为语文教师要特别做到说教统一，言行统一。

五、待人要正

相信学生，一视同仁，对学生、对家长心要诚，尊重理解每一个学生，不能搞居高临下，不做表面文章，不端架子，平等地看待每一位学生，把自己看成学生中的一员，只不过是一个大一点的学生，切实做到人格的平等。对待学生不颐指气使，不傲慢放肆，不独断专行。在学生犯错之时，还要有宽容之心。孔子说：“躬自厚而薄责于人，则远怨矣。”容生之过，是衡量能否宽容的一块试金石。当然这种宽容，绝不是无原则的迁就，而是在坚持正确原则基础之上的宽容，是无碍学生语文学业发展大局的宽容。

六、喜好要正

古人说：“上有所好，下必甚焉。”语文教师也是有喜好的，其喜好关乎学生发展的大局，可谓“牵一发而动全身”。以身作则是最基本的要求，要求学生有正当的喜好，要求学生从文本中获得人文性的发展，则自己首先要有正当的喜好，要有正确的认知和行为，总不能只用马克思主义的电筒照学生，却不照自己。我以为，一名语文教师的喜好应该单纯而正当，应该首先在学习上、在研究上、在读书上、在思考上、在教育教学实践上、在与教育教学相关的问题上，能给学生以引领，以榜样，以示范，而不是在喝酒上、在唱歌跳舞上、在人际交往上、在品评人物上、在算计人物上。每一位语文教师都应该有力地约束自己的言行，做该做的，行该行的，说该说的，因为作为一名语文教师，一个给学生很久很大影响之人，如果长时间坚持，你就是一本书，一本值得学生深读的书。久而久之，你也就在不知不觉中发生根本性变化，从而最终成就自己，成就学生。

在追求语文教师“六正”的基础之上，在不断地修炼自我、发展自我、提升自我德行的同时，语文教师还要努力地发展属于自己的语文教学素养，使自己的素养求正、归正。

七、素养要正

（一）师德素养要正

“教师本人是学校里最重要的师表，是直观的最有教益的模范，是学生活生生的榜样。”教师的师德素养是教师素质的核心、灵魂。因此，教师作为育人的主体，首先要具有完善的人格，要在思想境界、道德情操上堪为师表，以良好的师德风范去影响学生。以人格影响人格，以素质造就素质。正如大教育家孔子所说：“其身正，不令而行；其身不正，虽令不从”。教师的思想素养对学生有着潜移默化中熏陶感染的教化作用，人民教师一定要不断提高道德修养，努力完善自我，真正成为学生学习的楷模。作为一名光荣的人民教师，从事的是太阳底下最光辉的职业，肩负的是培养祖国未来建设者的神圣使命，我们必须树立伟大而高尚的理想，努力做到“热爱教育、献身教育”，“捧着一颗心来，不带半根草去”。在思想素养中，最为重要的莫过于政治性。教师的政治性要强，而语文的政治性更要强，来不得半点软弱。为谁而教，教育学生成为什么人，是天大的方向性的问题，必须毫不含糊地回答。

（二）学习素养要正

马卡连柯告诉我们，教师的技巧，并不是一门需要天才的艺术，但它是一门需要学习才能掌握的专业。学习是发展之本、进步之源。学习是语文教师发展进步的第一要务。当前，随着课堂教学改革的深入，教师要熟悉和掌握的东西越来越多。如果不加强学习，不主动地去掌握新的知识技能，就无法胜任本职工作。教师拥有“一桶水”已远远不够了，教师应该是“一条奔腾不息的河流”！所以，教师要学为人先，与时俱进，生命不息，学习不止，做适应时代要求的学习型教师。教师终身学习是时代的要求，也是教师自身发展的需要。陶行知说得好：“要想学生学得好，必须先生好学。只有学而不厌的先生，才能教出学而不厌的学生。”这指出了教师学习的重要性，教师更应当把学习作为一个长期的、永不间断的工作来做，活到老、学到老的教师才能有进步、有创新。

（三）研究素养要正

语文教师是一种具有特殊功能的职业，既需要扎实的专业基础知识，敏锐的灵感或想象能力，强大的综合分析能力，无畏而诚实的表达能力，更需要从事教育工作所具备的科研素养。教师的科研素养包括：科研意识、科研方法和科研精神。科研意识是指积极从事科学研究的心向，潜心捕捉和发现科研课题的探求欲。科研方法是指包括选题、搜集资料、社会调查、实验研究、统计处理、总结研究成果、撰写研究报告等具体方法和经验。科研精神是指勇于探索、刻苦钻研、团结合作、不断创新等精神动力。强烈的科研意识、科学的科研方法和崇高的科研精神，三者相互依存、相互促进。

（四）课程素养要正

语文教师课程素养是教师在课程活动过程中对教师专业所需课程要素的一定量和质的自觉积累和养成，包括一定的课程哲学思维能力、课程环境分析能力、课程资源整合能力、课程选择能力、课程评价能力和当下的课程执行力等，是课程理念（意识、哲学）、课程知识和课程实践智慧三位一体的合金。教师的课程素养与教师的课程意识、课程能力和课程素质既相通又不同，其核心要素是教师具备课程文化的创生力，形成课程实践智慧，其核心功能是引发课程主体创生课程意义和实现专业发展，其核心价值是促进课程变革，实现学生、教师和学校的发展。

（五）自觉素养要正

语文教师是从事语文教育工作的专业人员，是学生语文学习活动的组织者和引导者。专业知识素养是每一位语文教师必须具备的。自觉是一个名师最为基本的特征。

教师的劳动是一项复杂的劳动、创造性的劳动，要成功地完成教学任务，首先要精通所教学科的知识，对自己所教学科的全部内容有深入的了解。“资之深，则左右逢源。”一个教师要是死啃教材，不注重补充鲜活的血液，连自己也变得陈旧了。教师要始终有学习的紧迫感，无论教材怎么编，无论课程怎么变，必须是知识的拥有者，这样才无愧于自己，无愧于学生。“书到用时方恨少”，这是不变的真理。教师肩负着神圣的育人使命，教育人者必须先受教育，要让学生有良好的心理素质，教师首先要消除心理方面的疾病障碍。有豁达的心胸，健全的性格，愉快的心境，融洽的人际关系和百折不挠的勇气，面对困难，乐观向上，正视自己，控制不良情绪，乐于助人，与人为善，热爱工作，热爱生活，以积极的人生态度带动学生。

（六）创新素养要正

有创新精神和创新品质的教师才能真正实施新课程改革，实施启发式教学，实施与时俱进的管理方式，也才能真正培养出创新型的学生，才能实现“三个面向”（面向世界、面向未来，面向现代化）的宏伟目标。未来需要的是知识、思维、技能、情感等方面发展复合型的教师。唯有教师不断地提升着自我的创新素养，才能完成国家提出的教育培养目标。

无论是外在形象，还是内在素养，都是对教师的基本要求。只有真正做到内强素质，外树形象，教师才能真正立足，教好孩子才有希望，孩子才能在教师的施教下自觉成长，自我发展。

也许有人说，这是教师的普遍要求，非语文教师单独之要求。确实如此。但语文教师也是教师，必须具有如此要求甚至更高，特别是书写、表达、形象等。因为语文教师对学生的影响力更大，更需要言行一致。这是由语文的学科性质决定的。因为语文学科具有人文性的特点，要求语文教师不仅要会传道，更要会行道——用自己的行为来引领、引导学生执行道。如果说一套做一套，则教育就失去了意义与价值。

也许有人说，这并不只是课堂教学的基本要求。确实如此。但一个教师的影响力、执行力、形象力绝对不只是在课堂之中，而是在他的所有时间之中。事实上，要想在课堂上给学生施以正确的影响，就必须时时刻刻努力做到，而不是此一时，彼一时，课堂课下不一样。如果想维持课下一个样，课堂另一个样，那也是不可能的。因为人的行为习惯是连贯的，即使课堂做得似乎很好，但总有露出瑕疵的时候。

也许有人说，这样的要求是不是太高了？我以为，并不是太高，而只是一般性的要求。不要说是教师，就是普通大人也应该如此。因为只有这样，才能是一个社会的人、文明的人、现代的人。而教书育人的人民教师不更应该做到吗？否则，如何去影响学生、教育学生，做社会的先锋呢？事实上，社会对教师的要求也很高，绝不是一般执行就能满足的。

也许有人说，这样的要求是不是失去了教师的个性？我以为，并非如此。以上是教师的共性要求，并不否定教师的个性要求。但必须处理好共性要求与个性要求之间的关系。共性中体现个性，个性服从共性。只有在共性要求与规范行为要求之下的个性形象才能体现出个性的气质，才能更具有迷人的风采。这种共性要求绝不是整齐划一，它是一个大致的要求，非绝对的要求。

八、培养要正

如何使语文教师形象正起来呢？需要从两个方面进行，一是外部推进，加强建设；二是内部努力，不断提升。即内外结合，内外整合。内是自己，外是学校。主要是内，内是根本；外也很重要，它是条件。培养策略也必须正起来。

首先，学校要有培养教师的长期与短期方案。其中的外部形象与内在素养应该是重中之重。

其次，成立“成长共同体”。“成长共同体”是在自觉、自愿基础上，一群志同道合的教师自发组织起来的民间团队。在成立中，要本着同伴互助、专业引领和自我反思的原则，建立学习共同体、研究共同体，最后成为幸福共同体。

再次，通过请进来、走出去、派出去、压担子等方式，通过读万卷书、行万里路、观万节课、阅无数人、开发课程、课题研究、开展职业规划等途径，认识人，扩大视野，增强压力，提升自身素质与育人水准。不仅提升自身形象，更提升育人水平，既促进自身发展，也促进学生发展。可谓一举多得。

最后，制定与落实班级语文学习规则。课堂教学是学生成长与发展的主要措施。所以，学校一定要制定课堂规则，使语文的教与学有规矩，不能随随便便，需要严格，需要自律，要遵守课堂秩序。这种遵守，不仅是学生，也包括教师。只要是课堂中的人都无一例外地遵守。而要遵守，就要制定规则，让规则靠实，有实施的可行性，并对学生课堂学习与以后的成长起到促进与发展作用。我所在的洋思中学就制定了这样的规则。事实证明，有了规则，教师与学生就有了行动的指南，就知道究竟怎样做才是正确的，才是规范的。当然，有了规则，还需要强有力的执行。少了执行，一切的规则都是纸上谈兵。（参见附录五、六）

第三节 “正语文”课堂教学之备课策略

要实现“没有学不好语文的学生”这一理念，必须上好我们的语文课，让我们的语文课“正”起来，才能实现语文课堂的高效。

备好课是上好课的前提。如果备课不正，不高效，课堂就必然不正，不高效，再得力的行政措施、再好的课堂教学改革也都会落空，自然，学生充分、全面发展的目标，减负增效的追求就不会实现，“正语文”课堂教学当然也会落空。

要让备课高效起来，就必须从校本出发，实施校本化备课，从而真正变国本化课程为校本化课程。然而校本化课程还是从本校实际出发的课程，并未从教师所在的班级实际出发，因此还需变校本化课程为班本化课程。而班本化课程是从班级整体出发的课程，并没有从学生个体出发，所以还需变班本化课程为生本化课程，从而使我们的教学更接近于学生的实际，更能有效地解决学生存在的问题，更具有鲜明的个性化特征，从而将“因材施教”四个字真正地落到实处，演绎到极致，促进所有学生的全面发展。——只有从校、班、生三者出发的备课才能正起来，所上的课才有针对性，才会正起来，最终也才有实效性。

那么，怎样的备课方式才能根本上解决“备课难、难备课，上课难、难上课”的问题呢？那就需要进行备课的改革，实现备课的高效。通过备课的改革，既要发展学生，切实解决学生负担重的问题，提高课堂教学质量，又要提升教师，促进教师的内涵发展，让教师获得课堂教学的幸福感。

现在很多学校都高度重视集体备课，认为集体备课是解决备课低效、负效、无效的法宝。确实，集体备课很重要，但在现实中，随着时间的推移，集体备课存在着严重的表面化、形式化、肤浅化的问题，严重制约着备课的真正改革，让集体备课失去其意义与价值。

一、现有集体备课存在的基本问题

（一）集体备课＝分工备课

集体备课时，备课组长将一个星期的教学内容分成几个课时，简单地分配给几个教师进行备课。于是，这几个教师的备课就是代表整个组的备课。

（二）集体备课＝主讲备课

集体备课时，备课组长请各分到任务的教师将自己的备课方案在整个组内进行讲解，当然也要征求意见。但最终所谓的意见都是以其他教师的附和为主，真正的修正与研究都很少。

（三）集体备课＝检查教案

集体备课时，备课组长将原先分配下去的教案进行检查，只查有没有，只看字写得如何，只查有没有按照教案设计的几个基本的要求填写，而内容如何，质量如何并不看重。然后，盖章、签名、写上日期了事。

（四）集体备课＝知识备课

集体备课时，只是罗列课文中应该让学生掌握的知识点，是不是全面，是不是到位，这些所谓的知识点怎样达成、如何训练却并不在其间。

（五）集体备课＝做解题目

集体备课时，只是就教学中某些题目进行集体研究，怎么做，如何做得巧，如何做得好。至于如何教，如何让学生学到其“所以然”，却不是研究的重点。

（六）集体备课=布置任务

集体备课时，一方面是分工备课，另一方面布置学校和组内应该完成的相关工作，至于备课这个主要任务，却被作为小事一桩，给抛到一边。

（七）集体备课=承包备课

集体备课时，不是所有人都参加，而是承包到人，某些人负责一个单元，另外一些是一个单元，由他们全权承包，而非所有人都有任务，都参与。

（八）集体备课=网络拼课

集体备课时，不是自己进行备课，不是发挥集体的力量进行备课，而是从网上查找教案进行备课，结果形成网络大拼盘，并将其算作自己的集体备课。

（九）集体备课=统一教案

集体备课时，虽然也有研讨，有纷争，最终经过修正形成统一的教案，分发到所有人手上时，只有共同，却没有班级、教师、学生的分别。

以上备课，失去了集体备课的意义，这是变了味的集体备课，形式化，走过场，应付检查，是鸡肋，食之无味，弃之可惜。这是对集体备课的误解与错位。

二、“变备为研”的理性思考

“集体备课”中有两个关键词，一是“集体”，二是“备”。

“集体”，交代了备课的范围，自然是这一备课组的所有人员。这就保证了备课的全员性，这是集体备课的表象。如果不是所有人都在的备课，怎么能够叫集体备课？

“备”，交代了集中的目的和任务——是备课。但备课，传统的认识就是形成文字，形成文稿，形成教案。这其实很容易，只要按照上面几种办法就能很简单顺利地完成。但这只是粗浅的看法。

集体备课真正目的有两个；一是通过集体的力量使各自的课堂教学变得高效起来，使学生发展起来；二是通过集体备课使教师自己的业务水平与个人能力不断增强，促进个人的成长与发展。

如何达到这两点呢？只有一个办法，那就是“变备为研”：变备课为研课，变写教案为研究教案，变共同的教案为基于共同教案下的个性化教案。这是提升教师专业发展水平的关键渠道，是对青年教师最好的引领与示范，是学校学风与文化建设的重要举措，是全面提升教学质量的基础性工程，是切实全面推进课堂教学改革的前提，是提高学校教育教学软实力的主要路径。

所以，集体备课应该是集体与个人相结合的产物，人人都应该是集体备课的主人，一定要变“要我集体备课”，为“我要集体备课”“集体备课要我”，从而增强集体备课的主动性与责任心。为此，我们提出了“三三三全程备课”。

三、“三三三全程备课”

“全程备课”，就是把教学的全过程变成备课的全过程，两者合而为一。教学的全过程，包括课前、课上、课后，由此，全程备课也就包括三个备课过程，即课前备课、课堂备课、课后备课。而每段备课又包括三个基本备课过程，故称为“三三三全程备课”。

具体讲来，就是备课工作不再局限于上课之前的备课，而是拓展、延伸备课的时间与空间、方式与方法。

在长期的备课实践中，我们强烈意识到，单有课前的备课，不足以应对鲜活的课堂、课堂上活生生的学生、课堂上学生存在的问题。因为课堂是变化的，课堂是能动的，课堂是发展的。课堂的一切随时随地都会发生变化，这样，我们就提出了“课堂即时备课”的思想。

教学具有连贯性、承接性、紧密性的特点，学生不是上了课，就能解决一切问题。由于学生或部分学生在课堂上不可能将知识全部弄懂吃透，这就要求我们的教师必须充分利用课余时间对学生进行必要而准确的辅导。而辅导讲究一个对症下药，只有对症下药了，辅导才有效果。这又要求我们的教师在辅导内容和方法上下功夫，由此提出了课后备课的问题。

事实上，课后备课不仅在于为辅导而备课，还在于将课堂教学的相关情况进行全面的反思，并及时反馈到课前教案之中，以充实、提升教案，从而为今后教学中避免问题重现和提升课堂效率作铺垫。

三备中，课前备课是基础，课堂备课是关键，课后备课是提升。课前、课堂、课后，环环相扣，步步为营，层层推进。

全程备课，着眼于学生素质的全面提升，强调备课必须从学生的问题出发，围绕学生发展；着手在教师，全面展开，突出了重点，突破了难点，要求教师必须从学生实际和自身实际出发。全程备课遵循了“实践—修正—提升”成长规律，不断提升教师的业务能力与水平，较好地处理了教师个体与教师群体发展之间的关系，教师提升与学生发展之间的关系，减负与增效之间的关系，学生检查与教师工作之间的关系，充分体现了“教学相长”的教育思想。

（一）课前三课

古人讲，“凡事预则立，不预则废。”上课如同打仗，备课如同作战方案，如果没有有效的作战方案，岂能获得最后的胜利？所以，必须高度重视课前备课工作。

课前备课包括三次备课。

1. 自行备课

自行备课，也称为自研备课。

在集体备课之前的一个星期，备课组长根据开学初制定的学期教学方案，布置下周集体备课任务，并要求教师先自行备课——所有教师必须像学生一样在没有任何资料的情况下先自己去学习教材，钻研教材，弄透教材，做相关练习题(作文教学中就是写下水文)，即进行所谓的“裸备”“素备”。在此基础上，再上网查找资料、查阅参考书、询问同行，解决自己研究中的问题，提升对文本的理解程度；接着分析学生，研究学情，按照教案的要求设计教案，制作课件。

为使自行备课富有成效，我们的语文教师必须切实做好“四问”工作：

一问：作为教师的我真的弄懂弄透所教文本了吗？包括四个小问题。

一是文本究竟写了什么。

即能准确地知晓文本的基本内容。这种基本内容包括两个方面，一是能概括说出写了什么，二是能够具体说出写了什么。既能总体概括，又能具体把握，总分一体，这是理解和把握一切文章的前提与基础，若无此，后面的一系列问题就失去了理解的根，失去了源。如学习小说《最后一课》后，就必须围绕小说的三要素弄清楚写了什么环境、什么人物、什么情节。只有真正知晓了这些内容，对后面的主旨之类的问题才能深入理解。

二是文本究竟表达了什么。

任何文章都是有意旨的，任何文章都是用来表达作者思想、情感、认识、态度的。即便是说明文——平实说明文、实物说明文、事理说明文，除了告知一些知识、常识、道理外，也包含着作者的一些情感。如竺可桢的《沙漠里的奇怪现象》介绍了沙漠里的奇怪现象，剖析了这些奇怪现象的原理，还表达了作者对科技发展的赞美与期待之情。

有人说，“一千个读者，就有一千个哈姆雷特”，文学作品更是如此，文章的意旨应该是多元的，不应该是单一的，应该是个性的，不应该是统一的。所以，我们常常发现讲到文章意旨时，会出现不同的理解。在基础教育界闹得沸沸扬扬的《背影》一文的主旨便是典型代表。虽说“公说公有理，婆说婆有理”，但“哈姆雷特”毕竟还是“哈姆雷特”，不可能是其他，尽管表述上有所差异，但从本质上应该还是一致的，除非完全描黑了，描黄了，不符合实际了。

三是文本究竟怎样表达的。

第一，究竟用什么文体来表达？要正确理解一篇文章的旨意，首先必须弄清楚文章的表达体裁，如果文体不清，就会文本不明。如《苏州园林》本是说明文，偏有人当作游记散文来教。岂不知，本文就是介绍了苏州园林建筑的特点，让人对苏州园林的建筑有一个大致的了解，从而进一步探究苏州园林。事实上，文本不同，教法就不同，学法就不同，内涵就不同，目标也就不同。

第二，文本究竟用了哪些写法(手法)？在理解了用何种文体表达之后，就必须进一步思考在这种文体要求之下的具体的表现手法及具体表现。一是从整体看所用写法，二是从局部看写法。分析时，必须将两者有机结合起来，如《变色龙》一文从整体看，对话描写、对比手法是最为突出的；从局部看，细节描写(奥楚蔑洛夫的军大衣的描写，赫留金的手指头的描写)也很鲜明。这一问的理解与解决,实际上也是认识与把握作者的写作风格与特色的重要举措。

第三,究竟有哪些富有特色的语言值得品味与咀嚼?语文说到底是语言的学问,所有的文本内容、文本思想、文本特色都是通过显在的语言来表现的。学语文,必须学语言,学语言的具体表达,通过语言的表达来理解文本,认识作者,了解时代,学会应用。

二问:该文本的教学究竟想让学生得到什么?

任何课堂教学都是有目的的,都是有目标的,绝对不是随随便便、马马虎虎的。也就是说,在课前必须要有一个充分的预设,设计一个切实可行的教学目标。

目标的确立,必须做到三个依据:

一是依据课标——它是语文教学的纲领性文件;

二是依据文本——特别是课后练习题,需透过问题看本质,切实把握编者的意图;

三是依据学情——不是以优等生学情为依据,而是以学生的普遍学情为依据。

在这里,课标是大的方向,文本是具体的教学材料,学情靠自我的感觉。所以,文本是最为关键的不可忽视的重要依据。

这三个依据,在后面内容中有具体的剖析与讲解。

“该文本的教学究竟想让学生得到什么?”一问,实际上是课堂往哪里走的问题。在这一问题的背后还隐含着一个重要的不可忽视的问题:究竟想让哪些学生得到发展?

为了谁?自然是为了所有学生。让谁走?自然是让所有学生走。

首先,目标不能过高,以中等生为确定依据——至少班级绝大多数能够达到;对于优等生,则让之进行“兵教兵”,在教中等生、后进生的过程中提升自我。

第二,让出更多的时间给学生思考、研究,让会的等一等,让课堂慢下来。

第三,让不会的同学先说出不会的问题,先解决学生不会的问题,这样使教学有的放矢,让后进生得到提升,获得发展,同时也让优等生在帮助他人过程中得到品质与学业的双提升,达到水涨船高的目标。

三问:怎样才能让学生真正有所得呢?

首先要树立正确的教学思想。

一是依靠学生。即必须做到以生为本。学生是课堂发展的主人,只有学生积极参与了,他们才能发展。这儿的学生自然是指每一位。只有依靠学生,理解学生,发动学生,相信学生,相信学生有无穷的可能性,有无穷的潜能和发展性,课堂才能得以真正推进——没有学生真正全身心的参与,一切的活动都将是形式,结果都必然是子虚乌有。

二是依靠文本。即必须做到以本为本。这儿的本包括课程标准,也包括教师与学生共同的语文教材。这是教学的重要依据。只有认识到“本”是教学的根本,把“本”的基础知识掌握了,基本能力形成了,做到不蔓不枝,从文本中来,到文本中去,教与学才不会偏离目标与方向,才能真正应对各种语文学习问题。因为题在课外,根在课内;基础不牢,地动山摇。

三是依靠阅读。即必须做到以读为本。语文主要就是用来读的。不读书，何以叫学语文?！换言之，语文主要不是用来听的，听教师讲的——虽然听也是一种重要的能力，也不排斥语文教师的讲。但阅读是更为重要的基本能力。读，不是简单看，而是讲究方法、讲究策略的各种读。围绕着文本，由学生自己读而思，读而研，读而探究，读而撰写，读而交流，读而表达，读而完善，读而应用，读而修正，读而提升——读应该是学习语文的重要手段，应该贯穿于语文学习的全过程。

其次要有序地推进。

凡事都必须有序，才能科学发展；而无序，就会造成混乱，后果将不堪设想。此处的“序”一是秩序，二是指次序。

有秩序，即课堂教学必须切实做到守规矩，不任性，有纪律，不散漫，按照人的发展规定来做。纪律是胜利的重要保证。这种秩序不是强制，而是对学生的自我管理、自我培养、自我追求，是一种自觉遵守的状态。

有次序，即是指课堂教学必须切实做到符合学习规律，让课堂教学目标一点一点达成，一步一步得到。一锹挖不出一口井，一口吃不出一个胖子。只有循序渐进，慢慢来，才能脚踏实地，最终到达胜利的彼岸。

再次是要充分发挥同学作用。

古人讲，“独学而无友，孤陋而寡闻”。学习主要靠自己，因为学习本质上是自己的事。但仅是靠自己，没有他人的交流与帮助，就成为孤家寡人，就不能集思广益、扩大视野、提升认知。所以，在具体的学习过程中，不仅要高度重视自己学，还要发挥同学的作用，让同学共同学，让同学真正成为同修者、同学者、同行者，这既能促进学业的提高，也能提升自身的品质。孔子说，“三人行，必有我师焉”，是也。

最后是每一步都离不开教师的有效引导。

第一，在上课之后，要引领学生科学地学习——包括引领学习的目标，也包括学习的策略。

第二，在学生自学之时，要引发学生思考——对教师提出的问题进行积极思考，探寻出问题的答案与规律。

第三，在学生有了认识与问题时，要引导学生交流与解决，最终通过教师的引导让学生既能知道问题的答案，更能知晓答案背后的规律。在这里，特别强调教师要谨慎处理学生的问题，不能见问题就进行所谓的“启发”，这是不科学的。孔子说：“不愤不启，不悱不发。”只有在学生发挥主动性真正动了脑筋产生内需之后，教师才能进行启发，才能出场引导——这时的启发与引导才是学生思维与发展的引擎。

在整个引导的过程中，一定要落实“以学定教，以教导学”的教育思想——“以学定教”，先让学生学，通过学生的学，确定教什么，怎么教，这是放手让学生自主学的过程；“以教导学”，通过导来进行教，促进学生更好地学的过程，这是教师主导性发挥的过程。

“导”什么呢？

导学习的目标，导学习的策略，导学习问题的解决（多媒体的应用，板书的应用，自身的讲解，自身的范读，教师人格的影响与引领），导学习内容的检测，导学习成果的应用，导课堂教学的组织。

而要引导好，就必须准备好——只有精心预设，才能有精彩的课堂；必须组织好——课堂秩序是有效教与学的重要保障；必须观察好，倾听好——以确保发现学生真正存在的问题，从而有的放矢地进行施教；必须启发好，示范好——高明的教师总是从学生的内需出发恰到好处地进行启发、示范，绝不暗示在先，结论在前。所有这些“导”自然要我们的教师在课前进行预设与假想，以使课堂教学能够有的放矢。

四问：学生达成了吗？

怎样走是方法性的问题。至此，课堂似乎已经完美，其实不然。要让课堂真正完美起来，还必须在第三问的基础之上，进行四问：学生达成了吗？如何知晓学生真正达成了呢？这就需要进行“当堂训练”“当堂反馈”“当堂检测”。这就要求我们的教师必须精心设计好“当堂训练”题——或人文思想方面的，或语文要素方面的。如此，才能准确反馈课堂教学的现状，师生才会高度珍视教与学的时间，不做、少做无用功，最终才能达到课堂教学的高效率、大效益，产生最佳效果，课后减负才能真正实现。

“磨刀不误砍柴工。”从根本上说，语文“课前四问”其实就是课堂教学之前的备课，就是备课的预热——第一问，其实是熟悉教材、钻研教材、把握教材的问题，将“学高为师”真正落实；第二问，其实是课堂教什么的方向性问题，这是课堂教学的根本目的；第三问，其实是课堂教学怎么教的方法性问题，这是课堂教学的策略；第四问，其实是对前面三个问题的一个回馈，这是课堂教学的检测方法。

教师课前教学“四问”，层层深入，步步为营，环环相扣。只有回答准确了，到位了，做到了胸有成竹，课堂教学才会真正体现“正向”，课堂教学改革才能真正有效推进。

2. 集体备课

集体备课，又称为互研备课。

为使互研备课富有成效，不流于形式，必须切实做到五个“1＋1＋1”的要求。

(1) 规矩“1＋1＋1”

集体备课要以学校行政命令为推动，首先要确定集体备课的规矩，做到“三定”。

一是定要求，做到“1＋1＋1”，即时间＋地点＋对象。

学校将所有备课组备课时间、地点、对象确定为一张行事表，全校知晓，以便对照、检查。

为了保证所有人员参加，保证学术研究水平，保证集体备课质量，特别是解决备课老大难的问题，出席集体备课的对象包含着三种类型：

第一，所有学科年级备课组人员，这是主体部分。

第二，全校最为资深的学科专家，以保证集体备课没有方向性与科学性的错误，更能做好传帮带。

第三，将中层正职以上的领导分配到集体备课组中，确保每次集体备课时，每组都有一个领导参与，以保证行政领导在场，进行考核，进行评估，避免了走过场，搞形式。

二是定考核，做到“1＋1＋1”，即研课记录本＋上传研课照片＋上传成果至学校教导处邮箱。

集体备课必须要有考核，只凭自觉，却无考核的集体备课最终是无实效的。所以，必须要有严格的考核。考核主要三个方面：

第一，研课记录本。每一个星期必须将研课记录上交，要有详细记录，要有所有人员签名。

第二，上传研课照片。集体备课时，必须要有教师上课的镜头、所有教师听课的镜头、组织者组织评议的镜头、各个教师评议的镜头、上课教师说课的镜头，要有不同时间段发出的镜头，从而保证时间，保证真实，做到“有图有真相”。

第三，在备课后的第二天，由备课组长上传自己（非成员）的所有教案、课件、作业设计三项内容于学校教导处邮箱，由专人收集、考核。

三是定过程“1＋1＋1”，即研究先行课＋研讨本周课＋布置下周课。

集体备课过程要扎实，时间要充分，由学校统一调整课表，相对集中，统一到同一个半天，四节课，安排要科学合理。备课过程主要有三个方面：

第一，研究先行课。

集体备课出现的问题往往是流于空对空，就教案说教案，是一种假想主义行为。为此，必须要有集体前的先行课，一般一节课，有时两节课，由备课组长安排本组成员轮流上课。在此基础上，用一节课的时间进行说课、评课、议课，说课不得少于8分钟，评课优点不得多于4个，建议点不得少于2个，每人不得少于3分钟。要说得有理有据，学校评课专家互动、点评不得少于5分钟。这就将点评课落到了实处。

第二，研讨本周课。

在这一过程中，备课组长作为主持人与组织者，需从三个方面进行。

首先，引导本组教师反思上周所上课。

其次，引导本组教师研讨本周所上课。包括八个方面：课时安排、课时划分及依据；各课教学准备及依据；各课教学目标及依据；各课自学指导及依据；各课问题引导策略及依据；课堂检测及依据；课后作业布置及依据；板书及依据。

其中，备课组长融合检查、记录本组教师自备教案情况，协调解决各自备课中存在问题，提问青年教师相关问题；研讨时，不确定主讲人，即人人都是主讲人，人人都可能要主讲；学科学术权威作最终总结性讲话，等于对大家进行一次学术研究的提升。

再次，布置下周课。在集体备课结束时，布置下一周研课内容，确定上课人，学校对备课组布置的相关工作，以让大家及时知晓，做好准备。

四是定目标“1＋1＋1”，即真＋实＋效。

通过集体备课的改革，努力实现集体备课的三大目标：

第一，真——不假，就是让集体备课真正发生，不是为了应付检查，不是做形式，做样子。

第二，实——不虚，实实在在，就问题谈问题，每一步都是针对问题进行，解决的都是实际问题。

第三，效——为上好课奠定基础，有利于学科品位的提升、学科教师的发展、所教学生的进步，最终促进学校质量的全面收益。

3. 自改备课

自改备课，又称为自改研备。

根据集体备课的讨论意见，教师在大的方向大体不变的情况下，根据学生的实际学习情况和自身教学情况，修改自己事先的备课，从而使备课既有大家集体备课的智慧，又有自己特有的内涵，达到集体与个体的最大程度的完美结合，杜绝教学的一刀切，统一化。

由于“正语文”课堂教学实施电子教案，所以完全可以在原先备课的基础之上进行适当的修改。如果某些学校规定必须是纸质书写的教案，则完全可以用红笔在教案上进行适当的修改；但如果要大动，那只能是重新抄写。

课前三备中的“自行备课”，实际上是以教师自己为主所进行的自主研究、自我探究、自我解决，是自我消化备课的过程；“集体备课”实际上是以集体为主所进行的相互研究、相互探究、相互解决，最终解决大家所遇到的问题，是自我备课的提升与统一，是化国本化教材为校本化教材的过程；“自改备课”实际上是以教师自己为主的再次研究，再次解决问题，是变校本化教材为班本化教材、师本化教材的过程。

三备体现了“自主—合作—自主”备课规律，有利于促进教师的成长，是教师学习、提高、发展的三个重要环节，也切实提升了备课的质量，为课堂教学高效奠定了基础。

（二）课堂三备

课前三备，对于课堂教学来说至关重要，是实现高效课堂教学的必经途径与策略，但从实际情况分析，我们不难发现，“课前三备”说到底还只是“纸上谈兵”，因为它提供的只是一种可能，而不是一种事实的存在，非真实的教学情况，而是一种以想象为主的教学场景，一切只有放到事实中、现实中才能检验其构思的真实性与有效性。所以，“课前三备”只是一种静态备课、预设备课、形式备课、纸质备课、有字备课、想象备课，不管设计得多么完善，多么充分，多么独特，它与现实的课堂都有不一致的地方，有时，甚至是脱节的。换言之，教师如果按照“课前三备”设计而成的精美教案一成不变地上课，就会忽视学生的真实存在、真实变化、真实学情，课堂教学就很可能成为教案的“走场”，变成形式化的东西。

所以，为了真正有效提高课堂教学的质量，教师必须将“课前三备”后的教案置于真实的课堂教学之中，从课堂教学的实际出发来进一步思考如何有效地调整课堂教学，进行课堂教学的二次备课、三次备课，从而使教师的行为更适合课堂，适合学生，适合学情，适合学生真实存在的问题，教师在课堂上根据实际存在的问题不断调整教学策略，做到“以变应变，随机应变”。也就是说，教师必须改变“课前三备”存在的一系列问题，实现备课的“多变”:变课前三备的静态备课为动态备课，变教师集体与个体的师备为师生互动共同备课，变有字备课为无字备课，变预设备课为生成备课，变显性备课为隐性备课，变想象备课为真实备课。如此，就针对了学生的问题.针对了学生的实际，做到了“讲学生不会的.学生会的不讲”，切实克服了“一案定课堂”的弊端，从而提高课堂教学的有效性，减少了课堂上教师的无效讲课。

事实上，“变”是新课改背景下课堂的重要特征。新课改要求放权给学生，让学生真正自主学习、合作学习、探究学习，这样一来，课堂“变数”就会增多，不可预知的内容就会增加，而此时，如果仍一味地依照所谓的课前精心设计的教案来上课，照搬教条来上课，那就是不知变通、刻舟求剑，就是死教书、教死书了，就不能真正有效地解决学生真实存在的问题，学生自然就不能得到真正的发展。

1. 学中备课

学中备课，是教师在学生个体自主学习时所进行的备课。

一堂课从什么行为开始？我一直认为，不应从教师的教开始，因为教师的教必须有针对性，而应从学生的真实学情开始，否则，就是假教，就没有实际效果，而要了解到学生真实的学情，就必须从学生的学开始，只有学生学了，才能暴露学生学习中的问题，只有学生学了，才能让教师有机会真实地发现学生学习中的问题，从而有针对性地解决问题。所以，不学不教——如果没有学生的学，就没有教师的教，因为学生学是教师教的前提与基础。只有学生真正有效地学了，才能暴露学中存在的真实问题，才能使教有方向与着落，使教具有针对性与有效性。也就是说，学生的学决定了教师的教，决定了教师教哪些问题，教到什么程度，怎么去教。

怎样才能知道学生学的程度呢？唯一有效的办法是走到学生中，去发现、察觉学生学习过程中存在的共性与个性的问题，去思考、选择哪些为重点，哪些为生成，哪些必须解决，哪些可以放一放，从而为有效地教奠定基础。

2. 教中备课

教中备课，是教师在学生互动与研讨过程中所进行的备课。

学生学后，或多或少都存在学习中必须要解决的问题——课堂就是解决学生学习中存在的问题的。这时可以通过彼此“互教”(兵教兵)的方式给以解决。教师此时，就应该走到学生中去，观察和发现学生存在的真正问题，特别是学生通过“互教”仍然解决不了的问题，分析不透的问题，找不到规律的问题。在此基础之上，教师再度深入思考，如何在已经备课的基础之上给予更为彻底的解决，即调整原先的教学方案，生成更为切实有效的新策略、新办法，为最后教师进行科学、合理、高效的“导教”做铺垫，达到最终解决问题的目的。

3. 练中备课

练中备课是教师在学生训练反馈中进行的备课。

在学生“互教”、教师“导教”之后，学生就要进行“当堂训练”，教师依然必须走到学生之中，巡视、发现学生在训练过程中出现的新问题，找出解决新问题的策略与方法。但此时，不必对学生进行讲解，而是记住、记下这些问题及相关的学生，从而为课后有针对性的辅导提供第一手资料。

为使“课堂三备”富有成效，语文教师还必须切实做深收集与应急处理工作，“不带笔、本不进课堂”“不细致观察不发现问题不开讲”，所以，语文教师不仅要带教案，也要带笔、本进课堂，在课堂上要努力将学、研、练中的问题用最快的速度发现、记录并提出解决问题的方法，做一个“智慧型”的教师。当然，在此过程中，教师不可因记录而荒废教学，要处理好记与教的关系。这样做，一方面可以使教学平稳进行，另一方面也为课后反思做准备，内容可以是学生的问题，共性的、个性的皆可；可以是学生想出的独特的解决问题的方法，也可以是教师未能备及的问题；可以是教师即时想出的解决问题的方法，成功的失败的皆可；还可以是教师在课堂上所见、所听后产生的灵感，等等。

通过实践，我们认识到，“教案永远落后于课堂，落后于学情”。因为课堂永远是第一的，学情永远是第一的，学生的课堂与课堂的学生才是最为真实的，它才是解决一切问题的来由、根本、目的。所以，我们特别强调“课堂三备”的重要性，要求教师处处从课堂实际出发，“以生为本”，实施“生本教学”，让课堂呈现真实，让课堂焕发生命色彩。真实是课堂的生命，课堂教学应无条件地服从真实的学情，无条件地真正服务于真实的学生。课堂绝对不是围绕教案转，因为教案是形式的、僵化的、静态的，就如同打仗一样，打仗前的方案是必须的，但到了前线，到了具体的战场上，就应该灵活机动，而不是纸上谈兵、死搬硬套，切实做到“将在外君命有所不受”“怎样打胜仗就怎样打”。课堂也不应该围绕着课前精心设计的板书转，因为板书是死板的，是缺少变化的，是课前的所谓的精心的假设——假设不是真实的课堂，一切必须围绕真实的课堂而变化。课堂不应该围绕着预设的答案转，因为预设的答案缺少最起码的针对性，此种答案放在具体的教学情境中，总会有所变化，本来预设一个答案，却冒出来两个甚至三个与众不同的答案——有时，事物的答案确实不止一个，尤其是文科类，即便是理科类，也是如此；还有时，答案存在某种缺陷，不完整，不准确，通过课堂里真实的学生的问题与回答，确实是可以填补与完善此答案的。课堂也不应该围绕课件转，课件再好，也不可能与学生真实的学情一致，如果完全围绕课件转，最终可能使教师被课件束缚了手脚，反而成了课件的奴隶，最后导致不是人在应用指挥课件，而是课件成了指挥人的司令，失去了人的主观能动性，课堂还能生动精彩吗？课堂也不能围绕课前确定的重点、难点转。几乎所有的教案都有本课的重点与难点。这是一种假想，真正的重点与难点不是课前确定的，是在课堂教学中真实存在的——学生在课堂上真正存在的问题就是重点与难点，如果这个问题关系到下面内容的学习与展开，就是重点；如果这个问题反复讲都不能理解，就是难点；如果兼而有之，即是重点兼难点，这就是我们所说的突破点。我们的课堂也不能围绕教学参考书转。教学参考书确实重要，也是编者心血的结晶，体现了编者的思考，但别忘了，这个书叫做参考书，是用来“参考”的，也就是说，是协助教师理解与教学的，是重要的帮手，必须引以重视，但不是必然与必须的帮手，其中的一些说法、一些思想，需要我们反复咀嚼才能理解与把握，还有一些说法可能不是很得当，需要我们去修正与补充，绝不能全盘拿来，当然也不能完全否定，而是不断学习、理解、消化、补充、修正，最终不仅让自己提升，也能让参考书完善，使学生更好地发展。课堂还不能围绕教师的已有经验转。已有经验对于我们来说是最为宝贵的财富，但对于经验必须一分为二来看，必须看到问题与弊端，必须灵活机动地采取策略，因为任何课堂与你先前的课堂是不可能一模一样的，只根据自己的教学经验处理课堂教学而不加以变化，就是刻舟求剑，其结果必然会适得其反。一句话，现实的课堂是灵动的，是变化的，是动态的，是每一个不同的学生的，教师只能面对与适应，只能“以变应变，随机应变”，智慧地面对，抓住重点与关键的问题，抓住共性与特色的问题进行有的放矢的教学。当然，“万变不离其宗”，宗就是课堂教学的根本、目标、方向，就是学生成长的内需、核心素养、三维目标。

而要实现科学的变化之策，只有一个办法，那就是抓住课堂教学的三大环节，学生活动的三种方式——学、教、练，在学生学的时候变化，学中备课；在学生教的时候变化，教中备课；在学生练的时候变化，练中备课。既做观者，又做督者，更做思者、变者，全程关注学情，进行有针对性的备课。如此，我们的备课才会是高效的，我们的课堂才会是高效的。

（三）课后三备

课前三备，使教学有充分的依据与准备；课堂三备，使教学更有针对性和实效性。但仅此还不足以提升教师和发展学生。因为教师只有对课堂教学进行有针对性的反思才能克服先前教学中存在的问题，学生只有通过课后富有针对性的辅导才能获得真的发展，这就有必要切实加强课后备课。如此，整个备课从课前到课堂到课后，三个时间段的备课前后相接，彼此相承，浑然一体。

课后备课，根据内容和形式，我们将之分为三种类型：

1. 反思备

即在课堂教学之后，教师对课前教学设计和课堂实际教学的反思。这种反思，既有对成功之处的总结，又吸取课堂未能及时有效解决的教训，还有对生成问题的智慧性的处理。

2. 交流备

即在反思备的基础上，同学和教师之间、教师师徒之间对教学设计和课堂实际教学所进行的交流、借鉴，互通有无。这种交流备可以是备课组集体备课时在备课组长的组织下的交流，也可以是同事之间非正式场合下的随意性的交流，还可以是晚辈对师长的请教。

3. 辅导备

即教师针对学生课堂训练而设计的相应的辅导、补救、引导策略。教师为了让所有学生都能够真正全面地掌握课堂学习内容，就必须有及时的辅导，而要辅导，就必须针对“当堂训练”中存在的问题进行针对性辅导，就必须要了解、区分、剖析，从而找准辅导的问题和辅导的对象，使辅导有的放矢。

“课后三备”虽是全程备课中的最后一个环节，却是一个不可或缺的环节，它为后面的高效备课、学生的继续发展奠定了基础。

“三三三全程备课”化国本化教材为校本化教材，化校本化教材为班本化教材，化班本化教材为生本化教材，从而使教学的过程变为教师备课的过程，使教学与备课相互融通，浑然一体，相得益彰，有效地解决了学生的问题，将“因材施教”“有的放矢”等教育思想落到了实处，演绎到极致。

(四)“三三三全程备课”的保障措施

1. 改革教案撰写样式

为使全程备课落到实处，我们改革教案的撰写形式与方式，使之与“三三三全程备课”相吻合。

全程备课纸分为三块：

(1)“课前三备”的填写

主要栏目：课题；课时；追求目标(非教学目标)；学前准备；课堂引导过程和引导策略(非教学内容和过程)；板书设想(非板书设计)。

填写方法：

“自备”时填写：就上面六个栏目填写。

“研备”时填写：在集体备课过程中用铅笔对上面六个栏目进行修缮。

“改备”时填写：在研备的基础上，结合本班和个人实际用红笔修改。

(2)“课堂三备”的填写

备课纸格式：排印备课纸时，将备课纸中“课堂引导过程和引导策略”和“板书设想”两个栏目以竖列形式按 2∶1 的比例分割开来。

填写方法：竖列 2∶1 排列后，前“2”填写“课前三备”六个栏目内容，后“1”用红笔填写“课堂三备”内容。当然，所填内容位置也不仅局限于“1”处，也同样可以在“2”中进行不失时机的填写。

(3)“课后三备”的填写

备课纸格式：排印备课纸时，在“板书设想”栏目后增设横栏，包括课后辅备、教学反思、交流收获三个子栏目。

填写方法：就课后辅导内容和办法、课前设计与课中教学实际、与他人互通教情等内容真实地进行填写。

（五）加大备课考核力度

为使备课出高质量，除加强教师培训、提高教师素质与切实加强备课组建设外，学校要采取有力措施，保障全程备课的有效实施，特别是加大备课的检查力度，全面推行了“备课四制检查法”。将各方利益相扣在一起，增强责任感，实现“一荣俱荣，一损俱损”。

1. 备课组长周五备课送审制

即每周五下午所有备课组的组长必须将本人备课簿交到教导处，让相关学科的领导检查备课组长备课情况。

“火车跑得快，全靠车头带”，只有备课组长先动起来，才有可能使下面的同志也动起来。如果检查到备课组长未按照要求备课，学校则按照《备课组长考核细则》，一方面在百分赛考核中扣分，另一方面将所得分纳入绩效工资考核之中，同时，在每周一的备课组长例会上给予通报，严肃批评。

2. 一般教师平时备课抽检制

即每周由教导处派员下去对备课组个别成员进行检查。在检查时，我们实行“一国两制”，即将教师分两块，一是信得过的教师，一般不查；二是有问题的教师，尤其是师德有问题或教学质量有问题、学生家长反映不佳的教师，不仅查是否备了课，还要细查备课的质量，不仅是一次查，还要跟踪查，以查促改，以查促变。如果查到未备，或未能认真备，则按照《备课组长考核细则》，对备课组长进行必要的处罚；学校还将按照《教师师德考核条例》对教师本人进行处理，一方面是扣分，更主要是与其绩效工资挂钩，与其今后职称、评优、晋升挂钩，同时每周公布、曝光，促进其改进与提高。

3. 平常点课听课检查评价制

即针对备课与讲课“两张皮”现象，学校成立由骨干教师组成的听评课小组，在教导处的安排下，每天对个别教师进行点课听课。听课后，各小组首先要检查备课笔记是否有，是否真；然后，就教学进行评点，尤其对教师“课堂三备”进行交流、评价，给出等次，作出量化，这将作为教师师德考核的一项重要内容。

4. 每月备课检查评价通报制

即在上三种过程管理检查备课的基础上，每一个月由教导处组织人员对所有教师备课情况再次进行全面的检查。从量与质两个方面对所有人员作出“优”“合格”“差”三个等次的评价，并将之与多种考核紧密挂钩。

第四节 “正语文”课堂教学之阅读教学

一、“正语文”课堂阅读教学的内容确定

有效的语文教学必须切实解决两大问题：一是方向，即从教师教的角度看，就是教什么的问题，从学生学的角度看，就是学什么的问题；二是方法，即从教师教的角度看，就是怎么教的问题，从学生学的角度看，就是怎么学的问题。

现实教学中，一线教师往往忽视方向性的问题，重视方法性的问题。方向研究得少，方法剖析得多。爱因斯坦曾说过，方向错误，前进就意味着倒退。确实，方向错误，最终导致南辕北辙，缘木求鱼，本末倒置。方向正确与否是课堂是否有效的前提，“做正确的事”（方向）永远比“正确地做事”（方法）来得重要。当然，课堂是否有效，光有正确的方向，是决然不行的，最终还需要方法的正确。但需要肯定的是，方向首先要正确，方向永远大于方法。

江苏师范大学曾经邀请了全国十位名师讲语文名篇——杨绛的散文《老王》，且出版了一本书，叫做《十位名师讲〈老王〉》。我也在被邀之列。

各位名师的课堂，我未都亲见，只见过其中几堂课。但透过《十位名师讲〈老王〉》，我明显地感觉到了这些名师教学内容不一致，更不用说是一般的一线教师了：有的是把握文本的主要内容，理解表达的情感，品味语文的内涵；有的是学会从“我”的视角阅读现代写人散文；有的是了解杨绛散文特点，了解作者写作目的；有的是对本文主旨形成新理解，引导学生在经典重读中树立有良知的人的道德情怀；有的是学会用自己的眼光审视作品，读出文章隐含的意义；有的则是多角度的散文欣赏能力训练，感受文章所表现的心灵美。

这十位教师目标的数量也不一致：有的是一个，如深入理解作者的“愧怍”之情；有的是两个，如了解杨绛散文特点，了解作者写作本文的目的；有的是三个，如把握文本的主要内容，理解表达的情感，品味语文的内涵。虽然都想用一节课的时间完成，但从课堂实录看，有些却未能很好地实现。事实上，一节课完成与教学参考书所建议的两节课完成，效果是不一致的。

这十位教师的目标呈现方式也是不一致的：有的是显性，有六人；有的是隐性，有四人。换言之，在这十位教师的课堂上，学生对教师的教学目的有的是清晰的，一上课就明白，准确把握；而有的则始终处于隐含、保密状态，只有当课文学好后，才揭晓教学背后的要义——目标最终呈现，才知学该文的目的。

这十位教师的目标有的着重点在文章内容的理解上，如把握文章内容、理解文章主旨、品评人物生命状态及交往过程、主旨新理解、“愧怍”深意；有的着重点在能力训练

上，如品味文中语言的内涵，学会用自己的眼光审视作品，多角度的散文欣赏能力训练；有的则是教授方法，如学会从“我”的视角阅读现代写人散文，了解杨绛散文的特点。有的是单一的，有的是多元的。

为什么同样教的是由人民教育出版社2007年出版的由杨绛所写的散文《老王》，都是来自徐州城区同一所学校均衡分班的初二年级的学生，都用的同一个课标，十位名师却出现如此大的差异呢？而如果换成数学、物理、化学等学科，也让十个教师来上，却出现与语文教学内容高度不一致截然相反的情况——高度一致，这又是为什么呢？是不是仅仅因为语文是人文学科——一千个读者眼里有一千个哈姆雷特，就可以各取所需，各干各活，各行其道，从而使语文教学呈现出“各显特色”“各具风采”“五彩缤纷”？又或者是因为“横看成岭侧成峰，远近高低各不同”，因个人的诸多不同（经历不同、年龄不同、性别不同、地域不同、性格不同，特别是所教学段不同、身份不同，尤其是来自外界的光环——特级教师身份的与众不同）而对语文、对课标、对文本、对学生解读不一，必须显示出自己的个性化理解与特别化确定？

我以为，如是，则是对语文教学的一种错误的解读与执行。出现以上高度的不同，是将问题简单化的表现，是语文教学的随意化、简单化、自我化。即对语文教学不严肃、不严谨、不严正。

我以为，语文首先与自然学科一样，都必须规范化，具有教学的规定性，教学必须首先在规范、规定的要求下确定教与学的内容，在此基础之上，才有个性化、特色化、自由化。这不是语文教学的死板，而是“死去活来”——只有科学地、扎实地、有序地掌握，才有最终的发展。就如同个人的自由，是建立在遵守法律的基础之上的。“不以规矩，不成方圆”，是也。

如何使我们的语文教学实现教学内容的确定呢？通过多年的“正语文教育”（其核心思想是：教应该教的语文，学应该学的语文；用教语文的方法教语文，用学语文的方法学语文）的研究与实践，我以为，只有首先做到语文教学内容明确、精准，语文教与学的方法性问题才能迎刃而解。而语文教学内容明确、精准，应该主要从以下三个方面着手。

（一）依据“学标”

语文课程标准是整个语文教学的宪法，是语文教学的根本。所有的语文教学必须以此为教学的起点，也以此作为教学的落点。课程标准规定了语文教学的主体方向、主要内容，必须吃透与执行。

课程标准指出了语文学科的性质——工具性与人文性的统一性。这是语文这门学科所具有的特质。这就让语文教学有了具体的方向——一是文，二是道。两者必须兼具，以文载道，以文明道，以文传道，以文学道。显教文，隐教道，道寓文中，文中含道，文道结合。很多教师有教学的偏颇，或重文轻道，或重道轻文，文道不一，以文盖道，以道去文。

课程标准有九年一贯制的标准，有高中阶段的标准。两个阶段说得很清晰。其中九年一贯制的课程标准更为细化，对各个细小阶段——1—3、4—6、7—9都有不同的内容与要求，听说读写的序列性、层次性都很明确。

课标，是从行政角度讲的。在具体的教学过程中，必须进行转化，必须从另外的一个角度来理解与把握——这最终是对学生的要求，所以，课标也就是学标，学习的标准，学习的目标，学习语文应该达到的要求。

课标的以下内容是必须明确与掌握的，否则，就会失去教学的根本性方向：

第一，工具性和人文性的统一，是语文课程的基本特点。

第二，必须面向所有学生，使学生获得基本的语文素养，全面提高学生的语文素养。

第三，重视语文课程对学生思想情感熏陶感染的作用，注意课程内容的价值取向，尊重学生的独特体验。

第四，语文课程是实践性课程，应着重培养学生的语文实践能力。培养学生的语文实践能力的主要途径是语文实践。

第五，教学内容的确定，教学方法的选择，评价方式的设计，都应有助于自主、合作、探究学习方式的形成。

第六，努力建设开放而有创新活力的语文课程。

第七，知识与能力、过程与方法、情感态度与价值观目标的设计着眼于语文素养的整体提高。

第八，提倡少做题，多读书，好读书，读好书，读整本的书。

（二）服从“学情”

课堂是为学生的，学生是课堂教学的目的。一切忽视学生学情的教学，再多的高明与创新都是无用的、无效的。所以，在教学中，必须从学生出发，从学生的实际出发。

学生不能搞一刀切，统一要求。

一是服从一个班级的所有学生。即非个别学生、少数学生、多数学生、大多数学生。同样是《老王》，对一个班级的语文基础特好的学生而言，理解相对容易，而对于那些语文基础较差的学生而言，理解相对困难。自然，教学内容也就不能一样。

二是服从各个学段的学生。即不同学段、不同年级有不同的要求。同样是《老王》，苏教版高一有此文，人教版初二有此文，但由于面对的学生所在的学段不一样，自然，教学内容也应该不同。

三是服从各个地区的学生。即不同地域，对所学内容要有不同的要求。同样是《老王》，对于北京学生可能会教得深一点，而对于维吾尔族学生，连基本的汉字都还不能认清，教学内容自然不同。

四是同一学段不同类型学校的学生。即因为学校类别有所不同，所在学校的学生的基础也就不同，所学内容自然也就有所不同，特别是高中学校，分类现象严重，更是如此。同样是《老王》，同样是徐州地区，有四星高中，有三星高中，还有职业高中。自然，教学内容也要有所区别。

那么，就有人问了，你有这么多学生学情的个别差异，那就根本无法确定教学内容。

我以为，不是不能确定，而是在教学中要充分考虑各种差异性。总不能拿着《老王》的教案从初一上到高三吧，总不能拿着《老王》的教案从徐州上到北京再上到新疆吧！总不能拿着《老王》的教案从四星高中上到三星高中，再到职业高中吧！为什么不能？因为学情不同，因为教学必须遵循“因材施教”，学情大于天，不同的学生自然要求教学内容也有所不同。智慧的教学必须对学情进行适当的调整，因为适合的才是最好的。

这里还需要强调的是，在具体教学中，必须将“学标”和“学情”结合起来，特别是学段的“学标”和具体的“学情”结合起来。

有两位教师，一位初三教师，一位高一教师，均教《沁园春·长沙》，用的都是高一学生。尽管两节课都很有特色，但还是遭到了质疑与批评。原来，初三教师的目标制定依据是《义务教育语文课程标准》，低于《普通高中语文课程标准》，还是在读、译、背上做文章；高一教师依据的倒是《普通高中语文课程标准》，却始终与高三语文考试大纲对接，不时走出文本，进行各种各样的“链接”与“对接”，结果，原文本的内容却未能好好消化，好好掌握，学得漂浮，让学生一知半解，半生半熟。这个案例告诉我们，什么时候依据什么“学标”，依据什么“学情”，不可滞后，也不能超前，必须切实把握好度。

为了研究语文教学内容的确定性，我们“正语文教育”研究组，举行了一次跨学科的“同课异构”，请一位思想品德教师和一位初二语文教师同上朱自清《背影》，对两位教师不作任何要求。结果，政治教师竟然真的把《背影》上下来了，还上得满有特色——学习目标：1. 体会父母的至爱亲情，爱我亲人，孝敬父母。2. 感受生活中的挫折，以积极的人生态度面对挫折，养成开拓进取的优良品质。教学程序：1. 用一句话概括文章主要内容。2. 父母最让你感动的事情是什么？3. 我国相关法律中关于孝敬父母的法律依据有哪些？4. 现实生活中有哪些“爱的误区”？如何走出？

显然，政治教师用政治眼光来看待《背影》，《背影》之故事只是政治教师上课的引子，是引出的材料，不是课堂的主体，其主题是“孝敬父母”。这就不再是语文课，而是地地道道的政治课了。同样，学《蜘蛛》，如果是生物教师来上，就可能把它上成生物课了，课堂主要内容就是认识蜘蛛，了解其外形、构成、习性、特征、利用等等。学《斜塔上的实验》，如果是物理教师来上，就可能把它上成物理课，课堂主要内容就是实验缘由、实验过程、实验结论、实验表现、实验应用。

所以，语文教师一定首先要定位在“语文”上，你上的首先是语文课，不是其他课，虽然可能有学科之间的渗透，但其本质是“语文”，必须上出“语文味”——在字词句篇、语修逻文、听说读写、人文情怀等上下功夫。否则，就是“种了别人的田，荒了自己的田”。

语文性是语文教学内容首要的特征，在具体的教学内容中必须有足够的体现与充分的保证。

（三）把握“学材”

“学标”是全国统一的、无差别的行政性质的基本文件，是整个教学的纲领性文件，明确了语文教学的大方向，是语文教学的最低标准，每一位语文教师在教学过程中都必须切实遵守并努力让学生达成。

“学情”则要求在实施“学标”的过程中，必须切实做到区别对待——“因人而异”“因势利导”“一切从学情出发”，具体学情不同要求，根据学情调适语文教学内容，决不能搞语文教学内容的一刀切。

一线教师如何将共性的、统一的“学标”与个性的、不同的“学情”和谐地融合在一起，做到既体现“学标”，又体现“学情”呢？这可不是一般教师能轻而易举做到和把握的。那么，一线的教师，特别是教学经验较少，还不能深入语文教学的年轻教师，如何应对语文教学，使语文教学的内容准确或者说是精准呢？这就需要依靠另外一个最为重要的拐杖——语文教科书。

语文教科书，是语文教与学的重要载体，是落实课程标准的具体书籍，它是国家语文学科教学意志的具体表现；语文教科书，是诸多专家反复研究、不断实践、在已有教科书的基础之上辛勤工作、付出心血的结晶；语文教科书，是丛书，是一个系列的丛书，各自形成一个独立的系统，同时，又相互作用，共同为学生语文素养的形成发挥作用——义务教育系统（又分为1—3、4—6、7—9三学段）和高中阶段教育系统。显然，其编排是有序的，是基本符合各个学段、各个级段的共性要求的（个别的学生、特别的情况则另当别论），除了考虑到语文的特征之外，还特别充分考虑到学生生情、认知规律、发展要求，也与课程标准自然地有效对接。

语文教科书，既是语文教师教的书，更是学生学语文的书——教的目的是为了学，学才是教的意义与价值。语文教科书，不只是为了教得方便、有效，更是为了学生学得方便、有效，有利于学生真正地学到语文，学会语文。因此，我以为，语文教科书，对于教师而言是教材，对于学生而言是“学材”，是教材与学材的和谐统一体。但教师不应把语文教科书仅仅看成是教材，而应主要看成是“学材”——应从学生的角度来看待和应用语文教科书。这样教师和学生就会心往一处想，劲往一处使，在语文教科书上一齐用力，形成语文学习的正向全力，达到教与学语文的最终目的。

所以，语文教学中必须充分地尊重、用好语文教科书。其实，称语文教科书并不正确，应该是语文“学材”，因为所有的语文教材都是从学生角度来编写的，其目的就是让学生学，让学生好学，让学生有所依凭来学，而不是从教师的角度来编写的，更不是为教师教学服务的材料。所以，只有尊重和用好语文“学材”，语文教学内容的确定性要求才能满足，才能精准。

那么，怎样才能把握好语文“学材”呢？

（一）分学段把握“学材”

课标，是总体性的标准。但在具体实施中，必须切实弄清楚两个学段——九年义务教育阶段和高中阶段的要求、区别、侧重点；九年义务教育阶段中所包含的一至三年级、四至六年级、七至九年级三个学段各自的要求及其区别、侧重点。

（二）分年级把握“学材”

分学段把握“学材”的目的是使我们对语文教学有全盘的思考与实施。但在具体实施过程中，还必须立足实际，从具体学段出发，实施有效教学。这就需要切实把握所教具体年级的语文，对具体学段具体年级的“学材”有充分的理解、把握与实施。这是具体教学的重点。一定要把具体年级的要求、标准、侧重点、关联点等弄清楚、搞明白，以在具体实施中，彼此关联、相互照应、实现融通。

（三）分单元把握“学材”

在具体把握了年级要求后，当是把握单元学习目标、要求。现在语文教材的编写多是以主题为序的，在其中穿插着各种体裁的写作要求、听说要求、综合实践要求、名著要求、语文常识要求等等。所以，在具体的实施过程中，还需要从具体的单元出发，把握单元的整体目标、要求、侧重点、关键点，以在单课实施的过程中得到充分体现与落实，使单元教学目标落到实处，而不是漂浮或沉沦。

（四）分课文把握“学材”

显然，课文是最终落实课程目标、体现学情要求的重要载体。所以，课文必须精心选择。叶圣陶曾说：“课本无非是例子。”虽然有“无非”二字，但其中隐含的“课本是例子”的思想却是大家都认可的。既然是例子，必须符合课标要求、学情要求、学段要求、年级要求、单元要求，必须切实为学生的整体提高与发展奠定坚实的基础，否则，这算什么例子呢？是例子，当具有“典型性、概括性、代表性”的特点，所以，说到底，课堂教学内容的确定性是语文具体课文教学内容的确定性。

（五）分体裁把握“学材”

每一篇文章都有其体裁样式，在具体的教学中必须得到充分的体现。依文教学是一个方面，依体教学却是另外一方面，两者不可缺少。前者突出所有文章的共性——写什么，表达了什么；后者突出了文章的个性——用什么样式写，其具体表现是什么，其重要特点是什么，为什么用这样的样式写。如叙事性散文和小小说的教学，看上去都差不多，但外形似，神却不似，必须弄清楚。《社戏》本是小说，选自《呐喊》。但很多人却以为是记叙文，因为里面很多人物是“真”的，有“迅哥儿”，有“六一公公”，有“双喜”等。如果真的当作记叙文来教，最终是“离题万里”“本末倒置”，令人啼笑皆非了。所以，拿到具体的文章之后，必须要弄清楚课文体裁，这是教学内容确定的重要一环。

在具体教学过程中，要根据编者的主要思想来明确教什么，才能切实做到符合教学的要求。以如下几篇议论性文章为例：

七年级上第四单元的教读课文《纪念白求恩》主要教的内容有：思想主题——白求恩的精神、品质以及影响、启迪；语文要素——学习默读，勾画关键语句，学做标注，整体把握文意，学会划分段落层次、抓关键语句等方法，理清作者思路。（从“单元导读”中可见，基本上不涉及议论文常识）

七年级下第四单元自读课文《最苦与最乐》主要教的内容有：思想主题——中华美德以及影响、启迪；语文要素——略读；在阅读文章的基础上，对内容和表达有自己的心得。（从“单元导读”中可见，也不涉及议论文常识）

八年级上第四单元自读课文《我为什么而活着》主要教的内容有：体会哲理散文独特的情感体验和深刻的人生感悟，领会作品的情思；品味、欣赏语言，体会、理解作者对生活的感受和思考，并了解哲理类散文的特点。（从“单元阅读”中可见，此处已经涉及文体特点，但不是议论类文体的特点，而是散文的特点）

八年级下第四单元是演讲的活动·探究，其中有《最后一次演讲》，其主要教的内容有：感受演讲风格，学习撰写演讲稿，举办演讲比赛。任务一：学习演讲词（理解作者的思想观点，把握演讲词的特点；在了解作者和演讲背景的基础上，进行模拟演讲）。任务二：撰写演讲稿（在把握演讲词特点的基础上，学习演讲稿的写法，自己撰写一篇演讲稿）。任务三：学习演讲比赛。（从“活动探究”安排表可见，也未作为议论文来教，但已经将相关知识渗透其间）

九年级上第二单元教读课文《敬业与乐业》教学内容有：阐述的观点及影响与启迪；了解议论性文章的特点，把握作者的观点，区分观点和材料，理清论证的思路，学习论证的方法。（从“单元导语”可见，此时才开始正式学习议论文的相关常识）

九年级上第五单元教读课文《中国人失掉自信力了吗》教学内容有：作者观点与思想以及意义与价值；联系文章的时代背景，把握作者的观点；注意分析议论性文章所用的材料，理解观点和材料之间的联系，掌握论证的方法；还要联系实际进行质疑探究，养成独立思考的习惯。（从“单元导语”，特别是对驳论文知识的理解与把握可见，这是承上一单元后编者提出的鲜明要求）

语文课文教学内容的确定性除了上面所讲五大要求外，还必须充分地理解、把握、体现编者的思想与意图，因为课文的选择与编写是编者心血的结晶，正是通过对所选课文的学习来让学生努力达到这些要求。这就必须处理好以下几个问题：

一是本单元的共性任务是什么，在该选文中是如何体现的。即要处理好单元教学目标与任务与选文教学目标与任务的关系，让单元目标指导与引领课文目标，让课文教学服务单元目标，使单元与单课和谐统一。

二是这篇文章的个性特色是什么。即在借助所选课文完成单元任务的基础上，还必须对该所选课文的个性特色——包括选材、主旨、语言特色、写作手法等等有所体现——是有所体现，非全部体现，因为有的文章特色很多，不可能穷尽，只能就其中重要的特色进行剖析、研究、学习与把握。

三是这篇课文课后“探究与练习”的出题意图是什么，如何处理。对于编者而言，课文是必须精心选择的，其选择的基本原则自然是文质兼美。但仅此还不够，还必须为单元教学目标服务。故为体现单元教学目标的思想，编者还特地依据单元目标和单课目标设计了“探究与练习”——换言之，课文后的“探究与练习”不是随随便便存在的，不是可有可无的，而是经过编者的精心思考和大量研究与反复实践、借鉴、引用的习题。其根本用意在于通过对习题的探究与练习，达到认识文本、理解特色、达成单元目标的目的。

在现实教学中，课文后的“探究与练习”题常常是作为预习题或作为课后练习题来完成的，而不是作为编者的意图来完成，尤其是在课堂中，并没有引起足够的重视，没有用来作为培养学生语文素养的载体，而是作为一般的作业来处理。这是极其错误的。这也是语文教学内容未能确定的原因之一。

四是预设的教学内容与生成的教学内容的关系。任何教师教学都必须要有教案，教案中必然有今天所预设的教学目标和具体的教学内容。但这些目标与内容是不是教学的重点与难点，或者是突破点，一切还得依据课堂教学的具体生成——预设只是课堂教学的假设，而生成才是课堂教学的实际。预设引发生成，生成超越预设。所以，课堂教学的具体内容一方面要依据预设，另一方面也必须依据生成，只有将两者充分结合的课堂，教学内容才是准确的、精当的。当然，如果教师在课堂之间精心策划，用“如果……就……”的方法来备课，就能够缩小预设与生成之间的差距，从而让课堂教学内容进一步精当化。这就是我们所讲的“学情决定教情，预设服从生成”。

五是文本的基本解读与教师的个性化解读之间的关系。现在，新课程标准高度强调文本解决的个性化、多元化。这就出现了另外的一种倾向——文本的解读不以普遍的基本解读、大众解读为准，而是以教师自己的个性化解读为准，且美其名曰“创新性解读”，有的甚至还自我吹嘘，认为其解读是天下唯一解读。如某君所上的《背影》之主题思想之解读——教师问：“《背影》究竟写了什么呢？是写父与子，父子情深，还是写生与死，感叹生命的脆弱、短暂和虚幻呢？”生答“是生与死”。教师总结：“不懂生与死，怎懂父与子？欲懂父与子，先懂生与死，懂得父与子，才懂生与死。”——由此可见，教师将《背影》之主题引导为“生与死”，而非传统意义上的“父子深情”。

经典名篇《背影》，不知教育和影响了多少代人，大家都深受感染，被朱自清先生的文笔所感染，更为其所表现的主旨思想所感染，但显然大家接受的都是“父子深情”这样的主题思想，这是非常明确的教学内容。但经过此君之诠释，主题发生了偏移，不是小偏移，而是大偏移。如果此君仅是小人物，人们足可以一笑了之，不以为然。但此君名头很大，这就让一线教师无所适从，该如何确定本课的主题思想？如果主题思想还在犹豫与徘徊之中，那让我们的学生如何明确学习重点呢？

这就需要我们处理好文本的基本解读与个性化解读之间的关系了。我以为，个性化解读是必须的，尤其是对于我们的学生而言。但必须有一个前提，那就是个性化解读必须要有充分的依据，必须要充分依靠文本的基本解读、大众解读、常识解读、约定俗成的解读，那种为独辟蹊径、标新立异的个性解读而个性解读的做法是不值得提倡的，是没有真正的生命力的，只是昙花一现，不持久。我的基本观点就是，教师对文本的个性化解读首先必须服从基本解读，在基本解读的基础上，可以进行适当的个性化解读，特别是经典文本的解读。这倒不是打击、否定个性化解读，而是为了让个性化解读更具有科学性、合理性、准确性。

听了上面某君所上《背影》的一位教师在其《为自我心灵的倾诉而写》一文中写道："这样的解读，真的就是作者的原意吗？……我担心的是对于十二三岁的孩子，他们正在天真烂漫的少年时期，他们对世界、对人生充满了美好的向往和憧憬，这样的解读，他们能理解，能参悟吗？对人生无常的的喟叹，对他们的人生观会不会产生负面的影响呢？作为教师，我们应该引领学生从中汲取什么呢？面对父子情深和生命喟叹这两种解读，我狐朋狗友有患得患失之感了。"事实上，学生是怎样得出"生与死"的结论的呢？不是学生读出来的，而是教师一步一步"诱惑"出来的。

有人也许会说，"一千个读者眼里有一千个哈姆雷特"，"横看成岭侧成峰，远近高低各不同"。确实如此，对于非经典文本可以如此解读，但对于传世已久的文本的解读还必须依从传统，依从基本，依从大众，依从约定俗成。因为这些经典文本是经过多少年反复的品读后而沉淀下来的，是去伪存真、去粗存精的结果。有人也许会说，真理往往掌握在少数人手里。对于自然学科可以，但对于社会学科、人文学科来说，却不行。除非有足够的论据，让大家口服心服，才能让人们肯定并真正改变。教师首先要服从基本解读，在基本解读的基础之上，可以讲出自己的研究性成果——个性化的解读，以拓宽学生视野。但个性化解读不应该是主体，而应该是补充，或作为个性化的研究供大家研讨，丰富大家的认识。注意，这只能作为其中一种非根本、非必然性的解读。

六是处理好语文必学内容与文本重点内容之间的关系。"学标""学情""学材"规定了语文课堂教学中必须学习的基本内容，也就是让教与学有明确的方向。但事实上，一篇课文特色很多，内涵很深，有好多内容可研究、学习、借鉴。如《背影》一文，有线索、有父亲买橘环境、有作者写作背景、有事件、有眼泪、有刻画人物形象的方法、有用词的准确性、有主旨思想、有朗读、有"我"的心理变化、有细节描写等等，对于这些，是不是都要学习呢？显然是不可能的。否则，就是胡子眉毛一把抓，就不是确定性的内容，而是杂乱无章。

在实际教学中，应该明确几个关键点，这是必须让学生学到的、学会的——线索、事件、事件发生的背景、父亲形象、刻画父亲形象的方法、所表达的思想感情。这里有"学标"的要求，有"学情"的体现，有"学材"的规定。只有在将这些问题真正弄清楚的基础上，如有时间，可以通过教师提问或学生质疑的方法对其他问题进行解决。即前面的几个问题是大问题，是基本问题，是主体性问题，而后面提问或质疑的问题只是小问题、细问题、辅助性的问题。这就做到了课堂教学的重点突出，详略得当，从而使课堂教学内容的确定落到实处。事实上，在一堂课想穷尽所有内容，是根本不可能的,必须有所侧重。

七是处理好“学材”与“教参”之间的关系。“学材”即学生学习用的文本,这是从学生角度提出并设计的,是为学生更好地学习语文服务的;而教参,则是教师参考书,是编者为了教师更好地从事语文教育教学工作编撰的大而全的、供教师参考的资料书,显然,教参是从教师教的角度提出并设计的,是与“学材”紧密联系,与之配套的。虽然教参是为教师服务的,但其核心点还是依据“学材”,从“学材”出发,其中的诸多内容,如分析、拓展、延展等等,均是“学材”的深化。所以,在具体教学中,即使自己对文本有足够的把握,也应该再借助教参,来剖析、研究自己的想法、思路是否得当、正确,在其基础之上,再次形成自己的教学方案,进一步准确地明确教学内容。

但教参终究是教参,是教学的参考,非教学的必须。所以,语文教师不可以此为终极依据,穷尽其所有内容,凡教参内容必讲,这是不可能的,也是不应该的,应该有自己的基本判别,对于确实重要的——特别是单元重点、文本重点必须完全地弄懂、弄透,而对于似是而非的一些内容,则不必深究,学会舍弃——什么都抓,将什么都无法抓住。

八是处理好文本教学内容与课时教学内容的关系。一篇文章的教学内容确定后,并不一定是要一节课授完的,有时需要两课时、三课时才能学完,文本教学内容必须与课时相匹配。此时,必须切实做好将文本教学内容科学分配到具体的课时之中,最终,课时教学内容总和与文本教学内容一致。而在具体安排课时教学内容时,还必须充分考虑到学生学习语文的规律、程序,由写什么开始,让学生整体感知课文内容,再让学生思考为什么写这些内容,将内容与主旨有机结合起来,还必须进一步引导学生分析作者是怎么表现这些内容和表达这个主旨思想的,即语言特色和写作手法,当然,这就要有选择地进行教学了,就必须符合前文所讲的一系列要求。如此,各课时才有各课时的重点,只有在每一个课时都确保目标达成的基础之上,整个文本的教学目标才算真正达成,教学内容的确定才有意义与价值。

“正语文”教育思想的核心就是语文教育必须“求正”——方向正、行动正、结果正。方向正首要的就是语文教育内容的精准确定——依据“学标”,服从“学情”,尊重“学材”。“学标”是大的方向,不可有丝毫的偏差;“学情”是教学对象的实际状况,这是重要的教学依据;“学材”则是两相结合的关键性载体,以此来达成“学标”,体现“服从”。“学标”“学情”“学材”三者不能有任何的偏差,都必须高度重视。只有建立在此三者基础之上的语文教育内容才是明确的、精当的、适宜的,教师的教和学生的学,才能做到实在、实惠、实效,才能做到有理、有利、有序,才能真正体现“因人而异”“因材施教”“因势利导”,最终实现课堂教学的真正改革,促进学生语文素养的提升,实现语文课堂教学的高效。

二、“正语文”课堂教学之施教策略

泰兴市洋思中学上世纪80年代独创的“先学后教”课堂教学策略,对推进课堂教学改革、改变师生教与学的行为方式、促进师生生命化成长有着重大的意义与价值。

然而在“先学后教”课堂教学策略的推广与实践中，却有不少语文教师认为，“先学后教”这种教学模式比较适合数理化等理科学科的教学，对学生学习数理化等理科学科有较大作用。但对于灵活性很强、开放性很广、答案多样性、结论求异性的语文学科不太适宜；而且，不少语文学科的专家和教师还认为，语文学科的教学必须高度重视教师的示范性、熏陶性、感染性，这样，才能更有效地促进学生语文素养的发展，而“先学后教”却是放权给学生学，学在教前，教在学后，这就减少了教师的示范、熏陶和感染，如果用“先学后教”的教学策略，学生的语文素养就不可能得到更好发展。这不就更说明“先学后教”对语文学科的课堂教学具有很大局限性吗？

果然如是吗？答案是否定的。

洋思中学“先学后教”的课堂教学改革策略并不是从数理化这些理科开始的，而恰恰是从语文的教学改革开始的，是在语文“先学后教”的教学策略改革取得经验、富有成效的基础上，再推广到其他学科中的。数理化等理科学科的改革策略是充分借鉴了语文学科的改革成果才得以推广与发展的。

事实上，从改革之初到现在，语文学科一直坚持着“先学后教”，而且语文学科所取得的成效较之数理化等理科学科更大——每年教师赛课，语文学科教师的名次均好于其他学科，学生语文学业成绩均优于其他学科，学生的语文素养明显超出其他学科，学校语文教师应邀到外地用“先学后教”教学策略的效果也明显优于其他学科，多于其他学科。

应该说，“先学后教”这种教学策略更适合于语文教学。

（一）“先学后教”的本质内涵

“先学后教”是课堂教学的两个最为基本的先后环节。

所谓“先学”，就是指在课堂上，在教师的科学引领下，同学们所进行的自我实践、自我探究、自主学习。

在语文学科的课堂教学中，“先学”就是指在课堂上，在语文教师所提出的“学习目标”和“自学方法”的引领下，同学们个体自我走进文本，研读文本，剖析文本，提出自己的见解、认识、问题、疑惑，努力通过自己的力量解决解读文本中的问题，获得文本中所得到的最大的启示与发展。

所谓“后教”，就是指在学生真实而充分地“先学”的基础上，在教师有效的组织与引导下，同学们彼此之间所进行的相互实践、相互探究、相互学习。

在语文学科中，“后教”就是指在学生个体充分地走进文本、研读文本、思考文本、探究文本之后，就“先学”时产生的见解、认识、问题、疑惑等进行相互交流、彼此互动、共同探讨，最终达到正确理解、形成能力、解决问题、把握文本内涵的目标。

从上面剖析可见，“先学后教”的本质就是自觉——师生双方的自觉。

教师的“自觉”——课堂不是作为教师的“我”的讲堂，“我”不是课堂的主宰；课堂上，作为教师的“我”只是一个组织者、引领者、引路者、引导者、引发者；课堂上，“我”只有一切依据学情、顺乎学情、尊重学情，才能做到“对症下药”“有的放矢”，才能使教学做到富有“针对性”和“有效性”，学生的提升才是真正的提升，学生的发展才是真正的发展，课堂的意义才能得到体现；课堂上，“我是教师，我只是‘教’学——教给学生学”成为教师意识。

学生的“自觉”——课堂上，作为学生的“我”才是课堂学习的主人；课堂上，只有积极参与，全心投入，“我”才能成长；只有主动地与他人分享，与他人探讨，“我”才能快乐；只有抢抓每一分钟，不让一分钟虚度，课堂才富有实效，课堂生命才富有意义，才能绽放生命色彩，“当堂学，当堂会，当堂学会”“人人学，人人会，人人学会”“不断学，不断会，不断学会”的目标才能实现；课堂上，“我是学生，我要学习”成为学生的自觉意识。

（二）“先学后教”更适合于语文教学

1. 语文的母语性决定

“先学后教”教学策略的前提条件就是学生要有“先学”的基础，即具有“先学”的可能性。由于语文学科的学习是母语的学习，只要这个学生没有智力低下、聋哑等先天性疾病，他们都有母语学习的基础——都能听、说、看，都有对社会、外界、人类的认识，都有自己的思考、评判，都生活在“母语”学习的大环境之中，都有母语学习的根基，这就为“先学”语文提供了强有力的前提保证。这完全不同于数理化、英语等学科的学习，如果没有任何的基础，确实事先未接触，未学习，未认识过，“先学” 确实会存在一定的难度。有一部分只不过规范性不强，理解性不深，但哪儿不规范，哪儿不能理解，各人因基础不同，故所教内容有所不同，这就是需要因人而异，因材施教了。

2. 语文的本质特点决定

《义务教育语文课程标准》中指出：“工具性和人文性的统一，是语文课程的基本特点”。而要充分体现其工具性的特点，使学生能够更好地掌握语文这样的工具，就必须通过长期的积累、积淀、实践，这就需要有意识地进行训练。这种训练可以在课内，也可以在课外，但必须以课内为主，而课内最为重要的就是运用“先学后教”教学策略——“先学后教”的一个重要特点就是“规律性”，通过实践来认识，通过训练来形成，通过反复来提升。同样，要充分体现其人文性的特点，使学生能够具有人文思想、人文品质、人文内涵，就必须在教学中通过内化、熏陶、感染、自悟、自省才能获得。而“先学后教”教学策略就是让学生进行全过程体验——“先学”是自我感悟，联系自己，联系他人，联系社会，联系课文，从中理解文章情感；“后教”是彼此交流，沟通思想，互通情感，加深理解文章的内涵思想。

3. 语文的优秀传统教法决定

在母语的教学中，以启发式教学思想影响最大。“启发式”教学思想由中国最著名的教育家孔子提出，并通过自身的母语实践来体现。“启发式”不是简单地“启示开发”，更不是学生一遇到疑难，教师就给以帮助、启示、点拨。“启发式”发源于孔子之“不愤不启，不悱不发”这句话。言外之意就是要到学生口里想说却说不出的时候去启发，要到学生心中想理解却理解不了的时候去启发。也就是说一定要让学生动脑筋理解到一定的程度，而“先学后教”就是“逼着学生”动脑筋到一定程度，绝不是让学生浅尝辄止，只要一有困难就导、就引。“先学”强调教师要做到“三不”——不提示、不暗示、不揭示，“后教”中无论是“请教”，还是“互教”，教师都不是就问题讲问题，而是先让学生来解决，反复研讨后解决，教师只是起组织引导作用，由此观之，“先学后教”教学策略就是不让教师随意出场，而是让学生通过自己的努力和彼此之间的合作，达到“愤”和“悱”的地步，在此基础上教师才出场进行“启”与“发”。

4. 学生生活的丰富性决定

我们知道，语文的外延与生活的外延一致。现在学生生活更为丰富，视野更加开阔，阅读更加广泛，它们都可以说是语文学习的资源，这与学生的数理化等理科和英语学习截然不同——这些学科在学生生活中的表现不是非常明显与突出，所以，学生体验自然就没有语文来得深刻。“每一个学生都是一本书”，一个班级有五十来个学生，他们见识不一样，经历不一样，见解不一样，思想不一样，角度不一样，不管这个语文教师多么“博览群书”“能力超群”，都是不可能超越“学生们”的——1 比 50，是多么难的事！更何况，语文答案与数理化等理科答案有着本质的不同，语文重在“求异”——语文是主观性很强的学科(当然，客观知识除外)，而数学重在“求同”——数学是客观性很强的学科，语文答案往往是“言之有理即可”。再者，社会变化太快了，学生年轻，接受外来事物信息的能力很强，很能够做到“与时俱进”，而我们的教师尽管也在“适应”，但毕竟“岁月不饶人”，常有“怀旧”之情，“排他”之意，故也难“敌过学生”，教师适应性就没那么强——这与客观学科数理化有着根本的不同。怎么解决这一问题?“先学后教”是最好的教学策略——在“先学”中让每个人结合自身的思想进行感悟，在“后教”中说出各自的认识体会进行交流，教师只是根据其思想进行适当的引导，而不是进行抢占、排斥、统一。这样，既尊重了学生，更让处于“劣势地位”的教师个体也能提升自我，更好地促进学生的发展。

5. 新一轮语文课程改革的要求决定

“先学后教”教学策略无不体现着课程标准基本理念中提出的诸多理念。

“全面提高学生的语文素养”是基本理念中的首要理念。其中强调“九年义务教育阶段的语文课程，必须面向全体学生，使学生获得基本的语文素养”，要能够“面向全体学生”，光“教”，或先“教”，显然是不能做到面向全体的，因为“教”的施动者是教师，学生是受动者，要让所有学生都能理解教师“教”的思想、内容、方式，显然是不切实际的。只有先让学生“学”，通过学生的“学”，教师依据“学情”，顺乎“学情”，针对“学情”来进行有的放矢的“教”，这样的“教”就有了针对性，学生学习才具有有效性，这样“面向全体学生”的思想就得到真正的体现。事实上，在前面，我们也阐述了“学生性”本就是“先学后教”的一个重要特点，而在语文这门公共学科中更为突出罢了。

“正确把握语文教育的特点”是第二个理念。其中强调“学生对语文材料的感受和理解又往往是多元的”，“同时也要尊重学生在语文学习过程中的独特体验”。也就是说学生的理解是各异的，体验是不同的，这是由个体差异决定的，即“横看成岭侧成峰，远近高低各不同”。如果教师“教”在前，或全“教”，那么，学生往往受到暗示等影响，即使有不同的感受与理解，其结果会在不知不觉中被教师牵着走，他们就会附和着教师，追随着教师，其“多元”理解就不可能实现，“多元”理解就变成了“一元”理解，或者说表面是“多元”，实质上还是“一元”，结果，语文的“求异”性变成了数理化的“求同”性，教师的体验成了学生的体验，教师的认知代替了学生的认知，语文教学特别提倡的“一千个读者眼里有一千个哈姆雷特”的思想也无从体现。只有在让学生先“学”的基础上的“教”，才能充分保证学生语文学习的“独特体验”，才能确保语文材料的“多元理解”，才能体现“尊重学生”，这样学生的体验才独特，才深刻。

“积极倡导自主、合作、探究的学习方式”是第三个基本理念。其中强调“语文课程必须根据学生身心发展和语文学习的特点，爱护学生的好奇心、求知欲，鼓励自主阅读、自由表达”。当今学生为什么缺少创造力？就是因为缺少了好奇心、求知欲。为什么缺少好奇心、求知欲呢？其中一个重要原因就是教师“包办代替”，以“教”开始，以“教”贯穿始终，或者表面让学生学，实际上还是处处不肯放手，处处都在干预，或者是表象的调动，没有从根本处激发学生学习语文的兴趣。怎样才能真正保护学生的好奇心和求知欲呢？真正放手让学生先“学”，让学生先进行自我解读、自我认识、自我消化、自我内悟、自我探求，教师不去干扰，不去提示，只观不语，这就充分保证了学生学习的主体地位，这其实就是一种真正的“自主学习”，在充分“自主学习”的基础上，再让学生彼此交流、互通有无、解决对方问题、“自由表达”阅读见解，在互动中发现、提升、发展，教师只是做一个组织者、引导者、启发者，适时地参与他们的活动（是适时，而不是越俎代庖），最终还是由学生们自己来解决问题、分享成果，这不就是“合作学习”吗？这种合作是在教师引导下的学生之间的合作，更能保护学生的好奇心和求知欲。至于“探究学习”，它应该是贯穿于学生学习语文的整个过程，无论是“先学”，还是“后教”，“探究意识”“探究内容”“探究行为”等等都实际上得到了体现，而绝不是另立一个环节，此为“探究学习”，如果这样理解，那是曲解“探究”之意了。

6. 语文教学内容、构成要素决定

语文的教学内容包括了字词教学、阅读教学、写作教学、口语交际教学、综合性学习、语法修辞教学等。然而，无论哪一项内容的学习都必须以学生的感性认识为前提和基础，而不是以教师的讲解为前提，只有有了感性的认识——无论是正确还是错误、深刻还是肤浅、表象还是本质，只有针对学生实际存在的语文学习中的问题有针对性地教学，教师的主导与引导作用才能得到真正的体现，这样的语文教学才能真实而深刻，有序而有效。这与“先学后教”课堂教学的思想从根本上是一致的，“先学”即初步感受语文学习内容，获得自身独特的感性认识，发现自身在认知过程中存在的不足与缺陷，“后教”就是不断地完善自己的语文学习内容，不断地纠错，不断地填补缺陷，最终由感性的语文学习上升为理性的语文学习，从而使语文学习的内容发生质的改变与发展，促进学生语文学养的进一步提升。

语文的构成要素有学生、教师和教材。在课堂教学系统中，这三个要素有着各自独立的地位与作用，但又作为有机整体的一部分而统一于整个语文课堂教学之中。要想使语文学科的教学富有实效，忽视哪一点都是不可取的；只有把这三个教学要素作为语文教学的一个整体来看待，在动态的语文教学过程中和谐地处理这三者关系，以矛盾求统一，最终才能形成语文教学的动态平衡。因此，我们必须努力实现三者的思路（包括教材中作者的思路、教师教学语文的思路、学生学习语文的思路）的统一，三者的认知结构（包括教师认知结构、学生认知结构、教材认知结构）的统一，三者的情感因素（包括教师教学情感、学生学习情感、教材蕴含情感）的统一。

显然，“先学后教”是实现三方面真正统一的最为有效的教学策略：“先学”前，教师依据教材和学生的思路、知识结构、情感思想进行了有效的备课，形成了教师教学的思路、知识结构和情感思想；“先学”时，教师通过课堂“学习目标”和“学习方法”的引领与指导，让学生明确教师的思路、方法、内容，形成了教与学的一种自然的默契，从而促进学生有效地走进文本；通过“先学”，文本、教师、学生三者的思路、认识、情感出现了偏差、矛盾甚至对立，在这个时候，“后教”就显得必要和及时，“后教”的一个特别重要的作用就是让三者同向与统一，“后教”采取的方法主要是对话（包括师生对话、人本对话）、质疑、研讨、交流，“后教”特别倡导师生“问文本”（研读文本，向文本请教，对文本的正确解读）而非教师“讲文本”，这是最终求同化异、实现三者和谐一致的最有效的办法。

要教好语文，要学好语文，必须首先放手让学生先学，让学生先去理解，让学生先去思考，让学生先去回顾，让学生先来表现，让学生先进行听说读写思，让学生先出现问题，让学生先内化问题，让学生先通过自我的力量来分析解决问题，让学生通过自我的实践来加深对问题的理解与探究，让学生先走进文本自我解读以理解剖析文本，这必须要让学生“先学”；光由学生“先学”远远不够，还必须在“先学”的基础上，针对学习中的问题进行有效地“展示”“交流”“互动”“总结”，达到最终理解并掌握应知应会的语文知识，逐步形成语文学习的能力，获得语文学习的情感，提升语文学习的素养，这必须要进行有效的“后教”。

（三）“先学后教”的核心思想

“先学后教”既是一种教学策略，也是教学思想，它充分体现了“少教多学”的现代教学思想。

“少教多学”之教学理念源自新加坡，在中国基础教育界盛行，倒不仅仅因为它是外国货、舶来品，更主要因为它与中国现今所进行的课改思想不谋而和，尤其对中国新课程改革的二次推进具有指导性的价值与意义。“先学后教，当堂训练”教学模式，在中国基础教育界很有影响，因为它充分体现并且实践着“少教多学”之教学理念，收到了很好的教改效果。

1. “先学”体现“少教多学”

所谓“先学”，就是在课堂上，在语文教师科学的引领下，学生先自我走进文本，自我解读文本，自我思考文本，自我质疑文本，自我解析文本。

比如，学习《花儿为什么这样红》(江苏教育出版社八年级下册第十五课)一文：

上课铃一响，教师走进课堂，师生问好后，教师迅速揭示课题：“同学们，这一堂课我们一道来学习说明文《花儿为什么这样红》。”接着，教师就三言两语引出本课的“学习目标”：“这一节课，我们所要达到的学习目标是：通过自读、思考、研讨，能够正确把握文章说明内容，理清文章说明结构，明晰文章课题内涵。”(如果有投影，则不必教师说出具体目标，而是引导学生看投影)。

待学生弄明本课时的“学习目标”后，教师就引领学生围绕“学习目标”进行三次富有实效的“自学指导”：(1) 请独立、认真默看全文。遇到生字词，自己查字典解决。同时，积极思考：本文主要说明的内容是什么？本文属于实物说明文还是事理说明文？为什么？八分钟后，比谁回答正确，分析有道理。(2) 请再读课文，结合全文，积极完成“探究・练习一”。(原题是：课文在具体说明的基础上总结说：“花儿这样红，是大自然的杰作，更是人工培育的成果。”为什么这样说呢？试从这两个方面着眼，画出课文的结构图来。图形不拘一格，但要能够概括课文的主要内容，明晰课文的结构，使读者一目了然。)请将思考结果写在教师下发的白纸上。四分钟后，比谁能出色地完成任务！(3) 请联系全文，积极思考“探究・练习二”。(原题是：《花儿为什么这样红》原是一首歌曲的名字，作者借来作为标题，而且贯穿全篇，引起每一层说明，这样写有什么好处?)。四分钟后，比谁完成得好！

在明确了本课时所应达成的“学习目标”和所采用的“自学指导”后，学生个体就独立、自由地自我走进《花儿为什么这样红》一文，认真研析，自我解读，积极思考，努力依靠自己的力量解决问题，达成“学习目标”。学生自学期间，教师只巡视、观察、了解、调查，必须做到“不提示、不暗示、不揭示”，也就是教师不能轻易说话，不得提供学生答案，不随意启发学生，不干扰学生的学习——教师在此时充当的是观察者、调查者、思考者、旁观者、督查者的角色。

由上面示例可见，在“先学”之时，教师切实做到了“三快”：

(1) 入题快

凡课都有入题这一环节。洋思中学要求课堂上绝对不能“旁逸斜出”“拖泥带水”“拖拖拉拉”“拉场子”“走形式”“搞花样”“作秀”，坚决杜绝用所谓“创设情境，精彩导入”之法揭示课题，而应该入题要快，做到“兵贵神速”“干脆利落”“开门见山”“直奔课题”，要最大限度地节省导入时间，尽可能早地把文本的学习权给学生，让学生一进课堂就进入文本学习的“情境”，让学生去自己创造文本的“情境”，而非靠教师所谓的“创设”进入文本的学习。所以，洋思的导题很简单，虽然不够吸引人，但是以最快的速度进入了学习的文本：“同学们，这一堂课我们一道来学习一篇说明文——《花儿为什么这样红》。”这样的导入连同问题不超过半分钟，导入时间少了，学生的学习时间就相对增长，这不就切实杜绝了由于教师繁琐导入而导致的把握时间过长致使“多教”，学生学习时间相对不足致使“少学”的现象吗？

(2) 引领快

为确保“先学”富有成效，“先学后教，当堂训练”教学模式要求教师必须切实做好引领工作，包括引领方向、引领方法两个方面。方向即是“学习目标”，方法即是“自学指导”。同样，在引领之时，教师仍是没有拖场子，没有进行任何预先的告知、暗示、提示、揭示，没有进行讲、说、演、示，而是简洁地出示“学习目标”，并迅速地引出“自学指导”——“学习目标”和“自学指导”是教师课前依据课程标准、教材和参考书、学生学习基础精心设计的结果，语言特别精练，目的是确保学生真正“自学”时，做到“自主但不自流，放手但不放任”，在最短的时间内理解“学习目标”和“自学指导”的关键与内涵，能够围绕课堂目标高效地“自学”。这样的“引领”三下五除二，科学、快速(如果有投影的话，则更为迅速，一般会超过两分钟，有时一分钟即可)，这就节约出更多时间，为后面高效、充分地“自学”提供了时间保障，使学生“多学”成为可能。

(3) 放手快

一旦学生明晰本课时的“学习目标”和“自学指导”，教师便一不做二不休，“撒手不管”学生学习了，自觉而主动地让学生“自学”，把语文学习权——读书权、研究权、思考权、解答权、尝试权、创造权还给学生，让学生自由自在地自我学习文本，与文本对话，用已知去解读文本的未知，形成自己独特的“哈姆雷特”，真正地做起语文学习的主人来，努力地依靠自我的力量解读、研析文本。

在学生“自学”的这段时间内，不管其在解读文本过程中出现什么情况，会还是不会，能还是不能，行还是不行，全还是不全，教师只是巡视、观察、了解，而决不“开口”“动手”帮助解决学生的任何问题，以克服其惰性，培养其自己解决问题的能力，确保其将“自我解决问题”能力最大化；如果发现学生时间不够，则适当延长自学时间，以保证其“要学就学个够，要学就学个透”。

显见，在学生“自学”时，教师不干预、不干扰、不参与学生的任何学习活动，几乎是“不教”，如此，学生则是“多学”了，“全学”了，这就让学生的“自学”变成“真自学”“深自学”了，学生“自学”效果自然不言而喻。

“先学”之“三快”，为“少教多学”开了好头，使“少教多学”落到了实处，成为了必然。

2. “后教”体现“少教多学”

所谓“后教”，就是在学生“先学”文本的基础上，在教师积极的引导下，通过“互教”——学生与学生之间以合作、研讨、交流、帮助等方式解决问题、理解文本内涵、把握文本特色、达成文本目标。

还以《花儿为什么这样红》的学习为例进行剖析。

学生在“学习目标”的引领下，在三个“自学指导”的指引下，通过个体充分的“先学”，应该对“自学指导”中的问题都有了自己的认识与理解。当然，这种认识与理解有的完整，有的残缺；有的深刻，有的肤浅；有的正确，有的错误；有的有答案，有的无答案。但不管怎么样，都是经过“自学”后的结果。

当学生在通过“自学”，解决《花儿为什么这样红》“自学指导一”这一问题时，我发现“试从这两个方面着眼，画出课文的结构图来”这一问题绝大部分同学理不清、弄不透、画不当。于是，这一问题就成了共性问题。我没有直接讲解，而是在洞察全班学情的基础上，先引导学生“同桌互教”纠正部分问题，再从中选出三个富有典型错误的图表，通过实物投影，引导大家结合《花儿为什么这样红》一文，通过反复读，反复思，来辨析对还是错，对在何处，错在何处，如何修正，你怎么知道的，又是如何理解的，这样，在你说我说他说的基础上，修正、完善了图表，解决了问题，加深了认识，理解了文本。

由上面示例可见，在“后教”之时，教师应做到“三导”：

(1) 导问题

在“先学”之前、之时，均没有教师的“教”(讲授)，故学生在“先学”中必然存在这样那样的问题。这些问题是不是都要解决呢？原则上应该都解决，但由于课堂时间有限，而问题来源于所有学生，可谓多而杂，广而碎，所以所解决的问题必须具有代表性、典型性，这样才能集中有限的时间予以解决。这样的问题怎么发现呢？必须依靠教师“先学”时的观察——实施走动式教学，走到学生中、学生里、学生旁，“火眼金睛”，“眼观六路，耳听八方”，从大量的问题中提炼出共性的问题来。像上面学生不能正确画出课文结构图就是共性的问题。这个问题虽然是教师发现的，但绝对不能由教师自己说出来，而应该“导”出来，即让几个学生分别说出自己的理解，或者在学生理解的基础之上，不断追问，最终从追问中导出共性的问题。问题一旦导出来，那么，就有了解决问题的重点，就可以集中优势力量解决了。导问题的过程，实际上是学生展示自己理解、暴露自己问题的过程，也是教师发现问题、进行“二次备课”、有效调整教学的过程。问题的导出，使“教”什么变得更加集中而有效，为“少教”奠定了基础。

(2) 导方式

导出了共性问题，下一步就应该有效地予以解决。洋思课堂强调解决问题的权利不应该是教师的，而应该是学生的，教师应该把“教”的权利拿出来，应该还解决问题权给学生。即教师不能讲问题，不能说答案，只能进行“导教”——引导学生进行“互教”。在学生共性问题暴露后，教师通过多种方式引导学生“互教”——同桌“互教”(同桌互研、交流)、小组“互教”(前后四人小组“互教”)、自由“互教”(自由下位，彼此“互教”)、全班“互教”(动员全班进行“互教”)，逐步有效地解决问题。当然，这几种“导教”的方式不能搞一刀切，不必每一节课都必须经历这四个层次，“导教”方式的选择，因课堂而异，必须灵活机动地进行处理。如果说“先学”属于学生的“独学”，这时的“后教”从本质意义上说就是我们所讲的“互学”，它是学生“学”的另一种方式，此之谓“独学而无友，孤陋而寡闻”。——这样的“后教”方式不就是“多学”的充分体现吗？

(3) 导策略

“后教”方式解决了谁“教”的问题，却未能提供用何种方法解决学生出现的问题。任何一门功课的学习，必须要有学习策略、解决问题的策略。这种策略应该是具体的，而非空泛的。为此，洋思中学强调为用好“先学后教，当堂训练”教学模式时，必须在课前设计好“学生出现问题时富有针对性的解决策略”，但这种策略，不是教师讲出来的，而是教师根据教学实情一步一步“导”出来的。

如上例，学生出现不能正确画出课文结构图的问题，教师引导学生“互教”，就采用了“结合课文读、思、辩”的策略，最终在你说我说他说中，让学生明白了自己问题出在哪儿，理解了文章的内容。

再如，我们学习莫泊桑之短篇小说《我的叔叔于勒》时，学生不能正确判断“本文的主人公是谁”的问题，有的说是“我”，有的说是“于勒”，有的说是“菲利普夫妇”，莫衷一是。在四大“导教”方式的基础上，学生仍不明白，怎么办？我就一步一步进行引导：(1) 小说的主人公由什么决定？（主题思想）(2) 本文的主题思想是什么？（人与人之间是金钱关系，有钱则亲，无钱则疏）(3) 本文主题思想主要是通过谁来体现的？（菲利普夫妇——对于勒有钱和无钱前后态度的变化）(4) 由此可见，本文主人公应该是谁？另两个人物在小说中又有怎样的作用？（主人公是菲利普夫妇，于勒是线索人物，全文以于勒的命运变化来推动故事情节，“我”是见证人，虽然贯穿全文，但作用正是表现其真实性、可信性）(5) 大家看小说《七根火柴》，主人公是谁？另一个人物在全文中有何作用？（主人公是无名战士，卢进勇是全文的线索人物——这是学以致用）。

总之，在“后教”中，教师作用不是“讲”，不是“说”，只是根据学生学情进行“导”，在学生“读不透的地方”“读不明的地方”“读不清的地方”“读不到的地方”进行引导，最终答案、规律、特征由学生自己得出。学生的“互教”是明线，教师的“导教”是暗线，“后教”中“导教”与“互教”彼此融合，相辅相成，相得益彰，共同为学生最终获得起作用。

“三导”，强调了教师在面对学生问题时所采取的态度，即使学生有问题，教师仍不必着急讲给学生听，而是把解决权给学生，让学生“互学”“研学”，教师重在引导。这样，教师在“后教”中的作用就变成了“导”，以“教”导“学”，以“导”促“学”。“少教”变成了“不教”，变成了“多导”，学生仍然是全过程都在学习，“少教多学”在“后教”中得到了完全的落实。

3. “当堂训练”体现“少教多学”

所谓“当堂训练”，就是在课堂上，在“先学”与“后教”的基础上，教师引导学生围绕

“学习目标”，通过“课堂训练”检测学生理解文本内涵、能力提升、情感发展、知识迁移情况。

比如，《花儿为什么这样红》的“当堂训练”有两次：大自然中有着数不尽的为什么，“花儿为什么这样红”只是一个微乎其微的问题。请你就大自然中的某个现象提出类似于本文的问题，并努力用所学知识如本文结构一样给以解答。三分钟后，比谁能将问题设计合理并且结构准确。（该题在“自学指导二”完成后出示完成）选出你写过的一篇作文，请你也学着本文用歌词做题目的方法，行吗？三分钟后，比谁讲得富有道理。（该题在“自学指导三”完成后出示完成）

出示“当堂训练”后，教师即给定时间，让学生自由思考，静等学生回答，在具体回答之后，再让学生自我评定，同学评定、补充、完善，在学生评定的基础上，教师进一步引导出应用的规律。

由上面示例可见，在“当堂训练”时，教师做到了“三不”：

（1）不偏旨

“学习目标”是课堂教与学的纲。应用“先学后教，当堂训练”教学模式教学同样如此。特别是在“当堂训练”中，“训练题”必须紧紧地围绕着本文的“学习目标”，并且与“自学指导”均有很大关联，它来源于“自学指导”，又是“自学指导”的拓展与延伸，这样，对于学生“活学活用”《花儿为什么这样红》相关知识点有很大的益处，这就化死知为活用，全面促进了学生语文素养的真正提升。

（2）不指导

叶圣陶曾说：“课本无非是例子。”“当堂训练”题实际上正是“课本”例子的应用，上面两次“当堂训练”都是围绕“自学指导”题而设计的类似的训练题、检测题。因此，在“当堂训练”时，教师不对学生进行任何的指导，因为学生已经“学”过了，“教”过了，此时，只不过是“拓展”“迁移”罢了。会，是理所当然；不会或不完全会，都说明“学”和“教”效果不佳，这于师生“教”与“学”均值得反思，从而更好地改进“教”与“学”。——只有“不指导”才能达到上述效果。

（3）不置后

“当堂训练”四个字中，“当堂”两个字很重要，要求所有的训练必须放在“课堂上”，而不是放在“课后”，必须做到“练”在当堂，上面所列举两次“训练”均在课堂之中，紧跟“后教”，水到渠成。这样做的最大好处，就是迫使我们的教师在课堂上必须“少教”——不“少教”，只管自己讲，学生怎么有时间“训练”呢？此处的“训练”不就是另一种意义上的“学”吗？因为“不置后”，而使课堂教学更为紧凑，必须通盘考虑、构思“学”“教”“练”，必须在“少教”上做文章，才能实现学生的“多学”“多教”“多练”。

“当堂训练”中“三不”的要求，使学生成为了训练的主人，时间全由学生自己把握，问题全由学生自己解决，没有丝毫的松懈，全力以赴、全神贯注、全心全意地进行自我反馈，使“学”与“教”所得进一步消化与深化，而教师也得到了“解放”，只需切实做好监督者、关注者、激励者、检测者、提升者，使学生更好地进行“训练”。在“少教”与“多学”中，师生各得其所，相得益彰。

事实上，“先学后教，当堂训练”是一个完整不可分割的整体，全程体现了“少教多学”之教学理念，完全没有必要分割析之；分开讲，完全是为了理解的方便。

从“教”与“学”的时间安排看，“教”（讲）绝不会超过10分钟，“学”绝对要超过35分钟（可参见2001年《中国教育报》天津教科院王敏勤教授《每堂课教师只讲4分钟——洋思中学经验给我们的启示》）；从“教”与“学”的内容看，“教”（讲）必须依据“学”，精“教”（讲）、少“教”（讲），必须“教”（讲）学生真正不会的，学生会的不“教”（讲），“学”必须贯穿课堂的全过程，课堂的全过程必须让学生“独学”“互学”“练学”。

（四）“正语文”课堂教学之“七变”

“正语文”课堂教学改变了很多传统教学中“不正”之做法，使之更加符合现代教育理念，使语文教学更加实在高效。

1. 变“课前预习”为“课堂先学”

“凡事预则立，不预则废”，这一古语特别强调课前预习的重要性。所以，传统的语文教学一般是：课前预习—课堂学习—课后作业。

但这样预习真的有利于语文学习吗？

首先是“真”的问题。这样的预习是“真”的吗？凡是做过教师的，尤其是做过语文教师的都知道，语文作业是所有学科作业中弹性最大的学科——往往总是放在最后做，有时间就做一些，没时间就马虎做一下，再没有时间就交一下差事，有的甚至“破罐子破摔”，什么作业也不做。试问，这样做出来的所谓预习有什么意义和价值呢！

其次是时间的问题。凡事都必须要有时间完成，学生的预习作业自然不止是语文，其他学科都需要，不仅有预习，还要有巩固性的作业，如此说来，课前作业过多，时间从哪里来呢？其他功课是没有办法“忽悠”的，特别是数理化，因为其容易量化，而语文却不然——没有硬性的规定，似乎做与不做一个样，最后只能是把学习语文的时间给撤掉。

再次是兴趣力的问题。如果课前真的做了预习，而且是认真地进行了预习，那么，课堂学习还那么充满情趣吗？否。我们知道，凡事如果有了好奇心、尝试欲、新鲜感，学习效果就好。怎样才能达到这种效果呢？第一次学习——第一次接触文本，第一次思考文本，第一次深入研究文本——这就是首因效应。而如果错过了第一次，或者第一次学得比较漂浮，则第二次、第三次学就会费力而低效，甚至出现排斥的行为。所以，第一次学习是最为重要的学习，是教师能否引发学生学得有效的重要举措。

第一次学习，学生始于不知道，始于对所学内容的陌生，故而有一种急切的探究之心，从而引发心理的强烈需求，这就是“陌生化学习”。

也许有人讲，有些学生没有进行课前预习，那么，按你所说，在课堂上学习不是第一次学习吗？学习效果就不好了吗？本应如此，但由于教师不可能在课堂上让出时间让学生第一次学习文本内容，教师上课是建立在学生已经预习的基础之上的，是不管学生有没有预习都必须往下进行的，所以，这些没有预习的学生学习效果更差，因为这样的教学是——对牛弹琴。

鉴于以上认知，“正语文”教育之课堂教学研究组改变了传统教学策略——取消课前预习。而把所有的学习过程放在课堂进行，在课堂上让出时间让学生“预习”——变“课前预习”为“课堂先学”。这样做的好处有七点：

一是让学习看得见。在家是否真预习是无法看见的，只能凭感觉或书面作业的检查。而现在却都在课堂上，每一个人都在教师的眼皮底下学习，这样学习是真实的，而不是形式化的。真实是课堂学习的起点。

二是让学生充满好奇地学习。因为学生事先并没有做准备，是第一次学习，自然会充满好奇、新鲜，会自觉地进行探究。

三是让学生学习充满竞争。由于每一个学生对学习内容事先都不知道，所以，对于每一个学生都是公平的，都在同一起跑线上，学生竞争性自然增强。

四是让学生暴露真的问题。由于不是课前的预习，是大家一起在教师组织下的学习，所以，学生学中暴露的问题就是真实的，这就为后期有针对性地解决问题奠定了基础。

五是让每一个学生都成为学习者。为每一个学生的成长奠基，是新课改的主导思想。而要真正实现之，就必须让每一个学生真正成为学习者。无疑，这种策略的实施，让每一个学生都必须投入学习之中，因为全程都有教师的参与、关注。

六是切实减轻了学生的学习负担。没有哪一个学生希望课后有大量的作业。显然，这样教学，学生课业负担就真正减轻了，就能够真正将学习时间移到课堂上，从而提高了课堂的学习效率。

七是促进了教师真心投入课堂教学改革。课堂教学改革，重心在课堂。这就要求教师切实做到“向四十五分钟要质量，向四十五分钟要效益”。而这种“要”，显然就需要广大语文教师切实科学优化课堂教学结构，不让一分钟虚度，提高每一环节、每一分钟的效度。

2. 变“争时间，做形式”为“守规矩，做仪式”

为了让学生能够学好自己所教功课，很多语文教师想着法子，拼命地争抢教学时间——因为课堂时间不够用，而教学的内容又是那么多，题目又是那么多，试卷又是那么多，作业又是那么多，辅导资料又是那么多——不抢时间，这一系列的内容如何完成得了呢？而完成不了，学生又如何发展好呢？于是，一不做，二不休，视教学常规于不顾，我走我路，我行我素，便出现了——

上课铃还未响，教师却已经早早地来到教室，已经在黑板上写了课题，已经放了投影，教师早就站在了讲台上；预备铃响了，这本来是让学生预备的时间，教师已经迫不及待了，形式化地叫了上课，互问师生好，便开始上课了，而全然不顾下面学生是否开口，是否准备好；下课铃响了，教师是充耳不闻，将课堂继续进行下去，三分钟未下课，五分钟未下课，直到最后的两分钟才下课——要不是下一位教师在课堂外等着，说不定还要继续到上课铃打响之后，当然，也没有下课的仪式，更没有师生互道“再见”了；而事实上，如果前一位教师准时下课，下一位教师就会在上课铃响之前，随即赶上去，开始上课前的准备。

以上争抢时间，只做课堂教学的形式的现象无处不在，特别是毕业班，在临近学校抽测之时——一切为了质量，一切为了分数，可以什么都不遵守。岂不知这样做的坏处太多了，表面是教师的认真负责，实际是在摧残学生、摧毁制度，对学生起到了错误的价值观的引领作用。

试想一下，学生在校时间就只由两段时间构成，一段是课堂，一段是课间。现在，你教师把课间时间强占了、瓜分了，请问，学生始终在这种高强度的教学之下，如何受得了！这样学出来的一点成绩，与学生长期形成的身体恶疾相比，孰轻孰重呢？这不是典型的摧残吗？这不仅不是为了学生好，更是加深学生的痛苦。可惜，小小的学生哪里懂这些呢？许多学生成人后的病都是在学校里引发的，不是吗？

教师应该是执行制度的楷模，应该给学生示范与引领，身教永远重于言传。如果言行不一，如果不带头执行制度，请问，会给学生怎样的影响——教师原来也是说一套做一套之人，教师原来也是“虚伪”之人——上下课的基本要求不去遵守。这要求不仅是学校的要求，而且是国家的要求，你带头违反，学生也就不把你说的话当话，也就可以随便行事，你这是把学生带到哪里去呢？诚信、守时之品质如何在行动中落实呢？也许有人说，你这是小题大做。错了，这是真正的从小事做起，小事的影响是潜移默化的，长期下去，学生还有规矩意识，有纪律意识，有时间意识吗？——因为他们就是在这样的环境中度过的。为什么中国的规矩意识薄弱？教师的行为、学校的教育不能说没有影响，或者说，这种影响是潜在的、长期的、不易察觉的。

故此，“正语文”教育之课堂教学研究组提出要求变“争时间，做形式”为“守规矩，做仪式”。即要求所有语文教师在课堂教学过程中，严格按照课堂规矩教学，老老实实、规规矩矩做好份内之事：

在预备铃响后，微笑着站在教室门口候课，观察每一个学生。此时，学生一定也会做好一切准备工作，眼光注视着教师，实现师生配合的默契。

正式铃响时，满怀激情地踏着铃声走进课堂，等铃声响后，面带微笑，说“上课”，然后很严肃而庄重地师生问好、鞠躬后，再说“请坐”，仍看着每一个学生，而不是迫不及待地转过身板书，也不是急切地翻看教案。此时，就真正实现了师生情感的互动，只有教师真正关注到每一个学生，发自内心地说“同学们好”，同学们才感受得到教师的热情，并同样回报给教师。

在整个上课过程中，教师和学生都严格地遵守课内规则，不随意、随便、马虎，而是一切从实际出发，切切实实地解决教与学中存在的问题，从而使每一个人都认真起来，都行动起来，都发展起来。

下课铃响了，教师应该立即收口、收手、收行，如果实在还有未说完的内容，则应该在不超过一分钟内完成的情况下收住，超过一分钟，则弃之不讲；然后，按照规定互道“再见”鞠躬后，即让学生下课，而不是拖课或做干扰学生的事。显然，这样做让每一个学生都可以感受到来自教师的严格、认真、守信，从而受到感染。而这种感染可能会影响到学生一生，这样，教师的榜样作用也就显现出来。不拖课，同时也逼着教师真正主动进行课改，从而真正意义上提高课堂效率。

3. 变“创设情境，精彩导入”为“开门见山，直奔主题”

现在，几乎所有的课堂总是从教师的“精彩导入”开始的，不管需不需要，都是如此。理由是“好的开头是成功的一半”。语文学科尤盛，更有所谓的“创设情境，激发情趣，精彩导入”之说。所以，几乎每一节语文课都是如此。

这种“精彩导入”有的是通过投影显现，有的则是通过教师课前精心准备的语言显现，有的则是通过课前准备的精彩活动显现，凡此种种，不一而足。一句话，没有精彩导入，就不是一节完美的课，就不是一节高效的课，就是一节有缺憾的课，就是问题多多的课。

在实际操作中，这种导入时间常常少则三五分钟，多则十来分钟——试想一下，一节课本就只有四十来分钟，怎么经得起这么长时间无关主旨的荒废？

再有，在教师有意与无意的所谓“精心、精彩导入”的过程中，文本的主要内容、人物形象、写作特色、主旨思想、语言风格常常在提示、暗示与揭示，聪明的学生总能从教师的言谈举止、神情表现中捕捉到后面问题的答案——试问一下，在平日无教师导入的情况下，在真正的语文测试卷中，谁会给你导入呢？无不是“自编自导”，自己读文，自己思文，自己探文，自己研究罢了，哪有什么“导入”呢？常言说：“学法即教法。”为什么在语文课堂上却是教法是教法，学法是学法，教法与学法是两张皮呢？

为此，“正语文”教育之课堂教学研究组提出了变“创设情境，精彩导入”为“开门见山，直奔主题”的教学策略。也就是说，取消所谓的师导，把师导变为学生的自学，教师只是起到组织上课的作用——同学们，我们这节课一道来学习《×××》。

这样的导入，有人或许说，太简单了吧！太无趣了吧！太不像语文课了吧！

我们常说，学生是课堂学习的主人。何谓主人？就是让学生说主人的话，让学生想主人的事，让学生干主人的活，让学生尽主人的责。既然学生是主人，为什么教师老是代替、诱惑主人做事、干活呢？既然学生是主人，就应该一上课就让学生做学习的主人，而不是在教师表演、表现、表达之后再让出权利给学生，这不是彻底的让权——不应该是“让权”，而应该“还权”——教师不进行“精彩导入”，实际上是真正的还权，从一上课就还权，这是教师应该具有的胸怀，这是新课改的重要思想，这是学生发展的真正需要——事实上，只有真正从一上课就让学生做主人，学生的主人翁意识才会增强，才会真正感觉到学习是自己的事，才会真心地投入，探究，研究，成长——学习是学生自己的事，教师只是推动者、促进者而已。

类似于语文学科中“创设情境，精彩导入”的现象还很多，“范读课文”便是。教师必须要有读书的基本功，其目的不是表现给学生看、听，而是在教学中通过与自己比照，从而发现学生读书的问题——是不是正确，是不是流利，是不是有感情，是不是符合人物身份，是不是能够凸显文章主旨。发现是为了解决。发现后，必须对症下药地有效解决。怎么解决也是一门学问——不是你怎么朗读，而是通过你的引导、点拨，能够让学生纠错，能够让学生符合要求地读，能够让学生不做作地读，从而通过有指导的读，提升学生读的能力，类推其他文章的读。这才是纠错的本意。

但更多的语文教师却不是这样做，其所采取的方法是学生尚未接触文本前就进行有感情的“范读”——这样的范读确实起到吸引学生的目的。但是，我们的教学是从学生问题出发的，学生朗读中的问题没有暴露，这样的范读只是阻挡学生犯错，而犯错是学生的权利，让学生在犯错中吸取教训，印象才会深刻，更何况，学习本身就是不断犯错，不断纠错的过程。事实上，当学生听了范读之后，教师是要让学生进行朗读的，结果必须是学生尚未真正理解文本，只能模仿着教师读——这种读必然是装腔作势、无病呻吟的做作的读。显然，学生的这种读表面上似乎符合要求，是教师高超的教学，影响较大，导入较好，岂不知，学生是一知半解，于后期学习有百弊而无一利——离开了教师，又不会读了；而对一篇新文本，因为不能分析，自然也不会读了。所以，我们要变“范读课文”为“自读课文”——一开始就让学生自己读，自己在读中理解文章，自己在读中把握情感，通过不断的训练，提升阅读本领。

有人也许说，那我们要求教师有朗读的基本功干什么。一是自己发展的需要，二是教学引导的需要。不范读，不等于不要会朗读。事实上，在读书过程中，学生出现朗读问题是必然的，但是，出现什么问题，却是不确定的。教师把读书权给了学生，就能够有效地发现学生读书过程中最为真实的问题，以自己的基本功来针对性地引导、点拨，从而解决问题，如果学生还不能做到情感朗读，此时，教师才好“琵琶女”般出场，用自己的朗读来给学生示范——示范在后，这改变了“结论在先，影响在前”的做法，对学生的影响和冲击是极其巨大的——原来是这么读书。

4. 变“用自己喜欢的方式学习”为“按教师的自学指导学习”

现在，在诸多的语文课堂上都会出现高度尊重学生的举措，譬如“用自己喜欢的方式学习”，特别是在读书、思考问题时。这样做的根本原因就是能够充分体现“以学生为本”——每一个学生都是学习的主体，都有自己的学习基础、方法，自然已经形成属于“自己的”个性化的学习方式了，于是要尊重他们。

事实上，这样做果真正确吗？

学生是成长的人，通过学习才能不断成长，不断发展。学校就是让学生学习的地方。而所谓学习就是不断更新，不断提升，不断改变。这种学习不仅包括知识的学习、能力的学习，自然也包括方法、方式的学习——先进方法的学习，对于学生知识与能力的学习自然是举足轻重、大有裨益的。而学生先期所掌握的方法，谁能说是最为先进的呢？有些学生之所以差，不是智力差，不是态度差，而是方法落后，没有掌握到方法的精髓，不会用科学的方法来面对问题、思考问题、解决问题；而有些学生之所以老是不进步，也是由于方法没有得到及时更新、改进，用自己认为的所谓“好方法”来进行学习，岂不知，这种方法已经远不能适应——譬如，有的学生总是用听、记、做、改的方法来学习，如果教师不讲，他就无法听，他就不去钻研，自然就没有进步——这种方法，在他看来很是见效。但现在已经发展到“互联网＋”了，如果还这样学习，则有点落后于时代了。所以，方法也必须与时代同步。如果做不到，就是吃再多的苦，成效也可能很不明显。而另外一批学生，却能与时俱进——不是他与时俱进，而是他的父母、他的教师与时俱进，并及时提供有效的先进的方法给学生，并不断训练，使之应用、掌握，在不同年级、不同阶段、不同内容上采用不同的方法应对，学习成绩自然就会得到提升。

故此，“正语文”教育之课堂教学研究组提出了变“用自己喜欢的方式学习”为“按教师的自学指导学习”的策略——这种策略可不是对学生的不尊重，更不是教师师权的再现，而是为了让学生更好地学到、学会，不仅学到知识，学到能力，更学到方法，为其后期的持续成长奠基——这是教师主导性的充分体现，教师应该是先进文化与先进方法的代表，作为先进方法的代表，应该教给学生最先进、最优秀的方法，通过最佳的策略引导学生学习，最终实现学习的事半功倍。

教师的“自学指导”可能不是一次性的，而是多次的。所以，在指导中，教师一定要将自学指导题之间的关联性凸显出来，体现指导题之间的层进性、发展性，由浅入深，由低而高，由现象到本质——这就从大处暗示了学习的方法，而这种方法学生是无法把握的，因为他不可能去钻研教材，教师必须在这样的方法上进行引导，从而使学生学习真正不断进步，不断掌握，不断提高。

教师的每一次“自学指导”都必须精心考究，除了将前面、后面“自学指导”的关联性弄清、弄明外，还需要切实做到七个明确，这样才能让“自学指导”真正促进学生的学习，而不是“用你喜欢的方式学习”。

一是一定要明确“自学指导”是为达成目标而设置的，不是一种形式。即“自学指导”必须围绕“学习目标”展开，做到“纲举目张”——“学习目标”是“纲”，“自学指导”是“目”。

二是一定要明确学生学习文本的范围，做到具体、清晰，而不是含混、模糊，以使学生知道究竟学文本的哪些段落、节次。

三是一定要明确学生学习文本的内容，是学习文章字词，学习文章内容，学习文章结构，学习文章特色，还是学习文章主旨，需要清清楚楚表达。

四是一定要明确学习文本时思考的问题——带着问题学习是学习语文的好办法。“自学指导”中的问题要体现目标性——达成目标，基础性——依据学情设置，思考性——要引发学生的思维，探究性——要促进学生深入研究，代表性——让学生通过一题能够会一类、一批。

五是一定要明确学习文本时所用的具体策略，如结合文下注释翻译，遇有不懂的字词可查字典解决，用勾画圈点的方法研读文本，用吟哦讽诵的方法理解文本等等。策略要具体，不同文本的理解应该有相应的策略。

六是一定要有明确的学习时间。课堂时间是恒定的，必须做到全力以赴、全神贯注、全心全意，而不是随随便便、马马虎虎，这时时间的效率就显得特别重要。有了时间的限定，学生就会严肃认真，积极用心——事实上，做任何事情都要有时间的规定性。

七是一定要有明确的检测手段。很多的课堂中只有布置没有检查，导致学生可认真可不认真，可用心可不用心，可回答可不回答——要知道，学习是要有结果的，学习是必须要有所得的，而要衡量是否尽责任，是否真思考，是否有所得，检测是最佳的办法。

“七个明确”让学生有了学习的抓手，使学习有了方法，而不是无的放矢，从而让学习更有成效，更能促进对文本的理解与掌握，语文核心素养的提升与发展。

5. 变“说出来”为“写下来，说出来”

现在，很多语文课堂看不见学生写东西——不是写作的写，而是在思考的过程中将思考的相关内容写下来的写。只看见学生根据教师的指令一会儿思考，一会儿回答。其结果，回答者常常是部分优等生，而这些学生的回答又是结结巴巴、吞吞吐吐，没有流畅感；同时，答得也不全面，想一说一，想到哪儿说到哪儿，说得简单肤浅，没有层次感，没有系统性；让其他同学来补充，也只是走过场，说不出一个道道来，有的还是人云亦云，缺少自己的主见。结果，还是由教师进行整理、补充、讲授——学生没有真正投入学习，怎么可能取得良好的效果呢？

即想即说，确实有利于培养学生思维的敏捷性，但学生敏捷度怎么可能这么高呢？事实上，在现实生活中，“凡事预则立，不预则废”——没有一定的准备，没有一定时间的准备，怎么可能让思维深入全面呢？而且这种准备有时不仅是打腹稿，更多的是打草稿——写下来，有的时候，还要给以修正，使思维深刻全面。常言道：“好记性不如烂笔头。”写下来，实际上也是记起来的一种前期工作，使学习更为持久。

故此，“正语文”教育之课堂教学研究组提出了变“说出来”为“写下来，说出来”的教学策略。这种教学策略变一种过程为两个过程，虽然好像复杂了，实际上只是简单地增加一个环节，而实效性却在增强，更加有利于学生习得。

这里的“写下来”，不是将所说的全部写下来，而是将重点的、关键的、核心的写下来。如学习《窗》一课，要回答第一个“自学指导”题：请在两分钟内说出小说的故事梗概。如果要写下来，那要多长时间？要写多少字？确实很费时。怎么办？抓住几个中心环节即可：起初两人关系很融洽，后来远窗病人产生严重的嫉妒心，在近窗病人病危时没有摁下救命铃，远窗病人如愿以偿，但看到的只是光秃秃的一堵墙。这只是一个大纲、提要，要说的时候，还必须进行适当的添加。如此，思维有序了，内容全面了，说得自然也就流畅了。

这里的“写下来”，必须尽量写全面，写深刻，而不是只要写就行。还以《窗》为例，“自学指导”的第二个问题：小说中近窗病人和远窗病人各是什么形象？请加以概括。如果只让学生说，答案容易流于表面。如果让学生写，情况就大为改观。但写容易，写得对不易，写得全更不易，写得与众不同就更为不易了。所以，教师不是只要学生写下来就行了，而是应要求明确，必须写全了，从不同的角度写，由浅入深地写，这样，学生就不再是交差使，就必须写下来——这就让思维看得见，让思维落实下来，“不写下自己思想的语文书岂是自己的语文书”的语文学习理念就得到了落实与体现。人都是有惰性的，人是被“逼”出来的，“逼”，才能成习惯，“逼”，才会有品质。如此，学生的语文核心素养才能真正得到培育。“写下来”，从而为“说出来”奠定强有力的基础。

这里的“写下来”，必须给足一定的时间，没有时间作为保障，所有的“写”都是虚的，都是假的，都是飘的。给多长时间，根据思考的问题而定。在这里，需要强调的是，表面上浪费了时间，实际上节约了时间。“不打无准备之仗”，有了准备，学生说得就不是结巴、零散、干枯，其他学生的补充也变得更加准确、不重复，教师的引导就更少，就不会空耗时间——相反，在某种程度上是节约了时间，让课堂更紧凑、严谨、高效，学生语文学习品质也得到真正的培养。

这里的“说出来”，也有很多的考究。

一是到讲台前面来说。这既是在培养学生说的胆量，也是让大家听得更清楚，还是与同学、与教师形成真正的互动——学生在前面说话，师生在下面听话，两者的交流就是面对面的，这样的交流对学生的作用无疑是巨大的。

二是声音要大，确保能够传到每一个学生的耳朵里。教师切忌走到某一学生面前与这一学生进行面对面交流、互动，然后再做传话筒，重复学生的话——这是对这一位学生不负责，也是对所有学生不负责，这是真正的浪费时间。

三是让台上的学生尽情地说、尽量地说，而不是因为不满意插话、打断、干扰。打断是严重不尊重学生、伤学生自尊心的做法——后来还有谁敢说呢？相反，教师应该学会倾听、不露声色——对也行，不对也行，不评论，不紧不慢。其目的就是从中听出问题，二次备课，从而更有效地解决问题。

“写下来，说出来”是一门学问，其中有很多文章可做。

6. 变“请会的同学举手”为“请不会的同学举手”

检测、回答问题是所有课堂中教师采取的必然手段。语文课堂亦然。在语文课堂中，如何让学生回答问题呢？最常见的是“请会的同学举手”——不管是朗读字词、阅读课文、翻译句子，还是人物形象、事物特征、中心论点、主旨思想、写作特色、品味语言等等，均为如此。自然，当教师提出“请会的同学举手”时，常常都会有学生举手。教师就让这些“举手”的学生回答问题，与这些“举手”的学生进行对话。当然，有时，还能想到其他学生，偶尔问一下“是不是”“对不对”，或者“还有其他理解吗”，之后，继续与这位同学或其他举手的同学进行对话，直至这一问题得到“圆满”的解决。

这样解决问题的方式正确吗？要回答是不是正确，必须回答好下面几个问题：

第一，课堂是为了谁？

课堂为了谁？显然是为了学生。我以为，这个答案是正确的，但又是不严密的。哪一节课不是为了学生？传统的语文课堂不是为了学生吗？也是，都是。但为了学生是真，却不是为了每一位学生——即学生在课堂里所受到的“礼遇”是不一样的，有的是教师重视的对象，有的是教师忽视的对象，有的是教师漠视的对象，有的是教师歧视的对象，自然，在课堂中，学生的表现就是不一样的。教师最重视的自然是那些成绩好、回答精彩、能够给自己带来荣耀的好学生。

但新课标的理念很明确——“为每一位学生的终身发展奠基”。“请会的同学举手”着眼于所谓的“好学生”，而不是“学困生”，课堂以“好学生”为中心，课堂是与“好学生”对话的，课堂是使这些“好学生”好上加好。显然，以上做法与这一思想理念是背道而驰的。显然，这句话背后还是应试教育的思想，还是传统教学的思想，还是出于升学率的考虑。关注了这些“能回答”的学生，那些不能回答的怎么办？优者更优，差者更差，这不是雪中送炭，而是釜底抽薪了。这些不会回答的学生永远处于混沌与迷惑之中，成了多余人，其结果必然是“睡大觉”“破罐子破摔”。这样的课堂失去了课堂的真正含义——孔子所倡导的“有教无类”之闪亮的教育思想自然得不到丝毫的体现。

第二，课堂究竟是干什么的？

课堂究竟是干什么的，这一问题并不是每一个语文教师都能回答的。很多语文教师认为，课堂是展示学生学习成果的，课堂是让学生幸福成长的，课堂是促进学生更好发展的。确实很多。但这些答案太大、太空、太虚。课堂究竟是干什么的？我以为，课堂就是让学生出错、纠错的，就是让学生真正暴露问题、分析问题、解决问题、应用问题的。换言之，问题是课堂教学的核心与关键，没有问题就不是上课，没有问题就没有必要上课。既然如此，“请会的同学举手”这一句话就存在着非常大的毛病——学生已经会了，还要这些学生回答有什么意义与价值呢？因为这些学生是没有“问题”的，或“问题”很少的，那就失去了课堂的真正意义。事实上，课堂是不是真的没有问题呢？是不是只有很少的一些问题呢？自然不是。要问有没有问题，什么问题，不是看“能够回答问题的学生”，而应该是“不能回答问题的学生”，因为这才是课堂教学的主体，他们的问题才是教学的关键、重点，把这些问题解决掉才是真能完成任务，达成目标。

第三，究竟什么是好课？

什么是好课？众说纷纭，莫衷一是。但有两点大家是可以形成共识的，一是能够解决学生真正存在的问题——促进学生真正发展；二是能够让不同层次的学生得到发展——促进全体学生真正发展。即课堂要让学生有获得感——没有获得感的课堂岂是好课？让所有学生有获得感——课堂里每一个学生都是学习的主人，没有一个是多余的，尽管获得感是不一样的。实际上，好课的标准就是上面所讲的第一和第二点：切实做到“堂堂清”——每一节课上都能切实解决自己学习中的问题;“人人清”——每一个学生在课堂上都能有收获,这里只是再一次强调。

故此,“正语文”教育之课堂教学研究组提出了变“请会的同学举手”为“请不会的同学举手”的策略。

这个策略表面上只是换了几个字,却是换了思想,换了行为——关注的主体是“不会的学生”,关注的内容是“不会的问题”,其目的就是真正发现学生学习中的问题,增强课堂教学的针对性,提高课堂教学的有效性,充分体现孔子所讲“因材施教”的教育思想——因不同学生的状况而教,因不同的问题而教。好课堂就是将不会的问题解决了,将不会的学生教会了。这里有两个问题需要厘清:

一是“不会的学生”问题很多,怎么办。

怎么办?自然不应是教师讲,教师应该学会“踢皮球”,踢给学生:一是个人,让自己再真想,再深思,这样他才会真正思维起来,即使自己解决不了,但也已经有了深刻的体悟;二是小组,让学生所在的小组发挥合作学习的作用,让好的、会的、能的帮助其解决,因为学生思维、基础、能力都很接近,所以,“会的学生”就更容易走近“不会的学生”,更能解决相关的问题。但依然有问题不会怎么办?那就得发挥教师作用——进行“导教”,即引导学生合作解决,解决共性的、有价值的问题。

二是时间不够,怎么办。

如果经过上面三个步骤的解决——个体解决、合作解决、导教解决,时间耗费就很大。而所学的内容又很多,时间不够了,怎么办呢?解决的办法有三个:一是认真研究学情,充分预设,所确定的目标和学习任务一定要切合班级学生实际情况;二是在解决过程中,围绕目标不蔓不枝,不节外生枝,不拖泥带水,解决一题是一题;三是抓重点、抓关键、抓核心性的问题,而不是眉毛胡子一把抓,没有轻重,有时要采取模糊策略,糊涂一点,舍弃一点,舍弃不是目的,而是为了更好地攻克、深入。

三是关注了“不会的学生”,那如何保证“尖子生”的发展。

关注“不举手”的学生,与关注“尖子生”并不矛盾,相反,是相辅相成,相得益彰的。或者说,关注了“不举手”的学生,对于促进“尖子生”成长更为有利——当“不会的学生”提出问题时,对于“会的学生”来说,是一次倾听,是一次思考,是一次提升:我会吗?他提的问题我能解决吗?我如何解决呢?有没有更好的方法呢?事实上,“不会的学生”提出的问题不都是简单的、肤浅的,有的是很有思考价值的。当进行“小组合作”时,“尖子生”既然会了,就应该能讲,把其中的道理讲出来,经得起“不会的学生”的盘问、追问、质问,如果真能做到,“尖子生”自然就能更好地成长——这正体现了“金字塔”学习理论中“讲给别人听”的价值。

7. 变“多媒体呈现”为“多媒体引发”

现在,社会发展了,多媒体在语文学科教学中越来越得到重视与应用。语文教学的全过程几乎都离不开多媒体——导入新课时,通过多媒体画面,以“精彩导入”;范读课文时，通过多媒体音乐，以情感熏染；学习过程中，通过多媒体动画设计，以激发情趣；解题过程中，通过多媒体答案呈现，以促进理解；总结课文时，通过多媒体网络结构，以整体把握……一句话，凡是能够用多媒体的地方，几乎都用起多媒体来了，多媒体已经成为语文教学的常态。换句话说，没有多媒体，课堂就是不正常的，至少说不是具有新课改意义与特征的课堂了；没有多媒体，有些教师都不知怎么上课，已经摸不着课堂教学的北了。好多课堂也因为有多媒体的出现，语文教师倒显得无所事事，真的做到“退居二线”了。说，本是教师的事，现在，不需要了，由多媒体代说，特别是在“微课教学”盛行的今天，教师更不需要讲了，由“微课”代讲，不是更省事吗？写，即板书，这在传统教学中，可是教师最重要的基本功了，本来是教师的事，现在，不需要了，由多媒体代写。我曾遇到这么一个教研员，他指导一位书写不行的教师上展示课的办法就是不让她在黑板上写一个字，而是通过其熟练的多媒体操作来帮助完成板书。语文课堂上，教师都不写字不是很荒唐的事情吗？这样的课还是语文课吗？就像数学课一样，不与数字、图形接触还叫数学课吗？教师在课堂上的任务之一就是放多媒体课件，把精心准备的内容放完，否则怎么对得起自己的课前劳作呢？

为此，我们的很多语文教师都把功夫花在了精心准备多媒体上，多媒体成了语文课堂成功的法宝——许多新教师上课，不是听课如何进行，而是看人家的多媒体是怎样的，我该如何应用。多媒体在语文课堂上果真有这么神奇的功效吗？否。

凡事一分为二。当我们在高度称赞多媒体给我们的语文教学带来的快捷与趣味时，我们必须看到事物的另一面：

多媒体呈现内容之新颖，的确能够吸引学生，但学习仅仅是靠吸引吗？能吸引多长时间呢？每一节课都可能吸引吗？——多媒体绝不是吸引的根源，只是外部的一个条件而已；吸引学生学习的是内需，对语文学习的渴求，才是吸引学生持续学习语文的根本之所在。这种用外界的力量吸引学生的办法并不长久，离开了多媒体，学生的自觉性并没有得到很好的体现，因为没有形成内在习惯。

多媒体呈现文本画面之精彩，确实起到帮助理解文本的作用，让学生能看到具体的实景，却失去学语文的根本任务了——学习语文本就是学习语言，通过文本抽象语言的理解与把握，让读者在脑海中形成对文本的画面、形象，这种画面、形象绝不是外界给予的，而是自我形成的，且各个学生脑海中的形象并不是一致的，如《海燕》中海面的景象，海燕、海鸥、企鹅、海鸭、风云雷电等的形象在学生脑海中只是大致的，具体形象并不一致，这也正是语文的神奇之处、独特之处——此之谓“一千个读者眼里有一千个哈姆雷特”。而现在，由于多媒体的呈现，所有的画面、形象都是一样的，趋同的，无异的，试问，这还是语文吗？这不是语文，这是数学——数学的答案是唯一的，语文的答案不唯一——意思对即可。这也就失去了语文的本真。这不是在学语文，这是在糟蹋语文，糟蹋语言。

多媒体呈现问题答案之“标准”，确实对于学生，特别是差生掌握文本内容起着促进作用。但要知道，语文是没有"标准答案"的——学生之所以缺少创造力，就是"标准答案"造成的。标准答案对于学生而言，那简直是权威，是学生迫切追求的。事实上，有了标准答案，学生就会"唯标准论"，不敢越雷池一步，其结果可想而知。为什么很多学生做死题目正确率很高，一旦题目活了，学生却无从下笔？就是"标准"害的。语文课堂上，没有答案的"标准"才是标准，才是教师应有的追求。事实上，一旦有了多媒体答案的标准，学生就不落一字地写下来，记起来，到头来，也一字不落地"默"出来，这还是语文学习吗？

多媒体呈现文本板书之考究，确实对于学生理解全文、把握全篇起到提纲挈领的作用。特别是动画性的板书，彩字式的板书，更能吸引学生。但试问，这样的板书是学生自己动脑理解的吗？不是。是在教师事先准备的多媒体的精心设计与教学的引诱下，逐步呈现出来的。这样的板书符合学生的思维发展路线吗？当然不符合。教师一厢情愿的板书，自以为是的板书，充分预设的板书——这样的板书不能有一点变化，如果有了新的生成，这样事先准备的板书就与之不吻合，就会贻笑大方，就失去板书真正的意义与价值。事实上，一个教师只是用多媒体来代替课堂板书，只能将文章教死，因为一切都是在教师的预设下形成的，没有任何的灵活与变化，这样的语文课是精彩的课吗？答案是否定的。精彩的课往往是因为意外而精彩的。

故此，"正语文"教育之课堂教学研究组提出了变"多媒体呈现"为"多媒体引发"的教学策略，即也用多媒体，但必须让多媒体的应用做到正本清源——该用则用，不用就弃——一切只求实效，不求形式。一切形式化应用多媒体的举措都应该废除，一切真正发挥多媒体作用的举措都应该发扬。这就是让多媒体发挥"引发"的作用——引发思考、引发学习、引发训练——"引"，引领，引领"学习目标"，引领"自学指导"；"发"，触发，触发问题的争辩，触发思维的深入。让多媒体发挥"引发"的作用，就是少用多媒体课件，在多媒体课件"精要"上下功夫——非用不可处才用，可用可不用处就不用。像画面，能不用就不用；像答案，则是坚持不用；像板书，更是去除。板书，不应是多媒体板书，而应该是教师板书。而教师板书则应本着"重点""有用""实效"的原则进行，而不是随意、随性，必须从"生成"出发，适当结合"预设"，灵活机动地完成——板书不是为了完整、美观、吸引人，而是为了实在、实用、实效。事实上，教师在板书时，其书写、其安排、其变化都是语文教师给学生影响、熏染的最重要的时刻，学生会在教师潜移默化中发生质的改变，这叫"润物细无声"，更是"榜样的力量是无穷的"——学生怎么可能不"亲其师，信其道"，从而爱上语文、学好语文呢？

"正语文"教学研究组所进行的"正语文"教学研究已经有五年了，"七变"是看得见的具体的举措，确实改变了教师的诸多"歪"语文的行为，促进了语文教学的"正本清源"。其实，"七变"行动的背后，是语文教学思想的大转变、大调整、大回归。

语文课堂必须体现"语文性"，即必须体现文道结合性。为此，语文课堂必须要"守规矩，不任性"，不仅是学生，也包括我们的语文教师；必须让每一个学生都沉浸在语文学习之中，受到文本的熏染，“写下”自己的真实收获。如此，学生既能“文”，又得“道”，会做人。

语文课堂必须体现“学生性”，即必须体现“以生为本”的现代教育思想。为此，必须让“为了每一个”成为语文教师课堂教学的切实追求，做到“请不会的学生举手”，“让会的教不会的”；必须做到从学生实际出发，精心设计每一个“自学指导”，促进每一个学生的语文发展。

语文课堂必须体现学习性，即必须体现“以学为本”的现代教育思想。为此，课堂教学不拐弯抹角，“直奔主题”；让学习看得见，做到“课堂先学”“课堂真学”；学习不流于形式，让多媒体引发学生学；让学生深层学，做到既“写下来”，又“说出来”，使听说读写等能力均得到和谐发展。

（五）“先学后教”让师生角色归位

“为每一位学生的终身发展奠基”，这是新课程改革的出发点与归宿，也是其与传统课堂教学的根本区别。“为每一位学生的终身发展奠基”的关键在于两点，一是“每一位学生”，而不是笼统的“学生”，排除了打着为了“学生”教学的幌子，却进行着为了“少数学生”教学的想法和做法；二是“奠基”，明确了课堂教学的要义就是让学生获得终身发展所必须的核心素养，为其未来人生发展奠定坚实基础。

而要使“为每一位学生的终身发展奠基”这一重要思想落地、生根、开花、结果，作为课堂教学一方的教师就必须做到在课堂上真正保障学生学习的主体地位，还权于生，让学于生，促使每一位学生真正成为课堂学习的主人——想主人的事，说主人的话，干主人的活，尽主人的责；就必须真正转变传统的教与学的方式，让每一位学生在课堂上进行真正的自主学习、合作学习、探究学习，并鼓励学生选择适合自己的学习方式；就必须让学生在课堂学习中能够成为真正的主动参与者，积极探索者，问题发现者、分析者、解决者、应用者，让学生有真正的课堂获得感、成就感……如此，学生学习才会真正发生，课堂才能真正走向高效；换言之，只有当学习真正发生，学生才能成为学生，课堂才能成为课堂，传统教学之低效、无效甚至负效之状况才能得到根本性的逆转，课堂教学才能真正走向有效、高效。

以上三个“必须”实现的根本就在于能否真正做到“师退生进”——传统课堂教师是第一位的，始终走在课堂的前线，是课堂的“主宰”，学生只是被动的接受者、跟随者，学生发展不佳也就不足为奇了。要改变此状况，就应该变“师进生退”为“师退生进”，课堂教师不仅仅在于思想的转轨与解放——这只是实现“师退生进”的前提与基础——事实上，经过十多年的课改，绝大多数教师的思想已经转轨与解放，也能说出一套又一套的理论，但课堂效率不高、效益不大、效果不佳的现象却仍是比比皆是，甚至某些地方出现了越是进行课改，课堂教学质量就越差的现象，这是什么原因呢？我以为，这是因为只是认识到，却没有真正地科学地做到。课改的方向毫无疑问是正确的，这是在“做正确的事”；做了正确的事，还必须“正确地做事”——这可是实现的根本与关键——“正确”不仅是指认识到内涵、必要性、积极意义，更在于行动，在于科学的行动——如何“师退生进”，怎样让“师退生进”做到极致，如何把握“师退生进”之度等等问题都必须通过教师与学生的行为来科学地解决。唯此，“师退生进”才能真正落地，“为每一位学生的终身发展奠基”才能真正实现。

如何切实做到、做实、做好“师退生进”呢？如何把握“师退生进”之度呢？我们洋思中学在全面、科学、扎实推进“先学后教，当堂训练”教学模式的基础上，提出了“师退生进”的具体要求，即要求教师必须切实扮演好三重角色，让师生还原各自角色，让师生角色各自归位，从而使师生在课堂教学中真正做到各自不越位，不超位，不抢位，各司其职，各行其道，各迈其步，各得其所，最终实现课堂的高效，让每一位学生都能真正绽放生命色彩。

1. 毛泽东

毛泽东是中国现代革命最著名的军事家之一。在打仗过程中，他所做的事情就是制定作战策略，指挥作战进程。

我们的课堂就是毛泽东的战场。课堂是用来打仗的，是来打真仗的，打硬仗的，打胜仗的——我们教师是整个课堂带领学生打仗的责任人。

教师，必须像毛泽东一样，做课堂教学的组织者、指挥者、策划者、责任人。重点做好以下五项工作：

一是明确课时划分：根据具体章节内容和相关要求，合理划分上课时数。不能快，也不能慢，一切依学生学习的可能性而定。

二是制定学习目标：学习目标关系到整个课堂学习的方向，是师生课堂教学的共同追求，要求做到四个准确——定位准确（定位在教材要求上、编者意图上，定位在学生学情上，定位在新课标要求上）、用语准确（具体要求必须准确无误，使目标具有可测性）、数量准确（目标做到少而精，而不能多而杂）。这样的学习目标既体现国家意志，也符合学生学情，又突出教材要求。

三是拟定自学指导：要求做到七个明确——自学目的明确（自学指导是学习目标的具体化体现）、自学范围明确（学多少、学哪里要清晰）、自学内容明确（学什么要具体明白无误地说出来）、自学方法明确（既要有共性的方法，也要有学科性的学习方法）、自学问题明确（问题是整个自学指导的核心，一定要做到有代表性、探究性、思考性）、自学时间明确（时间安排不能走过场，一定要充分）、自学检测明确（没有检测的学习往往是无效的学习，它是落实自觉的最好手段）。

四是实施引导策略：要求对学生课堂学习的生成情况有充分预设，采取“若……则……”的方式，对问题进行科学而有效的引导与解决。

五是策划课堂训练：要求做到五个保证——保证围绕目标训练（目标是总纲，学、教、练均必须围绕目标进行）、保证训练正宗有效（做到首先围绕教材进行有效训练）、保证训练类型多样（依据学生学情不同，而设计多种题型——必做题、选做题、思考题）、保证所有学生训练（确保每一个学生都在进行正常训练）、保证当堂训练时间（课堂训练不能走过场，课堂作业不能课后完成，而应该保证充分的时间让学生在课堂里训练）。

六是设计上课流程：要求做到三个符合——符合知识掌握规律（如暴露问题—分析问题—解决问题—检测问题—修正问题—深化问题）、符合学科学习规律（如语文学科，整体感知“写了什么”—整体剖析“表达了什么”—具体研究“怎样写”）、符合个性学习规律（课堂中的学生既有学习的共性，也有学习的个性；每一类学生，譬如成绩好、中、差，譬如男女生，譬如城区学生、郊区学生、农村学生，都有各自不同的特点。课堂中必须依据其个性特征进行“因材施教”“分类施教”“分层施教”“差异施教”）。

扮演好毛泽东的角色，其实就是要我们教师把课堂打造成战场，把打仗权真正还给学生，让学生在打仗中学会打仗，在实践中练就本领。

2. 张艺谋

张艺谋是我国当代著名导演。张艺谋在戏剧导演中，所做的事情无非是领导、指导、引导，使演员的表演达到最佳化——张艺谋是整个戏剧的责任人。

我们的课堂就是张艺谋的戏场。课堂是用来演戏的，是让学生自己演戏的，是让学生在演戏中提升与发展的——教师是整个课堂中引导学生演戏的责任人。

作为教师，必须像张艺谋一样，做课堂教学的激发者、发现者、引导者、责任人。重点做好以下四项工作：

一是在学生自主学习时，做到“导学”工作——引导学生进行有效自学，一是导出自主学习的目标（即“学习目标”），二是导出自主学习的方法（即“自学指导”）。而要使“导学”工作富有成效，教师就要像张艺谋一样做到“四勤两不勤”——“腿勤”“眼勤”“耳勤”“脑勤”“手不勤”“嘴不勤”，也就是多看、多听、多想，而不能多说、多做，“导学”的实质就是在教学过程中，教师要切实做到不提示、不暗示、不揭示，不急于解决问题，以让学生真正自我分析，暴露与解决问题。

二是在学生合作学习时，做好“导教”工作——引导学生进行有效的“兵教兵”，一是导出自主学习中真正存在的问题，二是导出有效解决问题的方法，三是导出切实有效的合作方式，四是导出问题解决的最终答案。“导教”的实质就是把问题的解决权还给学生，让学生自己去解决，让学生群体去解决，让学生在自我和群体解决问题的过程中，掌握知识，形成能力，实现发展；教师只是起一个穿针引线、组织实施的作用。

三是在学生课堂训练时，做好“导练”工作——引导学生进行有效的训练，一是引导学生个体进行“自练”（即让学生进行自我反思与总结，说出学习收获与感受），二是引导学生之间进行“互练”（即同桌或学习小组彼此汇报、提问与检测），三是引导学生个体进行“测练”（即让学生在教师的引导下，围绕着“学习目标”，进行有效的“当堂训练”）。“导练”的实质是把训练权给学生，通过教师的引导让学生对所学内容进行进一步的训练，以使所学得到巩固与拓展，以由知而能，以举一反三，不断提升。

四是在整个课堂教学中，做好“四变备课”工作——变课前预设备课为课堂生成备课，变课前有字备课为课堂无字备课，变课前静态备课为课堂动态备课，变课前校本备课为课堂生本备课。“四变备课”就是要求我们的教师在课堂上切实做到“以变应变，随机应变”，全面放手，让学生独立和合作去解决问题，而对于学生通过合作的方式还不能解决的问题，在学生达到了“愤”和“悱”的地步之时，教师才出场，才“千呼万唤始出来”，只有当学生演戏演错了，教师才从后台走上前台，进行引导、帮助、服务，从而培养学生“自能”本领、“自主”意识、“自强”心理。

扮演好张艺谋的角色，其实就是要我们教师把课堂打造成“演场”，把演戏权真正还给学生，让学生在演戏中学会表演，让学生在演戏中学会表达，让学生在演戏中学会表现。

3. 袁伟民

袁伟民是上世纪80年代带领中国女排获得“五连冠”优异成绩的著名教练。袁伟民将队员带到赛场上，通过比赛、竞争的方式让队员获得成功——他是比赛成败的责任人。

我们的课堂就是袁伟民的赛场。课堂是用来比赛的，是用来竞争的，通过竞争让学生认识自我，培养能力，提高水准，获得发展——我们教师是整个课堂带领学生比赛的责任人。

教师，必须像袁伟民一样，做课堂学习竞争的组织者、引导者、激发者、责任人。重点做好以下五项工作：

一是正确理解“比”的内涵：“比”就是我们常说的“发动”“鼓动”“煽动”。即用教者自己的激情感染发动；用比赛的方式保证发动；用及时褒贬的评价刺激发动；用规定的任务与时间来落实发动，用主持人的语言、气势去煽情、动员，让大家都在你的鼓动之下提高。比赛“发动”使课堂活跃了，使课堂真正地“动”起来，既心动，更行动，从而全面带动学生，使学生迅速“移情”，转入学习中来，比赛中来，从而使课堂形成“比学赶帮超”的学习热潮，形成生机勃勃、生龙活虎的氛围。

二是制订课堂比赛的规则：课堂比赛必须从课的一开始就进行，让学生从上课比赛到下课，一分钟也不让学生闲过；课堂比赛的人员应该是所有学生，不应该少一个，只要是在课堂上的学习者均是参赛者，不能放过一个，千万不能因学生这样那样的问题而舍弃；课堂中的学生是比赛的主体，教师也要全过程参与，不能有一丝一毫的疏忽，切实做好比赛的组织者、引导者、发现者，及时提出比赛的要求，出示比赛的内容，用心倾听，积极发现，不能只让学生比，自己干别的事，似乎比赛与自己无关。

三是明确课堂比赛的内容：比赛的内容应该紧紧围绕学习目标展开，做到具体化、可测化、对应化，千万不能目标与比赛内容是两张皮；比赛内容要有一定的挑战性，不能过于简单，不能是简单的重复，不能是一看就会的题，而应是学生原知内容的一种提升，体现“循序渐进”的原则，同时还必须切实做到内涵的衔接性，前后内容要有一定的关联，不能顾此失彼。

四是采用课堂比赛的方式：一般采用对抗的方式比赛。可以是同桌之间的对抗，可以是学习小组之间的对抗，可以是全班之间的对抗。在对抗比赛中，可以相互补充，彼此提醒，但最终教师要引导全班所有学生进行总结、归纳所学内容的知识点、注意点、发展点、思维点等等。通过对抗挖掘潜力，提升思维，交融认识，最终使学生获得真正的全面发展。

五是做好课堂比赛的评价：所有参与者都是评价者，评价不仅是教师的事，更是学生的事，也就是课堂教学中要积极放权，将评价权还给学生，让学生在评价中进一步更正认识，提升思维力，获得更好的发展。当然，教师应是最终的评价者，但教师评价，绝不是简单判断，而是一种引导——引导正确与否，为什么是这样，怎样可以更好，如何更改才能达到最好，还需要补充哪些，删除哪些，从中得出哪些规律性的知识，在哪些情况下能运用这些所学等等。一句话概括就是，师生共同评价，在评价中共同提升，达到共生双赢，教学相长。

扮演好袁伟民的角色，其实就是要我们教师把课堂打造成“赛场”，把比赛权真正还给学生，让学生在比赛中学会比赛，让学生在比赛中练就本领，让学生在比赛中获得发展。

综上所讲，毛泽东、张艺谋、袁伟民三种角色的实施，实际上是要求我们教师在课堂上切实做到“角色归位”，真正做到“师退生进”，还课堂教学教师和学生角色的本来面目，切实做好组织者、指挥者、调整者、发现者、引导者、激励者、提升者、互动者，把学习的主动权还给学生，而不是做课堂包揽者、一味责难者、全然考试者。也就是要还课堂真正的角色给教师和学生，真正体现“教师就是教师，学生就是学生”的思想，做到各司其职，各谋其职，各求其发展。

因为我是“毛泽东”，所以，我要把课堂打造成“战场”，在课堂上我不能去打仗，我不是打仗的主角，我要把打仗权还给学生，让学生全过程打仗，我只做组织和指挥的工作。

因为我是“张艺谋”，所以，我要把课堂打造成“演场”，在课堂上我不能去代表学生演戏，我要把表演和表现的权利还给学生，让学生全过程表演，我只做发现和引导的工作。

因为我是“袁伟民”，所以，我要把课堂打造成“赛场”，我只在课堂上组织比赛，做好引导评析比赛的工作，去激发学生全员比、全程比、全心比、全力比，通过比，形成“比学赶帮超”的学习氛围，通过比体现水平，发现问题，体现价值，通过比，达到“水涨船高”“教学相长”。

“师退生进”的实质就是教师在课堂上要努力“无为”“少为”，学生在课堂上要“有为”“大为”。教师之“无为”“少为”是为了换得学生的“有为”“大为”，这正应了“无为而后有为”的道家辩证思想——学生的“有为”“大为”才是教学之道，才是课堂之道，才是课改之道——“为每一位学生的终身发展奠基”才是教师教学、课改的出发点与归宿点。

第五节 “正语文”课堂教学之作文教学

学生学语文有三怕，一怕文言文，二怕周树人，三怕写作文。

因为文言文久远而难懂，故让学生害怕；因为周树人的文章太过艰深，故也让学生害怕。写作文为什么会令学生害怕？因为写好作文太难了，花了时间，花了气力，搜肠刮肚，绞尽脑汁，结果可能就是叶圣陶所讲四个字——劳而无功。

不仅学生感到作文难作，我们的语文教师也深感作文难教——难以教得出彩，难以教得富有成效，在语文考试中，“成也作文败也作文”的观点已是广大师生的共识。课改转眼十四年了，全国各地举行了各种各样的语文教学改革展示课，却很少有教师展示作文教学改革课的——因为作文课如何上，确实是颇具争议的事，而要在一堂课上使学生得到明显的变化，那可能性几乎是零，哪一个敢在众人面前展示虽有目标却根本不能实现的作文教学的课堂呢？——此之谓：“作文难，作文难，难于上青天。”写作文、教作文果真就那么难吗？

答案是否定的。

一、“学生写不好作文”的原因探析

（一）教材问题

教材编排有一定的缺陷，缺少连贯性、序列性、系统性。

（二）教师问题

1. 不相信没有写不好作文的学生

认为语文天赋是天生的，不是教师教出来的；认为学生基础太差，谁也无法改变；认为语文在小学阶段已经定型，怎么教也改变不了现状；认为学生时间紧、任务重，没有时间来提升语文；认为作文提升是自己的事，是家长的事，与语文教师没有必然关联；认为学生生活很是单调，要想真正写出好作文来是不可能的，因为生活素材决定了其作文不丰富、不精彩。

2. 缺少教好语文的本领

作文形式单一，无法调动兴趣，作文缺少趣味性——老套、陈旧；本身不会作文，岂能教好作文；对学生一味打压，让其失去信心；不能做到因人而异、因文而异地评价学生习作，而是用一套僵化的标准来评价——事实上，我们很多学生的作文都是很不错的，“横看成岭侧成峰，远近高低各不同”，从不同的角度看作文，会有不同的结果，有的作文

本身很好，由于教师的评判出现误差与错误，导致对作文的厌恶；作文不切实际，用成人的要求来对待学生；自己不会作文，只会讲一些空道理、大道理，以己昏昏，使人昭昭。只有自己足够好，才能让学生足够好。自己不会教作文，方法老套。再加上不学习，不了解学生，不了解社会，不了解作文的变化，所以，真正教起作文来，无从下手。再一个，为教作文而教作文，岂不知，作文绝不是单一的活儿，是综合因素影响的结果，写只是最终的表达方式，如果前期工作没有做好，教好作文，写好作文就成为一句空话。

虽然教材似乎有一定的问题，但从根本上说，教材还是不错的，毕竟是专家智慧的结晶，单靠个人的力量是无法真正形成序列的。而我们的教师又不一定能够理清与明白编者的意图，不按照其精心编排的意图教语文，东一榔头西一棒，缺少序列与节奏，一切靠想当然，自然，就不能有序地让学生在循序渐进中提高语文水平。

3. 缺少教好学生作文的恒心

教学生作文是要有恒心的，学生作文的提升是绝对不可能一蹴而就的，因为学生的各项积累是长期的，尽管可能有一两次成绩较为突出，但从长远看，没有足够的积累和足够扎实的基本功，是不可能真正写好任何规定性的作文的。“功到自然成”，只有功夫到了，学生的作文水平才足以提升。这就需要我们的教师必须有足够的耐性、恒心，持之以恒地对学生作文进行训练。

4. 缺少教好学生作文的责任心

教好学生作文是有责任的，没有责任心是无法真正教好学生的。这种责任心的核心就是“学生写不好作文”是我的责任，是“我”自己的问题，而不是学生的问题，不是家长的问题，不是学校的问题。如此，他才会真正用心教学。这种责任就像教好数理化一样，切切实实做好每一项工作，能够像数理化一样，“做一题，会一类”，能够举一反三、触类旁通。而不是，做一题就是一题，变换一种形式或换成另一个题目就迷路了，就无法作文了。有的教师对学生要求不严，得过且过，马马虎虎，认为在“我”手上只上一年、二年或三年就行了。而事实上，教好学生的作文是要花功夫的，是要辛勤付出的。单说批改，就很重要，特别是面批，就需要好几个流程，先是自批，必须吃透学生作文内涵，修改到位；其次要找出时间，与学生面对面批改，让学生知其然更知其所以然，这就需要时间的付出；再次就是学生面批完后给予作文的提升训练，必须让学生进行及时的修改，教师要进行复批，这又需要时间。面批还是第一步，在今后的教学中，还要注意学生某一问题有没有真正解决，需要跟踪调查等等，这一切都需要时间与付出，如果没有责任心，是不可能做好这样的工作的。

（三）家长问题

有些家长与教师一样，认为作文能力是天生的，后天补救是没有用的。所以，我们可以发现现在几乎没有学生补作文的，而补数理化者比比皆是，原因很简单，作文靠补无用，而数理化一补就出成绩——事实上也是如此，数理化是技术活，而语文是积累活，是人文活，积累不到一定的程度，思想不到一定程度，要想写好作文还真是不简单，单靠所谓的技术是无法真正写好作文的；缺少作文提升的环境，不重视，不看书，不学习，岂能有进步？再者，还有传统思想“学不学语文无所谓”“学好数理化，走遍天下都不怕”的影响——数理化是获得高分的关键与核心。

（四）学校问题

虽说语文重要，虽说学校在阅读上也花了很大的气力，但说归说，做归做，语文哪有数理化来得那么见效快呢？只要投入一定的人力、物力、财力和时间，数理化成绩马上就能上一个台阶。而语文呢？谁都知道是一个慢功夫，学校等不及，也等不了，所以，往往表现重视，实际决计是没有数理化那么重视的，有时是听其自然；学校以质量——分数为生命线，所以常常要进行“月月考”，通过“月月考”来管理教学，来管理教师，通过排名次评出教学的好与坏、优与劣。而语文是慢功夫，想短期内见效是不可能的。所以，对于我们的语文教师来说，一不做二不休，抓看得见的，抓有用的，抓能见分数的，那就是语基和阅读——这些只要死抓，就一定能有成效，因为抓语基与阅读比抓作文来得切近。由于“月月考”，教师不可能静下心来、埋下头来研究作文，思考作文，而是通过猜题、押题之法来提高作文水平，通过临考前的几个作文技巧来让学生应对作文。

（五）学生问题

1. 畏惧思想

学生心里畏惧作文。

2. 态度不端正

不重视，无所谓，嫌烦，明明能写，会写，但不想写，于是马虎写，草草了事，敷衍塞责。

3. 基础太差

不知从哪儿开始，不知如何审题、选材、立意、构思等，再加上积累不多，生活太简单、贫乏，语词太单调，作文时无法下手，无从表达。

4. 习惯太差

一见到作文就头疼，一写作文就想方设法地抄袭、套作，不是不想动脑筋，就是交差使，或者干脆不会写。

其实说学生有问题是冤枉的。因为学生的一切问题都是以上各类问题的集中反映，是我们成年人的问题，是学校和家庭的问题，是日积月累的结果，是长期形成的。

著名语文教育家吕叔湘先生说：“作文教学是语文教师最头疼的问题。家长、校长乃至社会舆论，都要求教师‘精批细改’，教师也努力‘精批细改’，可是作文本子多，时间不够，尽管天天开夜车，仍然是不够‘精’，不够‘细’。在学生方面，作文本发下来之后，认真琢磨批改的道理的毕竟是少数，多数是只看看总批和分数，批改的地方越多越懒得看，这样，教师的辛勤劳动也就收不到应有的效果了。”

著名语文教育家张志公先生说:“语文教学在普通教育工作中恐怕算得上一个‘老大难’。而作文教学恐怕又是语文教学工作中的一个‘老大难’。换言之,作文教学是‘老大难’的‘老大难’。为什么会这么‘难’呢？我想,这也许跟对待语文这件事有些不大对头的看法有关系。不大对头的看法必然会导致教学中不大合适的做法。看法不大对头,教学的做法不大合适,训练的效果自然就不会很好,久而久之,成了‘老大难’。”

一句话,诸多原因造成作文变成一个积重难返、高耗低效的老大难的问题。

老:由来以久,老生常谈,面貌不改。

大:文章乃经国之大事,不朽之盛事。

难:教师总觉得不会教作文,也觉得自己不会写作文;学生总是写不好作文,考试总得不到理想的分值。

二、作文教学中的十一大误区

作文教不好,“没有写不好作文的学生”不能实现,还在于,我们的作文教学存在诸多的误区。

(一) 学生作文水平普遍不高,基础差

这是不恰当的,学生的水平实际上在不断地增长。因为作文的分数就是60分或100分,而每次优生就那么几个,并且阅卷时,特别好的学生必须经过仲裁,弄不好还会受到质疑,于是保守起见,很多学生就是中间分。有的教师总是高标准来对待每一个学生,用作家的标准来对待学生的作文,还美其名曰:“学生的文章得高分、满分,那教材上文章得多少分?”于是,即使是一篇好文章,也不可能得到与学生年龄段相匹配的分数。这对学生来说,实际上是一种不公道。

(二) 学生生活很单调,缺乏写作素材

巧妇难为无米之炊。没有生活,确实无法作文。但是,并不是学生真的没有生活。事实上,每个人的生活都是不一样的。莫言有莫言的生活,鲁迅有鲁迅的生活。学生亦如是。有人说,学生生活太单调了,教室—厕所—宿舍三点一线,教室—厕所—食堂—宿舍四点一线,教室—厕所—操场—食堂—宿舍五点一线,教室—厕所—食堂—宿舍—操场—家庭六点一线。我说,学生生活已经不错了。平淡、简单、重复才是生活的常态。事实上,再丰富多彩的生活,过久了也会腻烦的。每一个人的生活都是一种常态,只有从平淡、简单、重复、一般的生活中发现、发掘出内涵来,才是作文的真谛。即使生活很单调、不丰富,哪怕是过着牢笼一般的生活,但我们的生活仍是丰富的、多彩的,因为我们除了现实生活之外,还有思想、思维,联想、想象。事实上,中考、高考作文题不是随便出的,是专家们审慎思考,才拟写出来的,是专家们精心选择、提炼的结果,是必须从学生的实际生活出发的,是必须让学生有话可说的,最关键的问题就是学生能不能从自己

的生活中发现、发掘出符合题意的内容来。有名言道,不是生活中没有美,而是缺少发现美的眼睛。用在学生作文上,确实很有道理。换句话说,即使有了所谓的丰富生活,如果没有发现生活美的眼睛,其作文水平也很难提高。那些上乘作文,选材很是一般,但内涵丰富,意蕴深厚,难道是丰富生活所赐吗?不。所以,写不好作文,归根结底是思想不够,是思维不够,是认识不够,是积累不够,是积淀不够。

(三)只要多读,就能够提高作文水平

古人说:“熟读唐诗三百首,不会写诗也会吟。”古人又说:“读书破万卷,下笔如有神。”这些至理名言对作文教学有很大的影响,于是就出现了拼命地让学生读书,本能地认为,书读多了,作文自然就好了。如果学生作文不好,就认为学生读书不够。果真如此吗?读书与写作文有着必然的关联吗?我们如果认为作文学习仅仅靠读书就能解决的话,那就大错特错了。如果作文只需要读书就行,那么语文教学的目的是什么?家里只要买上万卷书,让孩子读就行了,还上学干吗?学生在学习阶段,侧重一个“学”字,如果忽视教师“教”的过程,单单靠学生自己阅读体悟,恐怕没有学生能够学好作文。事实上,学生从小学到初中到高中,再到大学,读的书还少吗?但真正能写成好文章的有多少呢?不要说是学生了,我们语文教师又有多少人能写得一手好文章呢?能写出有质量的教学论文的又有多少人呢?读书,确实拓宽了学生的视野,让学生获得更多的思想,为写作奠定了基础。但写作水平高却不是阅读的必然结果。

(四)只要多写,就能够提高作文水平

当前,很多学校规定语文教师必须给学生每周一篇作文,认为只有让学生多写才能提高学生的作文;很多语文教师也认为多写是提高学生作文能力的一个很好的途径。不错,多写确实有助于提高学生的作文水平,但多写就真的能让学生写好作文吗?那也未必。其一,作为语文教师,其备课的繁重性是其他学科教师所无法比拟的,在这样的情况下每周都要批改一篇作文,作文批改的“精”“细”“全”,难度可想而知;其二,学生每周都要写一篇作文,那么多的素材从何而来?更何况每周都写,有的学生势必产生厌倦感,不免产生应付的心理,试想,这种情况下写的能有好作文吗?

作文要训练吗?当然要训练。但是仅有训练是远远不够的。这种训练必须建立在科学认知基础之上,必须从学生的作文实际出发,否则,一切的训练就只是形式,只是完成任务,而没有任何实质的意义和作用,其结果必然是劳民伤财,让师生苦不堪言。特别是一些无知的领导会提出作文应该写几篇,必须有几行总批、几处眉批等一些行政化的要求,更是对作文教学的瞎指挥,是对语文教师的亵渎。

(五)范文引路,就文讲文,就题讲题

范文可谓是双刃剑。习作指导中使用范文,其目的当然是为了给学生的习作搭桥引路,拓宽学生选材的思路,为学生提供写法上的范例,借以降低习作的难度,引导学生自主表达,促进学生习作能力和水平的有效提升,同时激发学生习作的兴趣。但在具体的教学实践中，范文的运用却存在许多不足之处，导致了许多“副作用”，引起了人们对范文的诟病。一是限制学生思路，束缚了学生的思维。学生的接触面本就不广，教师所读的范文都是一篇篇有具体内容的作文，再加上教师挑选和写作时，为让学生更能接受，都是他们生活中经常遇到的事，这样造成的结果就是“此花开后更无花”。学生模仿性太强了，从形式到内容，从语文到方法，从开头到结尾，无不模仿，结果学生作文是千篇一律，大同小异，缺少了个性，失去了创造，学生变成了一样的人。二是范文的质量能保证吗？很多范文不范，或者只是部分范，不是完全范。那么，这样的范文能起到引路作用，能引导学生有效地写作吗？寻找与选择适合学生习作的范文是很重要、很关键的。

即使找到了适合的范文，什么时候用却是一门科学。如果一开始就用，则会出现上述限制学生思路，束缚学生思维的问题。不用，则会造成资源的浪费。怎么办？我们采用的策略，就是在学生作后评析中用，在评析中让学生对照自己的作文，对照其他同学的作文，感受其“范”，从而对自己已写作文有正确而深刻的认识。

（六）阅读教学是硬功，写作教学是软功

有相当数量的语文教师，在语文教学过程中，会有意无意地把按教学计划教完课本中规定要教的课文作为硬任务，也就是说，对那些课文，必须要认真去教完教好，因为它与考试有极重要的关系。倘若没有教完教好那些课文，一旦在考试时考到那些课文中的内容，就会令考生一筹莫展，难以对付，拿不到好分数了。而把教作文当作软任务，也就是说，多教几次作文，少教几次作文都无妨。

持这种想法和做法的教师，他们可能出于这样的考虑：一是考试时，作文不管出什么题目，写什么文体，每个学生总可以写一点，因而也总可以拿到一些分数，不像教课文，做客观题，对不上“参考答案”就会“颗粒无收”了；二是由于目前统考统改作文阅卷（如初中毕业考、初中升学考等），还没有可用客观性较强的办法，因而在阅卷中随意性尚较大，同一水平的两篇作文在不同阅卷者的手中或同一阅卷者在不同时候、不同情绪的情况下打出来的分数往往有差距，有时甚至会有较大的差距。因而，平时花大力气练习写作文，似乎划不来。这样，把作文教学有意无意地看成了软任务。这样来认识作文教学，无疑是作文教学的悲哀。

在硬软任务的思想支配下，教课文往往有计划性，教作文却无计划性。按照教育行政部门或各自学校所规定的教学常规，每位语文教师在新学期开学之初，都会对自己的语文教学（包括课文的教学、作文的教学、测试及练习、复习、第二课堂教学等）认真地制订出一个较合理的教学计划。但不可否认，有相当一部分教师在具体的执行过程中，教课文往往是按教学计划进行的，教作文却不按计划进行了。有的甚至对作文教学根本没进行预先的全盘考虑，随意性很大，无计划性可言。有的即使有计划，这计划也往往是局部性的、临时性的。这种“事前无计划，事中随意行，事后无收获”的结果当然是可想而知的了。所以，对于课文教学与作文教学必须做到两手抓，两手都要硬，千万不能一手硬一手软。

（七）高度重视作前指导，轻视作后评讲

很多教师和学校高度重视作前指导，开展了多种作前指导课的研讨会，教师在作前指导课上想方设法让学生会作文，最终让学生不作错文，甚至作文都可以拿到高分。因为有了作前的精心指导，学生在写作中就不会出现过多的问题，作文理应不错。在这样的思想指导下，就出现了轻视作文评改的现象。作文评讲走过场，搞形式。事实上，评讲是对学生进行作文指导的重要途径，可我们的教师对此重视不够。另外，不少教师在作文评改中以成人的眼光看待学生作文，对学生的作文批评指责多，表扬鼓励少，仿佛评改就是寻找差错，纠正差错，难得有赞扬，难得给高分，也难得有形式多样、切中肯綮、给学生热情鼓励和写作启迪的评语，使作文评改失去了指导的功能。如今不少作文讲评课，前半节是少数学生优秀作文的“赏析会”，后半节是对大多数学生习作的“批判会”。“批”的是“文”，也兼“批”了“人”。这种否定性作文批改，否定了学生的艰辛努力，熄灭了学生初步燃起的兴趣火花，带给学生的是沮丧、灰心。

（八）作文水平重在技巧、策略、格局

作文教学是传授技巧在先，还是实践操练在先？是培养学生的写作兴趣重要，还是传授写作技巧重要？对这些问题，有些教师常常会把握不准。有些教师总这样认为：学生的作文水平不高，或者兴趣不大，是因为没有掌握写作技巧。于是作文教学几乎全力投入了“怎么写”的“技术指导”，热衷于技法的传授，却不在基本功上做文章，不注意文章内容、观点、中心的实质指导与帮助。不仅教师如此，很多家长也是如此，认为技巧是第一位，于是很多的报刊、商家对此大做文章，大肆兜售所谓的“作文技巧”“作文秘笈”，诸如怎样拟题，怎样开头，怎样结尾，怎样安排结构，怎样打造亮点，怎样吸引阅卷教师的眼球等等，引发家长、学生大肆购买，从中大量盈利。于是乎，一些学生抛开对作文本真的追求，抛开对生活的体悟，抛开对名著时文的阅读，而去潜心研究作文的种种“招式”，挖空心思在作文形式上“翻新”，以致把作文搞成了“文字游戏”。由于原材料贫乏，没有丰厚的积淀，写出的文章也只能是一个“花架子”。任何一个优秀的作家，都不是在技巧上做文章的，而是打好基本功，在基本功的基础上，随机发挥，如此，技巧也就有了。事实上，有那么多的技巧吗？第一个人创造运用的是技巧，第二个人用就变成模仿，第三个人用就是一般，第四个人用则是落后。读者最终看的还是内涵、本质、思想。外象必须服从内涵，没有内涵的技巧是一无是处的，可能一开始能够吸引人，但最终会夭折。事实上，有了技巧的讲解，很可能全班很多学生一哄而上，结果，技巧也不成为技巧了。作文教学需要传授写作知识，进行技能训练，但是，这不是主要目的。作文教学的目的是让学生喜欢作文，逐渐产生浓厚的兴趣，并感到有东西可写，有一

种想表达的强烈欲望，从而在不断的写作实践中掌握写作技巧。事实上，学生也不是真不会写作文，而是怕写，不想写，写作文多么辛苦。端正认识，态度到位，才是学生能作文的第一步。技巧，从某种程度上，就是要实现作文的快速化，让作文一蹴而就，显然，这是不现实的。因为写作文是慢功夫，是实功夫，是真功夫，一技成功自然是不可能的。

当然，在这里，我并不是说全盘否定技巧。从另外一个角度讲，如果学生基础扎实了，技巧、技法对作文内涵的提升有很大的作用。技巧就贯穿在写作与评讲之中，在写作之中，在评讲之中不断理解、积累写作技巧，这样才能对文章的提高起到促进作用。有了积淀、内涵、思想，有了扎实的写作基本功，才能够无招胜有招。在这里，我将一些所谓的写作技巧呈现出来，供大家参考：

作文写作格式：

蒙太奇式：这里借用了电影艺术中的名词，即镜头的剪辑与组合。用在作文的结构中，是指用一个一个与中心有关的画面或故事，有目的地按某种方式串连或组接起来，为表达文章的主旨服务。

小标题式：指将事件按引子、起因、发展、高潮、结局、尾声分成小节，给每一小节注上一个生动的题目，起到提纲挈领、引人入胜的作用，激发阅读的欲望。

日记式：与小标题式相似，只不过是把每一节的小标题换成×年×月×日，用时间的变化表示事件的进展。

对倒式：将文中的明线和暗线这两条线索并行在某一点汇合。

剧本式：采用剧本常用的舞台说明形式，将文章中出现的人物、事件发生的地点等等先列出来，给人整体印象。

题记式：在作文题目之下、正文之上，摘引一段简洁的名人名言，或仿写一段精粹的言论，单独成段，作为全文的题记，以凸显全文中心，引导读者阅读。

后记式：在全文正文之后，补写一段文字，单独成段，作为全文的后记，以说明自己这次作文的目的、经过、感触，或补充交待一些文中涉及的有关内容，帮助读者进一步了解全文。

书信式：以给朋友写信的形式去写作，将阅读人视作可以谈心的对象，倾吐自己对于某件事情、某种现象的看法、感受及观点，从而使得写作语言可亲可近，消除距离感。

随感录式：全文分条收录自己对某一话题的感受心得，一般单独成段。

作文开头招式

招式1：巧用修辞，展示文采。巧用比喻、排比、拟人、设问等修辞手法，可使文章开头生动形象，富有气势，情景交融，如诗如画。

招式2：广泛引用，突出主题。开头引用警句、名言、诗句或俗语、谚语等，可以达到吸引读者，帮助突出中心的作用。

招式 3:描写环境,烘托背景。此法即借助某种修辞或某种描写技法,通过对景物的描写,渲染气氛,烘托氛围,为下文人物或事情的开端做好衬托铺垫。这种方法对记叙文、散文、议论文尤为有效。

招式 4:联想回忆,巧妙叙述。这种开头,由眼前的情景,联想起以往的事情,引起回忆,沿着这个思路叙述往事,形成倒叙。

招式 5:开门见山,亮明观点。所谓“开门见山”,是一种比喻的说法,指的是写文章时直截了当入题的一种写法。

招式 6:设问生疑,制造悬念。先倒叙事情的结果,设置悬念,或先设问破题,引起说明或议论。

作文结尾招式

招式 1:首尾呼应,凸显主旨。结尾与开头要相呼应,写出既呼应开头,又不简单重复的语句,把主题思想明确地表达出来。

招式 2:言为心声,呼唤号召。作文讲究情感真挚,要写出自己对真善美的呼唤,对假恶丑的鞭挞。这种情感可在文章结尾处真挚地抒发,号召大家一起去追寻真善美,一起去鞭挞假恶丑。

招式 3:抒情议论,气势不凡。在叙事的基础上,利用抒情、议论突出中心,让人明白你的写作意图,给人清晰的认识。

招式 4:景物烘托,情景合一。借用景物描写,烘托人物心情。

招式 5:引用名句,多姿多彩。借用名句既可以使文章简洁,又可以增添文采。可以直接引用,也可以巧妙仿用。

招式 6:巧妙发问,引人深思。即在前文充分铺陈的基础上,用问句来收束全文,以表达感情,深化中心。

(九) 作文可以速成,百天作文提高十分

现在市面上有很多的作文写作资料,上面都贯以“速成”字样,似乎只要买了这本书,只要学了这本书,只要用了这本书,作文水平就能大幅度地提高,而且时间短,见效快,大有神来之笔之说。世上有这样的好事吗?我以为数理化英这些功课还可以,在语文上,在作文上,要想真正实现,恐怕是不可能的。百天作文提高十分只是痴人说梦而已。

为什么?因为这里面涉及很多的基础,特别是语言的积累问题。如果没有积累,就那么空枯的几句话,请问其生动性表现在哪里?如果没有材料的积累,请问,文章的理据在哪里!如果没有思想的积累,请问深刻性在哪里?如果没有策略的积累,那文章就是千篇一律,没有变化了,试问其精巧性又表现在哪里呢!

作文是慢功,必须慢慢来。

当然,也有例外,那就是学生这些积累都有了,就是缺少方法、策略、路径。如果真

是这样，那还要你来点拨吗？也说明其他教师水平只能是一般般了。

（十）作文教学的目标就是考试得到高分

作文的目的是什么？很多人对此并不清楚。作文得高分只是其中一个方面。学生写作和教师的写作教学首要的是必须指向生命的健康成长，而不只是为了写作文而写作文。不应该是以写好一篇篇作文为写作的出发点和落脚点，因为这样的写作或写作教学，既不能体现“文如其人”的写作价值判断，更不符合写作之要义。所以，写作教学的关键点不是作文得高分，而是通过习作，更好地成长，更好地做人，更好地认识自我，促进自我的发展；它不应该只朝着成篇成文，更应该向着成人做人，是为着培养健全的人的目标而创设的学生写作生活。这即是语文教育家叶圣陶先生所说的“唯令学童的全生活浸润在发生需求、努力学习的境遇里”。所以，我以为，我们每一次的写作训练过程都应该成为学生生命成长和精神发育的一次唤醒，一次推动，一次升华；每一次写作都应该成为每一个生命的最真实也最动人的表达。如此，“作文即做人，做人即作文”的思想就得到最为充分的体现。当然，在作文中，还有一项工作需要突出，那就是思维——培养学生的作文思维的能力，这种思维与整个作文共同进行，只有缜密的、深刻的、全面的思维才能使作文具有主题的高度、语言的深度、内涵的广度。

“从喷泉里出来的都是水，从血管里出来的都是血。”这是鲁迅先生的传世名言，更是写作文的永远经典。写作的问题是写作本身的问题，但更是写作之外的问题。“汝果欲学诗，功夫在诗外。”确实，要想真正写作，首先是做人，首先不是写作，首先不是为写作，而是写作外的东西。

（十一）优秀作文，就是新颖、奇特的作文

关于什么是好作文的问题，每一个语文教师都有自己的看法。但普遍的看法是新颖、奇特。这可以从平时批阅的作文得分看出。要想得高分，必须体现这两个字。新颖，材料必须是新的，主题必须是新的，结构必须是新的，一句话，要有创新之处；奇特，一定要有奇特之处，与众不同之处，自己的独立见解之处，一句话，要给人出人意料之处。不新颖别致，不奇特巧妙，哪有好文章？

确实，新颖、奇特是好文章的重要特点，但也不是唯一的要求。好文章多的是，难道都是这样的吗？答案自然是否定的。如朱自清的文章《背影》，试问其新颖在何处！父亲买橘子，是再寻常不过的事情了。哪一个父母亲没有给自己的孩子买过东西呢？奇特，在文章中更是无处寻找，文章选材很平常，这不是一个英雄之举，也不是一个伟人之举，是发生在我们身边的平常事。既使是语言，也就是那一些常用的话语。但这篇文章还就是感人的，让人受到感染了。什么原因？不是表面的新颖、奇特，而是内在的力量、共振的力量——真挚的情感、通俗的行为，让人形成共鸣——我的父母不也是这样的吗？我不也是这样的吗？这样的文字写到了读者的心里，这样的文字写的不是朱自清，而是我们读者自己。文章的感染力自然而然地透过文字渗透进我们的心底——这样的文章感染力是最强的，虽然没有新颖，没有奇特，只有朴实，只有真实。

三、“正语文”作文教学的基本原则

（一）相信性原则

没有相信就没有教育，没有相信就没有进步，相信永远是教育的起点，相信的力量是无穷无尽的，教育从相信开始。

一是教师要相信学生能够写好作文，学生有写好作文的潜质。这样，教师就能千方百计地去挖掘学生的写作潜能，使之不断进步与发展；学生在教师的影响下，就能充满信心地面对作文、写好作文。

二是相信教师自己能够教好作文，教师也有教好学生的潜质。这样，教师就能够有信心面对学生坚定信念，努力地教好作文；就能让教师想方设法地运用各种方法采取各种手段教好作文。

相信，不是相信少数学生能够写好作文，而是相信所有学生都能写好作文，这既是对每一个学生最基本的尊重，也是对每一个学生最根本的负责，更能体现一个教师的情怀。

有了上面的两个相信，教师就会把“教好学生写作”当作自己的责任，就会产生无穷的力量。最终在教师与学生的共同努力下，变“不可能”为“可能”，促使学生作文得到全面的提升与发展。

只有相信，才有可能使学生变化与发展；只有相信，才能使教师真正尽教师之责，让学生作文得到全面提升。

相信性原则，解决的是最为基本的思想性问题，是教好学生作文的最根本的一点。

（二）激励性原则

“兴趣是最好的老师。”只有“亲其师”，方能“信其道”。教师只有建立起学生写作的兴趣，学生才能发自内心地热爱写作，积极投入，最终才能有所收益。要建立学生的兴趣，就需要各种激励，通过激励来激发兴趣与爱好。

激励，即激发和鼓励。它是指教师在教学活动中，有意识地、自觉地运用自己的语言态度（心态和体态）和教学技巧，科学地运用各种激励手段，创造一种和谐、宽松、愉悦的写作教学气氛，发挥学生主观能动性，挖掘其内在潜能，激发其写作的积极性，从而使学生在自信、自强和积极向上的心态中顺利地进行写作，提升写作水平。

激励，不仅一开始就激励，在过程中同样要激励，在失败时要激励，在成功时也要激励。激励必须做到无时不在，无处不在，必须因人而异，因时而异，因文而异。

（三）严格性原则

“严师出高徒。”写作教学亦然。如果不严格要求，学生就会懈怠；如果严格不到位，学生就很难坚持下去。

1. 从开始就严格

“好的开头是成功的一半。”学生进校的第一次作文是最认真的，这时的严格是最重要的，教师所提的一系列要求都是最能够达到的。

2. 从基础严格起

学生作文之所以不行，其中一个重要原因就是基础太差，就是书写差、态度差、时间观念差。为此，必须从最基础的书写抓起，训练起。通过训练，形成习惯，最终“习惯成自然”，学生就感觉不到作文是多么艰难的事。

3. 要持之以恒

任何事情都不是一蹴而就的，写作更是如此。所以，对学生的作文训练不是只有开始，必须持续。因为人都是有惰性的，要让学生形成自觉的习惯，没有持之以恒的严格要求是不能达到的，只有长期坚持，才能取得成效。

4. 面向全体严格

所有学生都是来学习写作的，必须对所有学生严格要求，而不是对少数学生严格要求，特别是写作能力差者，更需要严格。严格是一种爱，严格是一种尊重，而不是听之任之。严格既是对教师自己的要求，也是对学生的要求。

（四）区别性原则

学生与学生作文水平是不一样的，如果用统一的要求与格局来教不同的学生，最终将不能让不同学生得到不同的发展。所以在教学中，必须体现区别性原则。

在教学中，切实做到因人而异，因材施教。基础薄弱与基础雄厚的不可同日而语。应该要求不一，制定不同的目标，设置不同的任务。特别是对于那些所谓的“不开窍”的学生，必须切实做到“不放弃、不抛弃、不遗弃”。针对其不同的状况，必须采取不同的措施及时补救。只有将基础补上来，才能跟上大部队，融入大部队。

而对于写作水平稍高一点的学生，就应该采取“吃自助餐”和“吃小灶”的办法，使之持续地热爱写作，让其在自我作文中持续得到提升，从而使作文水平在原来的基础之上有大幅度的进步。

（五）融合性原则

学生作文好坏绝不仅是指写作材料，其水平最终是由学生综合水平与能力所决定的，特别是语文听说读写四大能力的综合水平决定。因此，在语文教学中，必须将听的能力、说的能力、读的能力与写的能力有机地结合、整合与融合，让听、说、读共同作用于写，这就让写显得不单调，富有内涵。

学生作文也绝不仅是语文之事，其水平的高低与其他功课的学习也有着密不可分的关系。数学中有写作，物理中有写作，化学中有写作，英语中更有写作。如果其他功课学好了，就能在作文中有机渗透与融合这些相关学习内容，使学生文章富有特色，更加精彩，反过来，作文水平的提升对这些功课的学习也有反作用力。

学生作文也绝不仅是作文之事，其中更重要的是反映做人之事。作文即做人。作文必须与做人融合。与做人融合，就是高度重视学生平日的生长与成长，使学生学会做人，让学生“千学万学学做真人”。事实上，人做到什么程度，作文的思想、境界就会到什么程度，作文是做人的反映，做人的高度决定了作文的高度。此谓故人所讲“言为心声”。

（六）有序性原则

“登高必自卑，行远必自迩。”凡事都有序，都必须循序渐进。

教育是农业，农业是慢慢生长的过程，教育就是慢的艺术，只能是一个不断推进的生态化的过程。作文亦然，有着自己的过程与程序，不可能是一蹴而就、一挥而成的。必须遵循由浅入深，由表及里，由低到高，由学到用，由仿到创的序列，慢慢进行，逐渐成型才可。

1. 学段写作的序

小学、初中、高中、大学四个学段，学生的作文基础是不一样的，必须遵循各自的共序，虽然学生与学生之间的作文基础不一样，但总的序列是相同的，不可跨越，不能乱序。

2. 文体教学的序

小学教学必须由说话到写话，必须由形象到抽象，必须由写实到写虚；初中教学必须由记叙文到说明文，由说明文到议论文，而记叙文必须由写一人、一事到几人、几事；高中教学则是由单一方法到综合方法。

3. 学以致用的序

阅读与写作是语文教学的双翼。阅读的目的有二，一是认识，二是积累。两者都与写作有密不可分的关系。故阅读是写作的基础。读而仿成为写作的一个简单序列。而仿最终走不出教材、作者，在此基础之上，还必须走出来，进行创造，这就是仿而创。读—仿—创，是写作教学的一个重要序列。

（七）篇篇清原则

作文是写不完的，是不可能穷尽一切内容的，再高明的教师也无法做到这一点。

但作文又是训练出来的，没有训练作文是不能提高的。然而作文训练又是极其有限的。这就需要做到作一篇会一类，即达到“篇篇清”。

所谓“篇篇清”，不是指作一篇是一篇，会一篇，而是跳出本篇，会解、会写类似的、同类的，由一篇会一类，由此及彼。

“篇篇清”不仅是指写作主题的清，还包括写作方法的清，学并用了某一典型的写作方法，必须对此方法有深入透彻的理解，并能对此方法有较为娴熟的应用与拓展。

（八）自主性原则

外因是条件，内因是根本。写作同样如此。只有充分地调动学生参与的意识，使学生能够主动积极地行动，作文才能最终得到提高。

故作文教学中必须发挥自主性原则，让学生全程参与作文，把作文权还给学生，让学生自我积累、自我理解、自我审题、自我列提纲、自我写作、自我修改、自我评析、自我更正、自我提升。

当然，学生是写作的主体，教师却是写作的主导。教师对学生作文水平的提高有着不可推卸的责任，必须切实做好“导作”的工作。只有“自作”与“导作”科学和谐地密切结合，学生作文水平才能真正得到提升。

（九）示范性原则

学生作文需要示范。其基本示范有两个，一是范文——教材中选择的典型的文章；二是范人——我们的语文教师、作文教师，也应该是学生的示范。

范文不必多说，人人皆知。范人，却是容易忽视的。

学高为师，身正为范。语文教师，必须要有示范性，给学生以正确的引领与榜样，让学生看到作文的示范。

1. 做人的示范

学写作即学做人。写作到什么程度，就反映了人做到什么程度；或者说，人做到什么程度，就决定了写作到什么程度。作为教学生写作的教师自然不仅要教学生写作的一些策略，更要教学生做好人，对做人有正确的理解。而要做到此，教师首先必须做学生的标榜，切切实实地做好人——不仅是一种理论认识，更是一种实践行为。让学生不仅理解其思想，更看到其思想的实践——日常示范性的行为，从而在潜移默化中受到影响。所以，从某种程度上说，学生应该是语文教师的影子，而不是其他学科教师的影子，因为在语文教师身上更多体现的是人文思想、人文情怀、人文行动。

2. 下水的示范

“磨破嘴皮不如做出样子。”教师固然要去分析文章，要去讲解文章策略、技巧、方法，但这样更多的可能是“纸上谈兵”“对牛弹琴”“空对空”，不能落地。因为教学更重要的是做出示范，做出作文的示范。因此，教师一定要与学生一道写作，写出下水文——与学生一样，没有任何的借鉴，没有任何的拐棍，靠教师自身的素养与能力写作。这样做，一是让学生信服教师，亲近教师，从而“亲其师，信其道”，在不知不觉中提高自己的作文水准；二是使语文教师成为名符其实的语文教师，而不是说教教师。数学教师要做题，理化教师要做实验，唯有语文教师教写作却不写作，这不是可笑与荒唐的吗？不光写了，还必须读出来，让学生品鉴，使学生认识，让自己提高。

也许有人说，我的作文水平不高，不行。这也不要紧。这更说明学生作文不好的原因不在学生，而在教师。如果果真这样，我们的教师更应写好下水文，可以在学生作文之前写，就像数学教师在讲解练习之前先做一遍，不会的查资料、问同事。语文教师同样如此。只有这样，自己作文水平才能得到不断提升，同时，才能引领学生写好作文。

四、“正语文”作文教学举措

怎样才能让每一个学生都能写好作文呢？我以为重点有三个，一是坚持写好作文的九大原则，二是走出写不好作文的十一大误区，三是综合问题综合治理。第一、二点好理解，第三点的意思就是针对问题的存在进行有针对性的解决。

第一、二点，前面已经讲过，这里不再赘述。重点讲第三个问题。

综合问题，共有五点，应该从如下方面来思考与解决：

一是学校层面的问题——很多学生作文不好与学校的急功近利有密切的关系。所以，学校这一头必须大有作为，必须尽到自己的责任。但更大一点的问题如中考、高考的问题，实在太远，我们鞭长莫及，无能为力，学校的问题，应该是学校内部的问题，只要大家认识到位，是能够解决的。

二是教师层面的问题——这是最为核心和本质的问题。怎样的教师教出怎样的学生。教师好，学生作文才好。相反，教师不好，学生作文自然不好。除非这个学生有很好的基础，有很好的家庭影响，有很好的个人追求。

三是家庭层面的问题——家校一体化。没有一个家长不希望自己孩子的作文是好的，不仅是为了升学考试，也是为了将来的交际与发展。所以，作文教学这一块千万不能缺了家长的支持与配合。事实上，家长在孩子作文的问题上也必须承担责任。

关于教材问题，那是一个大问题、远问题，特别是国本化的教材，因为是国家的教材，是专家们精心编撰而成的，在编写过程中，必须考虑到作文教学的方方面面，甚是周到全面。所以我以为，我们虽然也可以编写一些自己认为较好的适合学生作文教学的教材，但比之国家教材确实有很大的差距，对国本化作文教材——它属于语文教材的一部分，应该尊重尊重再尊重，在全面深刻充分理解的基础上去有序实施，在实施的过程中，可以有些许的改变——这种改变的原则之一就是从实际出发，以学生为本，而不是自以为是，随随便便，这样的改变才是靠谱的，有效的。所以，教材问题，不是我们讨论的重点。

关于学生问题。学生问题说到底不是学生的问题，而是外在的问题，是学校的问题、家庭的问题、教师的问题。因为学生是我们的教育对象，其存在的一切问题都是由学校、家庭、教师方方面面的影响造成的。而要改变已经形成的一系列问题，“解铃还须系铃人”，还需要从外围给以解决，从而不断改造学生，改变学生，使学生走上正道。最终学生问题也就不是学生问题了。

（一）学校问题的解决

1. 引导学生做好人

对学生而言，学作文，首先是学做人。人做到什么程度，文就会写到什么程度。什么样的人写出什么样的文，什么样的文反映出什么样的人，人与文之间有着千丝万缕的关系——言为心声，文以载道，文道结合。价值观、人生观、幸福观、是非观决定着作文的主旨。高素质的学生才能写出高质量的文章，一个认识深刻的人，写出来的文章往往不会平平淡淡，一个见义勇为的学生写出来的文章绝不会充斥着消极、懦弱之语。所以，要使学生写好文，必须让学生做好人。这不仅是一班之事，也是一个年级之事，更是一校之事。我们应该集全校之力采取多种策略提升学生的人文素养，提高学生的素质。在我们学校，校训是“真善美”，就是希望所有师生员工成为真善美的代表，通过大家的努力，通过对校风、教风的建设，师生思想先进，作风凌厉，朝向目标不懈追求。这为学生写好文奠定了坚实的基础。

2. 促使语文教师成为语文教师

难道语文教师不是语文教师吗？有的不是。语文教师最应该像一个文化人，因为古人认为饱读诗书的人才是文化人，而符合这一条件的首先是语文教师，但是，我们的语文教师读了多少书？如果读的书很多，言谈举止却很下里巴人，而非阳春白雪，那同样也不能给学生以熏染、影响。试想，要让学生在这样的语文教师身上学到优美的书面语是何等困难！我们常说，要加强教师的修养，这就是语文教师做人的问题。语文教师的做人直接关系到学生的做人与成长。我们要加强语文教师的基本功建设，语文教师的基本功很多，会说话，说正确的话，说恰当的话，说没有语病的话，说文化人应该说的话；能写字，写好字，有的教师写的什么字呢？确实不敢有丝毫的恭维；能作文，前面已经讲过，下水文是教师必须的功夫；会评析，会指导，要练就一双慧眼，学生作文出来了，要有“火眼金睛”，去发现“妖精”，去发现学生作文存在的问题，去指导如何正确修正。当然语文教师的功夫很多，以上只是几项与作文有关的功夫，其他如演讲功、听功、说功、读功、辩功、阅读理解功等等，都很重要。这样的语文教师才能对学生施以积极的影响，促进学生作文的提升与发展。让语文教师成为语文教师，还有一点重要的就是，一定要通过各种渠道让每一个语文教师接受并树立起“没有写不好作文的学生”的观点，从而明确自己的责任——如果学生作文写不好，教师是重要的责任人，这样，教师就会自觉地练好基本功，从内心深处真心地为学生作文的提升服务。

3. 让语文行家来管理语文教学

学校管理语文学科，必须放手让语文负责人来管理，对语文应该少指手画脚。我们现在有些学校校长不是语文教师，却喜欢充当语文教学管理的学者、专家。他们其他学科很少去碰，因为那是专业性很强的学科，弄错了会丢人的。但语文不同，语文学科谁不懂呢？天天与“语言文字”打交道，会不懂？特别是作文。于是这些领导比较倾心于语文学科的检查，一查就有问题，最后放大，你看我查得多仔细。在教育他人时，举的例子也多是语文学科的，特别是作文。把作文捧来，怎么只有这几人？怎么只做了这几篇？怎么没有高分？怎么眉批这么少？总批只有这几行？啊呀，怎么连这儿的一个错别字都没有改出来？……于是把语文教师找来，表面是商榷，实际是批评，表面是交心，实际是指责，表面是研讨，实质是质问，表面是引导，实质是命令。于是我们的教师只有按照上面的一系列规定做好规定性动作——死教作文，死批作文，死改作文——错别字要改出来，要有三行总批，五处眉批，要有高分，要每周一篇，要先这样，后那样。“戴着镣铐跳舞”在作文教学中成了现实。如此，我们的语文教师作文教学还有个性吗？还有自己的创造性吗？还有自己的作文教学理想吗？而缺少个性、创造性和教学理想的教师，还能培养出有个性、创造性、富有理想的学生吗？那么，对于作文教学管理应该如何办？解放思想，实事求是，加强责任，充分放权，八仙过海，各显神通，各尽其能，各想其法，不能统得过死，不能箍得太紧，应该给语文教师足够的时间与空间，创设宽松的作文氛围，提供作文教学的服务平台，“政府干政府的事，市场干市场的事”。把作文教学的事交给语文教师，学校考核，学校检验。

4. 让学校充满语文味

学校要创设适合学生语文学习与作文水平提升的环境；学校要每年举行两三次全校性的作文展览活动，以年级为单位，每次一周，几周举行一次。展示只是形式，但是从发动、宣传到写感想、评选优秀这一过程中，学生受到的益处是极大的，教师在其中也高度重视作文——谁愿意自己所教的学生作文不如他人呢？学校设立了优秀作文展示长廊，提供优秀作文展示平台，一个年级三个版块，分布在三个年级二至四楼，两个星期一更换，由三个语文备课组长负责，计入语文备课组长的绩效考核。

5. 扎实开展“三进”工作

“三进”是指书法进课堂，诵读进教材，普通话进校园。这就涉及书写、阅读、听说，这就是综合的语文改革。学校每两周进行一次的写字、阅读教学正常进行，且列入教师工作的考核，语文教师每周用正楷写一首诗歌到后面板报上，让学生学习，每周检查一次；双休日，不是让学生记死知识，重点是三项作业：练字、美文欣赏、名著阅读。在每年的 12 月进行“读书节”活动，有听写字词、讲名著故事、评价名著等。

师傅领进门，修行在个人。师傅领进门，确保能作文，发展在个人。

（二）教师问题的解决

教师问题的解决，实际上是教学问题的解决。必须针对作文教学中存在的一系列问题对症下药。

针对写作误区，为了提高学生的写作水平，我们以为，必须提高我们的认识。认识决定行动，思路决定出路，态度决定一切。

1. 牢固树立“没有写不好作文的学生”的理念

只有理念到位了，只有认识到位了，才能从根本上解决问题；不仅是让教师树立这样的理念，同样，也要让学生明白这个道理。这样，师生才能劲往一处使，心往一处想，才能形成作文教与学的合力，“没有写不好作文的学生”的理念才能得到贯彻。

2. 持之以恒地培训语文教师

不断提高语文教师的形象、素养，提高其语文教学的水平与能力，特别是下水写作的水平与能力，评判作文好坏的水平与能力，指导学生作文的水平与能力，升格学生作文的水平与能力。如何培训，前面已经作了详细的说明，可以参见前文。

3. 要综合治理，统筹治理，科学治理

一定要高度重视对学生作文态度的引导，因为态度决定一切。而态度中最核心的问题就是认真。只要认真了，就没有做不好的事情。综合改革，自然是听说读写结合，课内课后结合，做人作文结合，积淀技巧结合，理论实践结合，作文评批结合，全方位、多渠道、立体式进行作文教学改革。

4. 科学认识学生习作

学生习作与作家写文章有着根本的区别。学生习作是学习写文章，即通过习作，不断修正自身作文中的问题，不断提高习作水平与能力，学生在学习写文章时出现问题是正常的，不必大惊小怪，应该用一颗平常心来看待，不能急功近利，要慢慢来，循序渐进，有序推进，步步为营。

（三）具体策略

1. 实施“五读习问教学法”，实现读与写的真正结合

著名教育家叶圣陶先生说：“教师之为教，不在全盘授予，而在相机诱导，必令学生适其才智，勤其练习，领悟之源广开，纯熟之功弥深，乃为善教育者也。”他认为，语文训练学生的最终目的是“自能读书，不待教师讲；自能作文，不待教师改”，即“教是为了达到不需要教”。心理学原理告诉我们：学生在学习中产生疑问之时，原有的知识经验就会与新接受的信息产生矛盾，这时在心理上就会出现一种力求统一的愿望，从而促进了思维的展开。课程标准要求：在语文教学过程中，要将传授知识、培养能力、思想教育三者有机地结合起来。为此，我们大胆进行了语文“五读习问”教学法的教改尝试，应该说，这种教学尝试实现了读与写的有效结合。

“五读”是教学活动中的五次有序阅读，是对文章内容五次不同目的、不同要求、不同层次的阅读。这“五读”即为题读（题目阅读）、粗读（整体阅读）、精读（局部阅读）、疑读（带疑阅读）、回读（回顾阅读）。“习问”一词由叶老在《国文百八课》中提出，意为习惯地提出有质量有意义的问题。如此，将“五读”与“习问”有机结合，便形成“五读习问”之专有名词。“五读习问”教学法就是学生在教师组织引导下，经过题读习问、粗读习问、精读习问、疑读习问、回读习问五次有序读、问，自己探索学习目标、内容，静心思考，并通过同学间讨论交流，教师给以正确引导，从而完成教学任务的一种教学方法。

由以上分析可知，题读习问、粗读习问、精读习问、疑读习问、回读习问是“五读习问”的五个母环节，它们有着不同的要求、目的，表述如表一：

表一

母环节	教学要求	教学目的(与写作关系)
题读习问	理会题目之意、构成、题眼; 把握文章体裁; 窥测文章内容、主题、重点、写法。	理会题目; 学会审题。
粗读习问	理解文章生字词; 掌握文学常识; 初步理会文章主题、特色、结构、选材。	初学文章立意、选材、构思、写作方法。
精读习问	分析文章重点、写作特色、表现技巧、材料与中心的关系; 学习文章精彩段落(修辞、语法、遣词造句等)。	学习写作技巧; 学文章遣词造句,正确理会句子; 正确使用修辞、语法、标点等。
疑读习问	理会文章其他疑点、难处,更全面理解中心、特色。	释疑解难查漏补缺,使文章生动感人。
回读习问	全面理解、总结全文,运用所学知识自我反馈、进行自我思想教育,能自学运用。	能自我总结、自我反馈、自我运用。

要使“五读习问”五个母环节顺利实现,还必须切实完成好各自所包含的三个子环节的任务:自读习问、讨论交流、指导释疑。其中母环节“回读习问”中还包含有“反馈深化”之子环节。

自读习问——学生个体自觉阅读课文(题目、全文、局部)进行习问。这是确定所在母环节的认识目标的环节,是学生发现问题的阶段。该子环节是进行教学活动,完成教学任务的前提。

讨论交流——学生对自读习问所确定的认知目标,进行自我探索,学生间彼此问答、讨论、交流,“疏漏之处予以补充,错误之处予以纠正”。这是学生初步解决问题的阶段,显示了学生初步解决问题的能力,它是子环节自读习问与指导释疑间的纽带。

指导释疑——学生完成上两个子环节后,产生了强烈的求知欲,进入一种积极的思维状态,此时,教师在学生求之不得、答之不全、论之不实之处,给予启发、指导、精析。这是学生在教师帮助指导下进一步解决问题的过程,是切实达到教学目标的关键。

反馈深化——母环节“回读习问”持有的继“指导释疑”之子环节后的子环节,是在前面四个母环节全面完成的基础上,学生进行自我反馈——总结、整理、检测学习内容,深化——运用所学知识进行思想评估、自我教育的活动过程。这是学生自我总结、运用问题的阶段,是教学的归宿、目的之所在。

要使“五读习问”教学法的尝试顺利进行,就必须要充分发挥学生参与意识的主动性、积极性,这就要求教师必须三功到位(功在课前、功在组织、功在诱导),充分发挥主导性。功在课前:每一节课都有其教学目标、要求、重难点,要顺利完成教学任务。这就要求课前深钻教材，吃透教材，备好教材，学生习问时，题很多很杂很碎，要使教学活动顺利进行，教师就必须做到课前精心思考，充分估测。功在组织：母、子环节的先后之序，学生问题之序，交流、讨论的层次，提示、补充的时间，都要求教师课中认真考虑，合理组织，这样才会使课堂井然有序，有条不紊，在单位时间内顺利完成教学任务，提高课堂效率。功在诱导：为使学生对知识掌握得牢靠，能力得到真正培养，充分体现其探索意识，这就要求教师彻底摒弃注入式、单一、无味的讲述，充分发挥学生的主观能动性，在授课中进行有效的启发、诱导。

综上分析，“五读习问”教学法之教学全过程可用表二表示：

表二

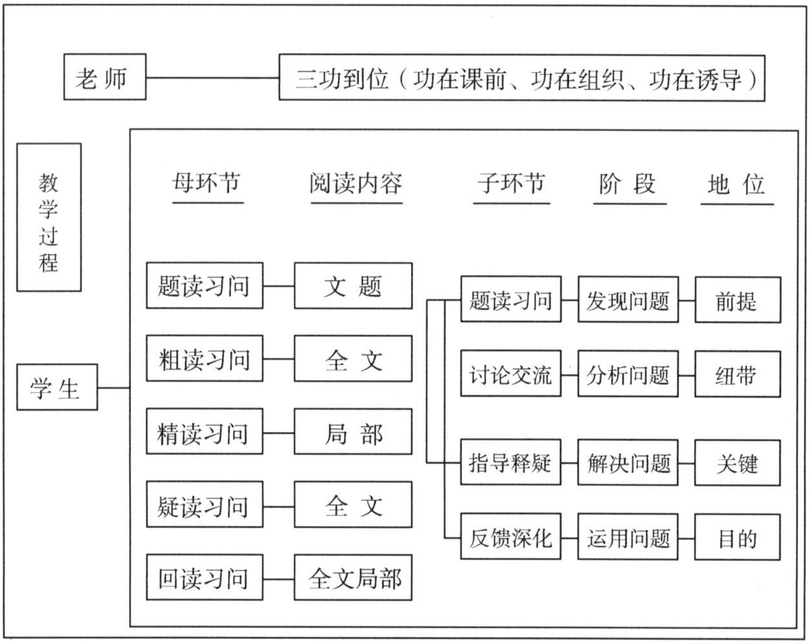

通过实践，我们认为，这种教学法的最大好处就是使学生听说读写的能力得到全面训练，促进学生读书习惯的形成，作文水平的提升。

现行语文课程标准指出，初中语文教学目的是“使学生具有基本的阅读、写作、听话、说话的能力”，“使四种能力协调发展”。该教学法充分体现大纲精神，四种能力得到全面培养。听：教师精析课文，相机诱导，学生共同讨论、交流，都要求学生认真听讲，全力以赴，抓住重点，扣住中心，从而增强了学生听话的能力。说：学生提问，提出见解，进行总结时，教师给以发音、语调等的训练，引导学生围绕议题，有重点、有条理进行辨析，以使说得准确、有理、有序，这就培养了学生说的能力。读：五个母环节的完成，皆是由阅读起步的，整个教学阅读是起点，亦是终点，阅读时带着人物，抓住关键，循序渐进，从而使阅读训练落到实处。写:此教法将课堂教学与写作训练切实有机结合,母环节的实现无不与作文教学挂钩,分析题目、学会选材、构思文章,这就为学生写作同类文章奠定了基础。学生通过该教法的实践,其审题能力、立意能力、选材能力、构思能力、遣词造句能力都得以训练与发展,“授文即作文”的目标得以实现(从表一可见)。可以说,该教法最大的一个特色是与作文挂钩,使作文能力得以提高。由此可见,“五读习问”教法使听说读写能力并重,全面发展,且充分实现了阅读与写作的有机结合。

实施这种教学法的主要注意点就是应螺旋式进行,至少三年,初一至初三各年级分别传授记叙文、说明文、议论文之时,教以文体习问规律,培养习问能力。各年级下学期则进行相应文体的教改尝试:一年级记叙文,带讲授说明文、议论文知识;二年级重点说明文,继续巩固记叙文尝试,同时传授议论文知识;三年级则进行全面尝试,重点是议论文。在不断的推进中,理解读,明白写,读到位,写到位,才能真正有序实现读与写的结合。

(二)运用“先学后教,二次训练”教学法进行作文教学

在作文教学中,我们深知,解决作文难的根本之道是综合治理,而综合治理的根本在于真正还作文权于学生,让学生拥有真正的作文权——这是写好作文的内因,其余都是外因。“我要作,我会作,我能作”是学生的内在需求,只有你放权了,学生才能开动脑筋,积极作为——不是学生不会作文,不是学生不能写好作文,而是我们的教师没有放开手脚,让学生真正自主作文,是我们的教师用各种各样的要求束缚着学生自由作文,让学生“戴着镣铐写作文”。此时,不是学生在写作文,而是教师在写作文,只是借助学生之手写作而已,或者表面是学生在作文,实质上还是学生在教师的支配下作文,学生完全失去了作文的主动权,“我手写我心”“写出自己的真情实感”,都成了可望而不可及的口号和奢望。一句话,学生作文不好的根本原因就是,学生的作文权不属于自己,而属于教师——教师指导审题,教师朗读范文,教师帮助选材,教师提醒立意,教师协助构思,教师提供用词,教师独自评析,教师拼命修正。这样的作文是学生的作文吗?这样做出来的作文还有学生味道吗?

故写作权回归,才是解决作文难写、难教的根本之道。作文权什么时候真正回归,学生的作文自主权什么时候才能得到真正保障,学生的作文水平才能得到真正提升,作文教学改革才能得到真正推进,作文难的困局才能得到真正的破解。

“先学后教,二次训练”是行之有效的教学方法,是写作权回归的有效之道。

“先学”:学生先自我作文。包括:

布置作文:上课铃一响,教师进入课堂,提出作文要求,下发作文纸。

自我作文:学生根据作文要求,自我审题、立意、选材、构思、用语,现场作文;教师不作任何的指导、揭示、干扰,只是巡视,确保学生认真、独立作文,不抄袭作文,同时依据本次作文要求撰写下水文。

收取作文：下课铃一响，全体学生（做完和没做完的）上交作文纸。

“后教”：学生彼此析评作文。包括：

通阅作文：课后，教师通阅（非通批，不必批改）学生作文，找出好、中、差三类典型作文，做好分析记录。

通读作文：在课堂上，教师通读三类典型作文，不宣读作者，一是保护，二是不让他人知道作者是谁，避免造成不良影响。

自评作文：学生听后，教师给足时间，每一个学生自我评分、评析所听作文。从两方面评析，一是分数——只要扣题，便在60分以上，不扣题60分以下，完全离题，可以评0分；二是理由——即给分的依据，审题方面、选材方面、立意方面、构思方面、语言方面等有特色、有亮点则适当加分，有问题、有错误则适当减分。

互评作文：学生彼此交流、表达作文评析意见。有三种方式：同桌交流，小组交流，全班交流。重点说两点，一是分数（或等级），二是说理由（如上办法）。

在互评环节中，教师也让习作者本人对自己的作文进行评价，不过，一般都是在同学彼此评析过后，一是尊重习作者本人，让其尽情地自我评析——在听了他人的评价之后，可以申辩，也可以赞同，总之，是为了更好地进行自我评价；二是让教师更好地倾听、准确地了解习作者心声，从而更好地把握评讲重点与关键。但在实施中，教师要对习作者进行保密，特别是差文章，以免伤害习作者自尊心，让他成为其他同学的笑料。

这一环节是互评的关键。因为学生都是作文在先，都有了审题与作文的体验，所以都能说上一二三点出来，都能够结合写作谈自己的理解。如果只是学生的互评，那么，这样的互评不免落入肤浅、一般、陈式，学生腔十足，缺少深度、广度、新意。那如何提高互评的质量呢？就必须发挥教师的“导教”作用。

所谓“导教”，就是教师不进行评价，不进行直接讲解，而是引导学生进行评价，引导学生正确理解，即教师只在“引评”上做文章。具体说，就是在学生评析、对话、交流与辩论的基础上，教师针对学生回答中出现的相关问题，引导学生如何正确审题，如何选择材料，如何确定中心，怎样构思文章，如何运用技巧，如何遣词造句等等，从而使评价具有针对性、拓展性、有效性。如此引导，学生既有感性评价，也有理性分析，做到感性与理性相结合，学生作文就在你评、我批、师导中得到切实提升。

在“导教”时，教师一定要引导得有凭有据，一定要引导学生结合文章具体内容进行评析，不能大而空，特别是要运用好“比较法”：引导学生思考并回答哪个表达好，哪个表达差，为什么好，为什么差，差的如何改好，好的如何更好，好的例子与本单元课文中的相关内容比较，为什么书本上的更好，怎样使好的也能接近书本内容，在学生充分思考、认真剖析、潜心研讨的基础上，教师再进行精彩的点评，使学生在教师引导比较下，理解更深一层，认识更透一点。

有时，教师可就其中典型的一篇作文专门拿出来做范例，让大家共同评析，共同修改。有时，教师也可以拿自己的“下水文”在班级读，让学生进行评议，这样做，既拉近了与学生之间的距离，也让学生感受到教师不简单，提高了教师的威信，再就是让教师现身说法，更具有示范性，更具有教育的意义与价值，教师都尚且写作文，更何况正在求知的学生呢。这就是我们所讲的“典型作文评析法”，这些案例来自学生，来自实践，很亲切，对学生来说，不远，很近，自然对学生作文水平的提升大有裨益。

关于“二次训练”：学生自我批修作文。

生批修作文。通过同学的“互评”，大家对本次作文有了更深层次的理解与把握，于是依据大家评析的作文要求，学生个体对自己的作文进行自我评析、修正。评价办法同评价他人作文一样，必须用铅笔给出分数和理由，写在作文之后；修改的重点一是卷面与书写，二是错别字、标点与病句，三是文章的立意、构思、选材等。如果自己认为是离题作文，则必须重写，时间自找。

师批阅作文。学生批修后，交上作文，教师给以评批。评批方法：1. 抓住本次作文重点，三言两语，不必长篇大论；2. 以鼓励为主，建议为主；3. 问题指出要具体，不空洞；4. 等级与分数并行评价——初一初二变分数制为等级制（优——优＋、优、优－，良——良＋、良、良－，中——中＋、中、中－，下——下＋、下、下－）；初三为分数制——基础分加特色分，减书写质量分和错字分，这是中考的必需。

分类处置。对于仍没有改观的习作，教师进行面批，一一指出问题后，要求重写；特好的，可以发表——发表渠道多种多样，可以是班级的，也可以是校级的，也可以是正式出版的刊物的，同样面批，再作修改，使之完善，在修改中进一步提升文章内涵，提高作文能力，要确保通过二次训练使不及格者及格，及格者提高十分，八十分以上者能达到发表的层次——这也是实施分层教学。

通过上面分析，我们可以看到，“先学后教，二次训练”作文教学法确实做到了把作文权还给学生，学生真正成为了自己作文的主人——自己在审题，自己在选材，自己在立意，自己在构思，自己在遣词造句，自己在评价，自己在修正——作文权得到了回归。

这种作文教学法具有下面三个显著特点：

(1) 真实

真实无疑是作文的前提，写文章要有真情实感，真实就是作文教学的基本出发点，这是人所共知的事实和道理。“虚假”是当今中学生作文最大的弊病，严重危害着学生的做人与语文素养的提升。而“先学后教，二次训练”却让作文教学直指真实，迫使学生作文真实——不真实的作文无从立足。

① 作文过程是真实的。“先学后教，二次训练”作文教学法突出了作文的三大环节。每一个环节都保证了绝对的真实。在学生“先学”时，教师全程不干预，对任何学生均不指导，而只是创造一个作文场，规定时间和要求，让学生独立审题、构思、立意、选材、遣词造句，在规定的时间内完成应该能够完成的作文；在“后教”时，教师只起“导教”作用，“教”作文的权利还是学生的——学生互教互评；在“二次训练”时，学生根据“先学”和“后教”所得，进行自我修正、自我评价，即使教师面批，也是彼此真实感受的交流，

最终修正权还在学生——这就从根本上杜绝了作文的抄袭、套作、宿构。

② 作文内容是真实的。学生作文总是要求“我手写我心”，怎样才能做到？“先学后教，二次训练”可谓做到了——在规定的作文时间内，没有教师的任何干扰，没有教师的任何提示、暗示、揭示，教师只是一个督促者，除了不允许学生讨论与借鉴外，学生属于自己，学生的思维是自由的，他所写的作文内容完全是出自他的思考，他所表达的思想完全出自他的情感，他所阐述的观点完全出自他的认识，没有人束缚他、羁绊他、剥夺他，大到主旨，小到标点，均是他自己真实的表现。这就突破了教师定主题、定材料、定写法的羁绊，达到了“写作要有真情实感，力求表达自己对自然、社会、人生的感受、体验和思考”的课标要求。

③ 教师导评是真实的。余文森教授在《论有效教学的三条“铁律”》一文中所言：“没有针对性的教学就是一般化的教学，一般化的教学是无效和低效的教学。”在“先学后教，二次训练”中，教师的导评都是针对学生作文中的问题而进行的有效的评析，都是有理有据的，具有较强的针对性，从而使学生作文思想由肤浅走向深刻，由表象走向内质，由散乱走向完整。

（2）有序

有序是做好任何工作的要求。作文教学也不例外。“先学后教，二次训练”充分体现了有序的特点，使作文教学更加符合认知规律，更能提升学生作文水平，更能有效提高作文教学效果，学生在“有序”的作文中获得作文的快乐与长进。

① 符合认知规律的序。“先学后教，二次训练”作文教学法中，“先学”的目的就是通过没有教师指导的先写来暴露学生习作中的问题，来发现习作中的不足；“后教”的目的就是通过在教师引导下的学生之间的有效“评批”来分析、解决作文中出现的问题与不足；“二次训练”的目的就是进一步矫正反馈“学”与“教”所得，在具体的作文中是否得到真正的应用与检测，是否真的理解了，是否真的掌握了，是否真的修正了，是否真的提升了。显然，“先学后教，二次训练”作文教学法符合“暴露问题”—“解决问题”—“矫正问题”的认知规律，在这一规律的应用下，学生作文的认知水平得到不断的提升与发展。

② 符合写作规律的序。“先学后教，二次训练”作文教学每一次都是有目标的，不是随便出题的。出题的主要依据就是“教材”。因为从七年级到九年级的语文教材是一个系统，它的安排是有序的，由低而高，由浅而深，循序渐进。作文作为其中一个关键因素，自然也是有序的，每一册语文教材都有其重点，每一个单元都有作文训练的要旨与内容，它出现在每一个阅读单元之后，是阅读文本的延伸与运用。所以，我们运用“先学后教，二次训练”就是以教材为基础，有序进行训练。当然，在具体的实施过程中，我们也会因校情、班情、生情有所不同而适当变化，但主旋律不变。这样既能做到三个年级一个系统，一盘棋，又能让学生在有序的作文中夯实基础，逐步提升，这就与写作的规律是一致的。

③ 符合师生出场的序。一般作文教学中，都是按“教师作前指导—学生作文—教

师评讲”的程序进行，显然，这种教学突出的仍是教师的作用，从教师讲如何作好文、作对文开始，到教师对学生作文进行评价结束，学生在整个过程中，只是被动接受者，其作文的主动性、积极性、创造性都无法真正得到落实。而“先学后教，二次训练”作文教学法中，全程都是围绕学生作文展开，从学生作文开始，到学生修正作文结束，这就凸显了学生主体地位，实现了作文权回归，学生真正成了作文的主人。但在学生作文中，教师不是撒手不管，而是做到“自主不自流”“放手不放任”，全过程在观察与思考、发现和引导，全程在尽一个语文教师之本分——发现者、引导者、组织者、提升者，把“教作文”还给学生，让学生互教、研教、互评、研评。这样，学生出场在先，教师出场在后，学生在教师出场后又在教师的隐身下继续现身。师生的有序出场，有力地突出了师生各自的地位，师生在这样的出场中扮演出了各自的角色。

(3) 高效

高效教学是课改的追求。作文教学同样必须高效。虽然说作文是慢功夫，需要长期的积累和积淀，是多种因素相互作用、相互影响的结果，但由于作文教学不得法，在规定时间内不能完成作文，或作文平平，或不知如何下笔等等现象比比皆是，这可不是单用“作文是慢功夫”就能解释，而只能归结为作文教学低效、无效。“先学后教，二次训练”很好地解决了作文难、难作文、作文低效与无效的问题，使作文教学找到了有用的抓手，使作文教学变得高效起来。

① 全程高效。在“先学后教，二次训练”作文教学中，“先学”有严格的时间规定，即必须在规定时间内独立认真地完成作文任务，到时间就收取，不管有没有做，有没有完成好，不能有任何的拖拉与推诿；“后教”所选三类作文富有典型性，分层次，针对性很强，学生在规定时间内给以评定，说出理由，在教师的引导下进一步明确作文要旨、作文特色、作文要求，解决的全是学生当中出现的问题，没有一个虚字，是实打实地解决问题；“二次训练”时，让学生针对自身存在的问题在规定时间内像订正数学题一样修正作文，如果修正不过关，必须重来，这就促进学生必须全身心地投入。《义务教育语文课程标准》要求初中生“45 分钟能完成不少于 500 字的习作”，这就对作文的时间做了具体而明确的要求，“先学”“后教”“二次训练”三大环节均与时间有机挂钩，强调作文中必须珍惜时间，高效利用时间，因为时间利用率的高低是课堂高效与否的根本。无疑，在这种作文教学法的促动下，学生的写作能力得到提升，是能达到规定要求的。

② 全员高效。在“先学后教，二次训练”作文教学中，每一个学生无不处于一种“紧张”的作文状态之中。“紧张”是达到作文教学高效的标志。这里的“紧张”不是害怕、畏惧、胆怯，而是全身心地投入作文之中去，做到心无旁骛，即达到“三全”之作文状态——全力以赴、全神贯注、全心全意。作文写不好的根本原因，不是不会写，也不是写不好，而是心神不安、不自信、没有责任心，把作文当作软任务。“先学后教，二次训练”强调必须要有纪律的约束，必须要有时间的规定，必须高度放手，坚决相信学生，相信“没有写不好作文的学生”，相信每一个学生都有作文潜能，教师必须创造一个让全体学生作文

的作文场——有利于作文的氛围。“先学”中所有学生都想着自己的任务，所以必须竭尽全力、挖空心思写作；“后教”针对性很强，解决的都是自己或同学作文中存在的问题，对于自身作文的提升具有重要作用；“二次训练”更是对此次作文的一次提升，有了“先学”，又有了“后教”，哪有理由不进步？所以，所有学生在整个作文教学中都投足了精力，实现了“全员高效”。

③ 全面高效。这种作文教学法，不仅使每一个学生每一篇作文得到提升，同时也达到做一题会做一类的作文目标，更对同学们的素质全面发展起到很好的推动作用：目标意识增强——写出符合要求的作文；时间意识增强——在规定时间内集中力量完成作文；自我意识增强——同学们的评价使自己对作文有了更清晰的认识；评析意识增强——对同学作文进行中肯而正确的评价；问题意识增强——二次训练不拖泥带水，有针对性地纠正问题。整个过程中，学生成了真正的作文人，学习者，发展者。通过作文，学生不仅分数提高了，做人的素质也提升了，真正体现了“写作文即学做人”的作文主张，获得了“作文”与“做人”共提升、“分数”与“素质”两不误的教育目标。

通过以上分析，显见，“先学后教，二次训练”充分体现了“少教多学”“少讲多写”的课改思想，把学生置于作文的首位，把学生作为作文的中心，真正全面还作文权——包括审题权、立意权、选材权、构思权、批改权、评析权、重作权等等权利，使学生真正成为了作文人，学生的作文能力得到全面培养与提高。

邓小平同志曾提出：“要善于学习，更要善于创新。”《义务教育语文课程标准》指出：“多角度观察生活，发现生活的丰富多彩，能抓住事物特征，表达力求有创意。”“创新”“创造”“创意”成为新课改学生能力培养的关键词。“先学后教，二次训练”很好地尊重了学生作文的创造性，培养了学生作文的创造能力，特别是“先学”中教师不做任何的提示、暗示，这就保证了学生独立审题、独立作文，保证了学生作文的体验，不管是失败的还是成功的，坚决杜绝了“千人一面”“千篇一律”，各有各的选材，各有各的内容，各有各的主旨，各有各的写法，无疑，这除了保证“百花齐放”“一千个读者眼里有一千个哈姆雷特”外，实际上也是学生作文独创性的一种表现。

“先学后教，二次训练”作文教学法不仅全面提升了学生的写作能力，而且对于教师作文教学能力的提升也很大的促进作用。一方面，教师要写下水文，要给学生恰当的示范与榜样，无疑，促进了教师本身作文素质的提升；另一方面，因为不指导了，所以教师就面临更为复杂的学生作文状况，这就促进教师必须更加认真地观察、精准地剖析、有效地策略整个作文教学过程，特别是针对学生作文中的问题的引导、分析、评价，显然，这也对教师作文能力提升起到推动作用。

我国著名教育家段力佩认为：“教师本本改，细细批，学生发到手只是看一看得几分，这样就起不了批改的作用。”著名语文教育家叶圣陶先生说：“教师改作文是够辛苦的。几十本，一本一本改，可是劳而少功。是不是可以改变方法呢？”“我当过教师，改过学生的作文本不计其数，得到的深切体会是徒劳无功。”这两位著名教育家都是针对教师作业批改发表意见。“先学后教，二次训练”作文教学法把作文的批改主动权还给了学生，让学生成为作文批改的主人，使学生在作文的批改中获得长进，教师只是做一个抽测者、验收者、发现者、引导者，决不“侵占”学生的作文批改权，如此，教师也便从繁重的作文批改中解放了出来，更好地引导学生高效作文，学生也在教师的“解放”与“放权”中得到作文的提升与发展。

在“先学后教，二次训练”作文教学实践中，必须充分认识、理解下面几个重要问题，这是习作权回归的思想基础，也是进行作文教学改革的重要保证。

(1) 不对学生进行作前指导，学生能作文吗？

现在，作文教学的程序通常是“作前指导—学生作文—教师批阅—作后评讲”。在这样的作文程式教学之下，学生确实是能够作文的，而且作文可能不离题，不偏题，甚至可以得高分，有所创新。但是这样做的一个根本问题是，学生“自主作文”没有落到实处，还是在教师作文教学的“阴影”下作文，学生的文章说到底或多或少是教师的“影子”，是教师思想的“翻版”。

显然，我们这样进行作文改革之后，学生确实成了作文的主人，作文权确实得到了回归，但“学生能作文吗”“能写好作文吗”等等问题就出现了。我们以为，这不用担心，学生是能够作文的，只要我们工作到位、理解到位，这个问题是能够解决的。

学生作文往往是在一个阅读单元教学之后，它实际上是阅读学习的一种理解与运用，是阅读学习的检测与反馈，作文是一个单元的综合训练，一般安排在几篇讲读课文之后。学生在讲读课上，已经欣赏了范文，学到了写作方面的诸多技巧，现在的任务就是把“所学”变为“所用”，实现“学以致用”。因此，在学生作文训练时，表面不进行传统意义上的“作前指导”，而事实上已经进行了“作前指导”——阅读课的学习就是作前指导，学生习作训练已然成为讲读课的实践课——一上课就投影作文题目和写作要求，之后，就让学生写作，其间，教师不干预，不指导，只是巡视、督促。这种做法符合新课程所倡导的“把习作权交给学生”的思想，更主要的是可以让学生写出各种形式的“放胆文”“创新文”，是对学生学习了一个单元后的写作知识的全面检测，能让学生最大限度暴露学习课文和习作中的问题，为下面的有针对性的评讲、最有效地解决问题准备了最有效的素材，从而使评讲更有的放矢，更富有实效。

在学生作文之前，教师需用心教好本单元阅读文章，并组织学生大量阅读与本单元相关的类作文。所谓类作文，就是只布置阅读要求相似的文章——同体文、同法文、同旨文、同人文等等，但不涉及具体的作文题目。如我们本单元是通过几个片段写人的记叙文，就事先布置学生本周作文就是要写这类文章，请大家课后多去阅读这类文章，到作文时，布置写“我的数学教师”。但在作文时，不允许学生有任何的参阅，只能依靠自己作文前的积累。事实上，学生通过作文，不管是出现作文问题，还是没有出现作文问题，均是好事——出问题，说明我们前期教学做得不够，学生还没有真正掌握，为我们提供了改进的方向；没有出问题，说明我们前期教学做得还不错，只要能够不断提升即可，这也就节约了作文的时间。

学生中考、高考是完全封闭的，是拿到作文题后，就必须去做，也没有人去教，去导，完全靠自己。没有做过，怎么办？自己想，自己解决，必须做，否则，0 分。这就是“平时如战时，战时如平时”，提高了学生的作文战斗力，减少考试作文的紧张度——我们每次作文不都是考试作文吗？如果遇到学生不动笔，怎么办？仍不指导，谁让你平时不读写结合的，谁让你不去读类作文的，这是自讨苦吃。到时间就收上来，给一个 0 分。要让他自己分析，让其他同学分析，找到根本原因，从思想上解决作文不会写不能写的问题，不是作文题目难写，而是态度造成的。到最后，必须要写。

(2) 学生能自批、互批作文吗？

《义务教育语文课程标准》强调“要引导学生通过自改和互改，取长补短，促进相互了解和合作，共同提高写作水平”。为使“自改和互改”要求落到实处，“先学后教，二次训练”作文教学法中，“后教”的本质内涵就是把自批和互批权还给学生，让学生在自批和互批中得到作文的提升。但学生能很好地进行自批、互批吗？我们以为，能，只要措施得当，自批、互批水平会得到不断的提升。

初中学生都是从小学走过来的，小学作文教学本身就要求学生能够自批和互批——“修改自己的习作，并主动与他人交换修改”。当然，不可能每一个学生都有这样的能力，但大多数同学有了小学阶段的作文批改基础。到了初中，必须把自批和互批权给学生，因为作文最终是自己批改出来的，而不是教师批改出来的，只有经过自己的批改，学生才能具备批改的水平与能力；对于少数学生则必须另当处理。

初中与小学作文毕竟有所不同，所以，教师在平时作文中，要适时指导学生进行自批与互批，特别是讲清其意义——作文是自己批改出来的，不是教师批改出来的；要用典型引路、示范——从学生作文中找出最具有典型意义的文章进行复印，先让学生批改，再交流，最后让教师引导、比较、点拨，在实践中掌握自批与互批方法，最终使学生训练有素——从哪些方面，用什么符号，如何批得到位。这就是“训练成习惯，习惯成自然，自然成素质，素质成文化”。事实上，通过自批和互批，就是在培养学生自省与互省的能力，知其不足，而后才能改之。

把自批、互批当作课题来做，经常组织学生写自批、互批心得，总结自己的收获，吸取他人成果，讲解名人批文事迹，鼓励创新，不断交流，增强自己自批、互批信心，从而有效提高自批、互批质量；定期进行作文展览，让全班、全年级、全校学生来阅评学生自评、互评情况，对于优秀者大力表扬，对于马虎者进行有效鞭策；学校在校报《今日洋思》专门辟出一个栏目“作文医院”，由优秀的语文教师对典型作文给以修正、评批，学生校报人手一份，给学生以正确的影响。

在阅读课的教学中，教师引导学生学习文章，实际上不也是从作文欣赏的角度学习的吗？其中有文题的内涵，文章的主旨，文章的特色，文章的结构，文章的语言，文章的标点，文章的质疑，文体的特点等等，这些既是学文章必须的内容，也是写文章必须的内容，这给学生评批作文指出了方向，是对学生进行间接的作文评批指导，这样就把阅读课的教学与作文的评批结合了起来，使阅读不再是单一的阅读问题，而使阅读教学有了双重意义、多重意义。

(3) 应用“先学后教，二次训练”作文教学法，学生作文时间够吗？

现在，很多教师都认为仅用一堂课时间写作文是不够的，但又局限于课时，于是，通常的做法是课后让学生作文，到第二天学生确实都完成了，而且完成得很好。试问，这样写出来的作文是学生自己的作文吗？我们不排除有学生自己作的文章，但你能保证每一个学生都是自己作文的吗？此其一问题。学生是用多长时间完成的作文，是规定时间吗？不排除有学生是在规定时间内完成的，但并非所有学生都是，这种情况应该是大多数，在正式的考试中，谁来保证学生作文时间足够充分呢？此其二问题。学生课后不仅要完成作文，作文时间又绝对超过一节课，在减负的今天，学生的课外作业时间最长不能超过一个半小时，时间从哪里来呢？此其三问题。我们之所以进行作文教学的改革，其中一个重要原因就是时间因素。

那怎么办？一定要把作文纳入课堂中来，提高课堂作文的效率。时间够吗？当然够，而且是能更好地利用时间，让课堂时间的利用率达到最大化。虽然传统的“作前指导”有利于学生不犯错，似乎学生作文很顺当，但这不是学生自己所得，是教师所教的结果。遇到考试，很多学生就会出问题，原因就在于自己实践不多，失去了独立审题的机会，平时依赖心太强了，更何况，课堂上没有弄懂也没有关系，因为“课内损失课外补”，学生课后有时间去做。而现在，却不行了，一是没有指导，直接作文，实际就是在考试，必须在 45 分钟内完成作文，不管多难，不管是不是写过，都必须完成，这就让学生精力集中，全力以赴地完成任务，这就迫使着学生抓紧时间，也就提高了时间的利用率。过去有的学生作文要两个小时，有的要教师催上多少遍，才能交齐，甚至一学期学生作文总交不齐。原因就是不够严格。有人说，有的学生作文离题，要重做，哪有时间？一是自己挤出时间——是自己写错作文，我们要像对待数学作业一样对待习作，让学生也要订正作文，这样作文才能真正提高。二是在读书课里，部分学生读书，部分学生写作文，教师提供一些时间。

(4) 不激发学生兴趣，直接让学生写作，学生会乐意作文吗？

孔子说：“知之者不如好之者，好之者不如乐之者。”于是，很多人以为，学生课堂作文必须从激趣开始，只有激发了学生写作兴趣，学生作文思路才能打开。我们以为，这种想法是好的，但非长远之计，激趣应该着眼在平时的阅读教学之中，让学生在平时的阅读中获得文本的思想与内涵，从而激起写作的欲望，而如果单靠要写作时的所谓的激趣，显然对学生只是“杯水车薪”，根本起不到作用，即使起到一点作用，也不能长久。

美国著名的人本主义心理学家马斯洛认为，人的一切行为都是由需要引起的，需要影响行为。任何工作只有有了内需，才有积极性。作文亦然。只有让学生认识到作文是自己的事，是对自己有益的事，是自己内在发展的必需，是自己内在的心理需求，才能真正调动积极性，这样的作文才富有实效。而这种内需的培养，功在平时。“先学后教，二次训练”就是将内需工作做在了平时，每一次作文皆然，在阅读的基础上作文，在作文时没有任何指导，没有教师的任何激趣，一切凭自己，一切在平时，没有任何作文的指望，那么，学生就会形成自觉的习惯。如此，学生到了作文课堂就会自觉地投入精力，不再为作文而心烦，我们的教师也不必为每一次作文的所谓“激趣”而大伤脑筋——因为“训练成习惯，习惯成自然”了。

3. 上好作文阅读欣赏课

被选入课本的课文都是文质兼美的文章，它们是学生学习的范文，用好它们对于学生作文有着非常重要的意义。另外，现在教材的编排体系一般是以单元为单位，在每个单元后都会根据本单元重点、共同点设计作文训练题。基于这种认识，我便依据单元作文要求，把每篇讲读课作为欣赏课认真教好，在单篇课文中突出其主要内容，尤其是写作方法，如第一册第二单元作文要求是“能通过人物外貌描写表现人物的品质”，为了能让学生对这一重点有深刻的认识，我便抓住这一单元中的四篇文章加以剖析、欣赏，使学生深切地感受到人物的外貌描写对人物形象的刻画的重要作用。教《一面》时，就抓住对鲁迅先生的三次由轻而重、由远而近、由浅而深、由现象而本质的外貌描写以及这种描写凸显人物形象的作用，这样既欣赏了课文，更让学生从深处知道写作的技法，为写好本单元文章做了充分的准备。

除了上好教材中的课文外，我还有意识地到阅览室、网上查寻与课文相类似的优美的文章，复印下来，引导同学欣赏，既能让学生感受文章的美妙，又能为学生提供范文，还能拓宽学生的视野，可谓是一举多得。

我校从五节语文课中拿出一节课，让学生专门到阅览室阅读。为使阅读课富有实效，我总是依据本单元作文要求与重点，开出作文阅读清单，让学生自由地有目的地阅读、欣赏，时间一到，我就一个一个地检查学生阅读情况，给予认真地指导。

认真上好多种形式的作文欣赏课，将为学生写出像样的作文奠定坚实的基础。

4. 开好活动型作文课

学生的生活空间非常狭窄，学校生活、家庭生活是最主要的生活源泉，除此之外，还有那么一丁点儿的社会生活，而学校生活似乎又是那么单调乏味。“巧妇难为无米之炊”，没有生活，作文便成了无源之水、无本之木。为此，我们有计划地向学生提供了“素材”——切实开好活动型作文课——在学生作文之前，有意识组织学生开展与本次作文相关联的活动，这种活动可以是学校性的，可以是班级性的，更多的是由我引导学生共同完成的。如第二册第三单元的作文重点是“运用心理描写刻划人物性格”，作文题目是“调位”，虽然学生多次调位，但由于没有现场的感觉，因此不易写出真情实感，文章常是装腔作势，无病呻吟。因此，我事先不告诉学生内容演习了一次“调位”的活动：针对各种类型的学生设计调位的计划，如两人平时关系不好，我却硬想把他们调在一起；如某男生性格内向，最怕与女生接触，而我偏偏要让他与一个最泼辣的女生坐在一起；如某一女生平时较为自私，一向不愿帮别人的忙，尤其是不愿帮男生的忙，我就让她与一个成绩最差的男生坐在一起，也点出这样做的原因；……这样“假戏真做”，每个学生都有各自的心理，没有一个是相同的，自然写出的文章也都是富有真情实感并且是独特的。

5. 有序、严格、扎实地进行作文训练

有序，就是指作文要重视序列性。一个年级一个年级地进行训练，从记叙文到说明文到议论文，绝不是只进行记叙文的训练。我们认识到，说明文和议论文的训练对最终写好记叙文大有裨益，因为这样可以弄清楚三种主要文体的区别，从而避免出现四不像的文章；二是可以让学生在记叙中适当地运用议论与说明，从而为文章增添光彩。事实上，三种文体的训练，是课标的要求，为高中作文奠定基础，岂能因噎废食？

严格，就是一步一个脚印，从写好作文到深入作文的内涵与本质，一步一步进行。特别是表面文章，这是文章的大褂子，必须高度重视，从格式、书写、字数、标点、卷面等多个方面进行严格的训练。首先是作文不离题，接着是作文的特色与亮点——有个性、有特色，深刻隽永。所以，我们鼓励大家创新，让大家写出自己的东西来，而不是走大众之路。

6. 加强仿写、续写、改写、片段练习

小学时候有造句，中学时候有仿句，这是炼字与炼句的好方法，我们完全可以借用到作文中，促进学生作文水平的不断提高。不过，我们不是简单做造句和仿句，而是仿写，在仿写中理解写作方法和手段，从而不仅理解文章内涵，也对自己的作文实践有充分的促进作用。如学习了朱自清的《背影》，让学生仿写其结构、内容、手法和选材，也写一篇类似的赞颂自己父亲的文章，学生写得特别有感触，对于提高学生作文思想深刻性有很大的作用，特别是理解选材特点，不是所谓的伟大事件才感人，而是真实朴实才感人。再如学习了《紫藤萝瀑布》一文，模仿着写一篇托物寓意的文章，这样学生既能理解内涵又能提升对写作方法的理解。当然，仿写，不一定是仿写整个文章，也可以仿写其中一段或几段。只要对学生有学习借鉴意义，均可实施。

除了仿写，我们还加强对学生续写的训练。这两种写作策略对于理解文章内涵和培养学生想象力、文章写作特色的应用均有很大的作用。学习了澳大利亚作家泰格特的《窗》后，我们就要求所有学生续写“他看到的只是光秃秃的一堵墙”，学生思想受到了很大的震动，最终通过自己的想象，把远窗病人的思想灵魂给淋漓尽致地刻划了出来；学习了日本作家川端康成《父母的心》后，要求学生续写“那一家六口终于又团聚了”，最终让同学们经历了一次“真善美”的精神洗礼。

改写，在学生作文训练中也不可或缺。改写，要在不改变原意的情况下，将长文改成短文，或将短文改成长文，或将体裁进行转换，这就需要认真审慎地处理原文中的诸多元素，并进而培养学生应用各种写作方法的能力。如，在学习了法国作家都德写的

《最后一课》后，将之改写成六百字的小小说，这样学生就必须抓住最关键的几个情节来写，而不能面面俱到地进行叙述。

此外，加强片段练习，对于学生作文水平的提高也有很大作用。语文教材中本身就有很多这方面的练习，我们在作文中必须引起重视；另外，我们还须完全用好课文中一些富有特色的文段进行迁移训练，从而使学生在真正作文时，能适时地运用，最终不断地提升自己的作文水平。

7. 课后以实践性作业为主

学生作文难的一个关键性因素就是学生积累少，胸中素材少，很多时间都花在了学习语文的死知识上，课后常常是读、写、记一些课本上的死的内容，自主时间少，缺少源头活水。我的课后作业，没有一点死的知识，书本知识全部在课上完成，课后以习字、日记、上网、阅读、看新闻、看访谈、调查、访问、观察等灵活性的实践活动为主，但在第二天，都要给以检查，或个别，或全体，绝不会放任学生，而让学生从活动中确有收获，长此以往，学生阅历多了，素材多了，书写工整了，就对自己有信心了。写起文章来当然就会得心应手。实施“主题阅读”策略，一带多，课堂进行，少做题，返三归一，撰写“作文之我见”——写人作文、写事作文、写景作文、写议论文、写说明文之我见；每天优文欣赏与摘录——半月一张八开白纸，一折八，正反十六块，一块一次，并注明次数、时间，摘录新词好句。新词，必须造句；好句，必须背熟。没有专门的时间，时间是挤出来的，自己挤时间，书写必须规范。

8. 用作文纸誊写作文

传统的作文所采用的都是作文本，但我采用的却是作文纸，以作文纸替代作文本来誊写作文。具体做法是：在作文纸上打印作文的题目和要求、作文的评分标准、800 个字的格子。所用纸一般是 8K，在一面内显示全部内容。这样做的好处是：这样的作文格式与考试中的作文形式是一样的，增强了学生作文的紧张感、责任感、使命感，到时间就收，可以变一般作文为“考试作文”“限时作文”，使学生全身心地投入作文之中去，不敢有丝毫的马虎；全面地培养学生认真审题、谨慎作文的素质；更好地暴露学生作文中存在的问题，使评讲更能对症下药；因为作文纸可以“随身带”，一有时间就可以批阅，因此更便于教师有效地批阅，从而提高了批阅的速度和质量；便于教师评讲作文，对于典型作文，教师可以很方便地复印，在评讲时，放在投影上进行比较评讲；便于学生作文发表，用“作文纸”作文，可以在原作上作些许修改后就发表，亦可以很方便地复印张贴……总之，采用这一方法，可谓好处多多。

9. 评价以鼓励为主，敢于打高分，打满分

学生对作文之所以没有兴趣，是因为作文成绩提不高，提不快，学了等于没学，最后是白学——多次作文的失败只能导致畏惧。有人说，他的作文只能得低分。我说错了，作文写得不好，也不能就是接二连三不及格，因为这样做的后果就是让学生丝毫看不到光明的前途，多次的失败最终会让学生失去学习的信心，而信心比黄金更宝贵。

怎么办？用显微镜去发现学生作文的优点，对学生作文敢于打高分，打满分，不断激励学生，成功乃成功之母，失败并非成功之母，有多少人是在若干次失败中成功的？除非这个人对这件事非常痴迷才行，否则绝对不可能。但这样的人有多少呢？何时才是艳阳天？看不到尽头啊。所以，最终一不做、二不休，躺倒不干了，或只是在交差事。当然，这种鼓励也必须有度，适时批评一下，适时打击一下，这样，让他始终坚定信念、清醒头脑——我能作好文章，但必须用心作文才行。

评价时，打等级，不打分数。我一直想不通 74 分与 73 分什么差距。但很多人却是乐此不疲。这种缺少科学性的打分方法不知延续了多少年，打击了更多的学生，让学生失去了对作文的兴趣与爱好。我们要求对学生从两个方面打分，一是表面文章做得如何——即书写是否正确、美观，卷面是否整洁，句子是否正确表述，字数是否达到要求，文章是否扣题、完整，本次作文的基本要求是否得到体现，格式是否正确，做到了以上几点，就可以得良，每少两点降一个档次，形成了良、中、下、差。二是特色与亮点如何——即选材是否新颖、独特，主题是否深刻、鲜明，结构是否严谨、有创意，文字是否优美、准确，是否富有思想性，本次的训练要求是否得到了充分的体现。见一个亮点得一个“＋”，得到三个“＋”，就变成“优”，再有特色，就可以是优＋＋。对于表面文章，即基础工作，学生是容易做到的，只要平时严格，加强训练，是一定能够达到的，这样就可以至少得到良。对于特色与亮点，只要教师引导到位，作文基础好的学生是能够开动脑筋，是能够达到一至两个特色的，有的还可以达到三至四个特色。而事实上，要真正让每一个学生都有那么三至四个特色，也是不容易的，但这是我们和学生的追求目标，是不可放松的目标。

10. 拓宽作文发表的途径

兴趣是最好的教师。要提高学生的习作水平，就必须要切实激发学生的兴趣。学生作文的最大兴趣就是作文能够成功，作文成功就自信，有了自信学生就有了兴趣。所以，让学生作文成功就成了重要的研究问题。什么是学生作文成功？我们以为变成发表在作文杂志上的印刷文章不是唯一的渠道。所有对学生作文的肯定与展示都是成功，甚至形成自我的作文也应该是成功。这样看来，学生作文发表的途径就有很多。

确实，对学生来说，所写的作文能够发表或是让他人学习，是一件非常自豪的事。因此，我总要在评讲课上多读学生习作，给以表扬，有时还将优作复印给学生，让大家都来学习。我更重视对学生作文的推荐发表：班级发表——班级开辟一块“作文发表园地”，及时张贴优秀习作，创办班级作文小报，及时刊登优秀习作；学校发表——将优作发表到学校黑板报上、杂志上；报刊发表——对于特优的作文，认真修改，及时投寄到多种杂志上（当然不是一稿多投），有时还请有“门路”的同志帮忙，希望能给以优先发表，学生作文一旦发表，我便抓住契机给以表扬，还发给一定的奖金，同时激励其他同学，要求每一个同学一学期都要发表至少一篇文章，这样学生积极性就被调动起来了，每一个学生都跃跃欲试，如此，学生作文水平何愁提不高呢？作文选、校刊、班刊、班报、校园网、美文鉴赏角、课间播报。形成无处不作文的氛围，让大家在作文中得到熏染，获得提高。

11. 切实做好下水文工作

要想给学生一碗水，就必须要有一桶水。故此，我们的语文教师不能只做出题者、指导者、指挥者、监察者、批阅者，也应该亲自下水，做作文教学的示范者、实践者，否则，就是“以己昭昭，使人昏昏”。所以，我们还必须高度重视教师下水文的工作。

所谓“下水”，源于游泳指导，是指教师为更好地指导学生写作，而亲自完成同命题、同体裁的作文，给学生必要的启发和示范。教师写下水作文，一方面能激发学生的写作兴趣，能避免教学中的许多误区，另一方面，所谓“实践出真知”，只有教师自己动手，他才会懂得评价学生作文：如果一个题目他写不出，就可以更宽容学生的作品，也可以学习学生作文中的精彩；如果一个题目他写得很好，那讲授就有了依据，学生学习也有方向。这实在是教学相长的好办法。在作文教学改革中，教师勤于动笔不仅是言传身教，更重要的是通过写下水作文，教师能真正体验写作规律，在教学中把写作规律和教学规律更好地结合在一起。

我们学校要求所有语文教师都要像数理化教师一样必须会做题目。只有做题目，才知道题目的艰难；只有做题目，才能品尝学生的艰辛；也只有会做题目，才能会讲题目；只有不断地做题目，才能不断地改进自己的作文教学，提高自己的写作水平，也这是语文教师练笔的最佳时机。一个不会写作文的语文教师还能叫语文教师吗？

因此，我们学校要求所有语文教师必须跟着学生一道写作文，不得从网上下载，不得从书上摘录，不得不写；每一学期必须要在评讲作文时朗读自己的两篇下水文，让学生欣赏评析；每学期每一个教师必须提供一套下水文给学校，选择一篇最好的下水文给《今日洋思》编辑部，展示各语文教师的文章；学校每一年举行一次下水文比赛，记录在案，绩效考核，暗中通报，强化下水文意识。

12. 作文也要“包”，也要“保”，也要“清”

作文也要承包，包就是责任，包就是任务，包就是职责。语文教师必须要包学生作文进步，必须包作文合格，必须包作文提升，必须包有一半以上学生达到优秀。四包加强了责任意识。

加强师徒结队——作文也要保（保过关，保进步，保发展），没有错别字，句子无错误，选材正确，主旨清晰达到培优补差的目的。

作文也要清——会写一篇就应该会写一类，清基本环节（基本扣题、主旨健康、材料适当、书写工整、正确，字数符合）。

13. 科学引导学生作文

（1）明理

明理的第一个方面就是让学生明确自己如何做人。作文即是做人，言为心声，言即行，行即人。字如其人，文同样如其人。明理的第二个方面，就是相信自己能够写好文章，让自己充满自信。明理的第三个方面就是态度决定一切，作文不好的根由不是不能作文，而是不想作文，只有心中想了，心中努力了，态度端正、认真了，作文才写得好。明理的第四点就是让学生明白通用文章的评价标准，各类文章的写作之法及优秀的标准，让学生有意识地尝试与追求。

(2) 积累

厚积而薄发，见多而识广。积累，就是积累语言、材料、思想。读万卷书，行万里路，阅无数人。要积累，首先就要多读书，要有积累本。不仅要写下来，更要花时间记，记在脑子里，常翻常看。其次要看，不只是看了，看过，而是要仔细地观察，要有意识地观察。不仅在观察当事人，还要观察旁观者，不仅要观察人，还要观察物、境，不仅要观察人的言、行，还要观察人的神情、姿态。

(3) 思考

文章的精妙不在表面，不在形式，不在看得见的内容，而在于思想、内涵、本质，这就必须要思考，透过现象看本质，由表及里；就需要透视，透视事物的根本。而要透视正确，就要反复追问，究竟是什么，为什么，还有什么，想干什么。而对于事物类的文章，一定要由物及人，由动物界而及人类，因为世间万物是相通相融的，是彼此关联的，是相辅相成的。如此，你的思维才会深刻，不仅在于作文，也在于阅读，还在于其他各科的学习。形成了习惯，你的一切就会变得自然。

(4) 实践

耳闻不如目见，目见不如足践。实践出真知。只有通过实践才能变知为行，知行统一。你有了积累，有了思考，下一步就应该是实践。实践，就是练笔。写日记是应用，写周记是应用，仿写是应用，借鉴是应用，创造是应用。将所见、所闻、所思形成文字写下来，对自己来说就是要勤于练笔，勤于训练，勤于表达。实践，不仅是写，还表现为说，说是口头表达，写是书面表达，说与写统一起来，就是语文，就是应用。

第六节 “正语文”课堂教学之统编教材教学

统编语文教材自 2017 年秋全国统一实施。几年过去了，虽然也进行了诸多的培训，但由于传统语文教学的影响和对统编教材认识的不足，导致“穿新鞋，走老路”，使统编教材的使用很不尽如人意。

如何让统编教材的使用富有实效呢？只有认识到位，准确定位，精准施策，科学实施，才能真正有效使用统编语文教材。

一、认识到位，准确定位

(一) 统编语文教材是中国教材

任何成熟国家都有一部体现自己国家特色的语文教材。同样，作为崛起的大国——中国也应该有体现中国特色的语文教材，尤其是现今。这是中国文化自信和教育自信的表现，这是中华文化走向世界的必然，这也是炎黄子孙传承优秀传统文化的自觉担当。

统编语文教材必须是中国教材，因为只有中国教材才能承担让中国孩子读好中国书，说好中国话，学好中国文，做堂堂正正的中国人的使命——“中国化”是我国语文教材的最本质特征，是未来接班人成长、发展的必需。

统编语文教材是中国教材，意味着语文教材必须处处体现“中国味”，而非外国教材，非西方教材，非国际通用教材——“中国味”是统编语文教材体现出来的特色，从而让学生在潜移默化中自觉接受语文教材的熏陶与感染。

之前的语文教材应该说也是有“中国化”与“中国味”的，但还不够强、不够浓。原因就在于西化现象比较严重，不能体现中国的本土特色，这也是不争的事实。故此，长期以来，遭到许多有识之士的批评与抨击。

这种西化，重点表现在两个方面：一是外国作品比例特高；二是外国人物形象特好。这些作品、这些人物有的是真的，有的是编的，有的是改的，有的明明是中国人，却被改为了外国人。最终让我们的学生在语文学习的过程中受到潜移默化的影响——似乎外国和外国人都是好的、美的、善的，是令人向往与追求的。显然，这是一个错误的信号——这将把我们的学生引入一个自我认知的误区，是一种自我的矮化、贬低、否定。可想而知，在如此教材长期反复熏陶下培养出来的学生，还有什么真正的中国心呢？他们向往什么，追求什么，就可想而知了。

统编语文教材是中国教材，并不意味着对西方作品全盘否定，一棍子打死。这不符合中国“洋为中用”的传统思想，也不能体现“改革开放”的大方针。适当拿来、借鉴、应用是应该和必须的，但有一个前提，那就是所选作品必须是真的，必须是优秀的；且这些作品只能是中国作品的补充，而不是主体，所以数量必须得到限制，不能稀释中国优秀作品。最终通过这些真而优的西方文化向东方文化的融入，更好地促进、提升、发展、充实与完善我们中国自己的文化。

统编语文教材是中国教材，这是语文教材的本源化回归。即必须做到：作品内容的本源化回归——讲好中国故事（包括中国历史、中国传说），作品表达的本源化回归——体现中国体式（包括中国特有的说、铭、记、表、编年体，中国戏剧、中国小说、中国散文、中国诗歌，而不只是崇尚国外的所谓的蒙太奇式、欧·亨利式结尾、自由体式等），作品主旨的本源化回归——彰显中国思想（既包括中国古代特有的仁智礼义信，真善美诚孝，易，和，正，忠，势，无为，兼爱，中庸，民本，道法自然，天人合一，知行合一，格物致知，厚德载物，自强不息，达兼天下、独善其身等思想，也包括着中国现代特色的为人民服务，解放思想，改革开放，“三个代表”重要思想，科学发展观，核心价值观——富强、民主、文明、和谐、自由、平等、公正、法治、爱国、敬业、诚信、友善等思想），作品数量的本源化回归——突出中国经典（尚未沉淀的时文少，经典需要经过时代积淀，很多经典课文恢复;体现传统文化的古诗文大量出现,比例明显提高;代表中国文人形象、骨气形象的作家——鲁迅先生的作品也众望所归,得到了回归)……所有这些,不正体现了中国的文化特色吗?——长期受到这种传统优秀文化影响、熏染的中国人,岂能随意丢失中国心?“不忘初心”,不忘中国心,也就在语文教学中得到了切实的落实与强化。

如此说来,在教学过程中,就必须充分应用好所选教材,讲好中国作品,教出中国语文,谈好中国特色,表达好中国思想,从而增强中华文化的自觉,提升中国文化自信,热爱祖国语言文字,热爱中华文化。学生在这样的教材的影响下,自然就会茁壮成长,家国情怀自然就会得到充分体现,中国人、中国心自然就长久不衰,长盛不止。

(二)统编教材是国家教材

教育部答复《南方周末》语文、历史、道德与法治三科教材统编的原因是:中小学道德与法治、语文、历史三科教材意识形态属性强,具有特殊重要的育人作用。三科教材由国家统一组织编写和使用,这是中央做出的重大决策部署。

确实,教材建设事关重大。任何一个主权国家,都高度重视教材建设。

而事实上,语文教材更是一个民族、一个国家的集体记忆。任何一个国家,母语都在传递着某种特定的政治价值取向。这是语文教材的意识形态属性所决定的,因为语文教材存在着固有的极其重要而特殊的育人功能。

所以,国家高度重视语文教材的编写工作。此次统编语文教材是中央重大决策部署,充分体现了国家意志。特别是充分利用语文学科善于熏陶感染的特点,将“立德树人”作为语文教材的血肉,融入整个语文统编教材的设计之中,以发挥语文学科独特的育人价值(社会主义核心价值观教育、中华传统教育、法制教育、领土安全教育等)。

《关于深化教育教学改革 全面提高义务教育质量的意见》于2019年7月8日印发。这是党中央、国务院印发的聚焦义务教育阶段教育教学改革的重要文件,是新时代我国深化教育教学改革、全面提高义务教育质量的纲领性文件。《意见》中的禁止性用语,有五处使用了“严禁”,九处使用了“不得”!这些红线,义务教育阶段的各类学校一定要特别注意。其中提到“严禁用地方课程、校本课程取代国家课程。严禁使用未经审定的教材”,又提到“义务教育学校不得引进境外课程、使用境外教材”。足见国家对三部教材的高度重视,体现了统编教材的严肃性、权威性、强制执行性、不可违抗性。

强调统编语文教材是国家教材,意味着非仅汉族应用教材,非地方应用教材,非学校选用教材,非个人应用教材;意味着此教材应该是全中国各民族应用教材,各省市自治区应用教材,各学校统一应用教材,所有学生的应用教材。在具体实施中,必须做到一盘棋、一刀切,服从大局,统一认识,主动适应,落实到位;没有什么特殊,没有什么异样,必须做到无条件服从、实施、推进。

作为统编语文教材实施者,语文教师更应该充分用好统编教材,尊重教材,服从教材,依据教材,教好教材,切切实实做好国家意志的维护者和执行者;应该切实担当起国家责任，抓住体现教育质量最直接、最重要的载体——统编语文教材，准确理解它的思想和内容。

如此说来，在教学过程中，就必须充分应用好所选教材，真正自觉贯彻社会主义核心价值观，特别是树立“立德树人”的思想，着眼全面提高学生语文核心素养，有意渗透国家意识形态理念，强调学生知识体系，注重学生成长过程，为学生的终身发展打好基础。

（三）统编教材是国标教材

2001年，国家出台了《全日制义务教育语文课程标准》实验稿。经过十年，2011年，出台了《义务教育语文课程标准》正式稿。2017年底，教育部又出台了《普通高中语文课程标准》。课程标准成为了语文教材编写和语文课堂教学的纲领性文件，成为了语文教材编写和进行语文教学的“宪法”。即任何人和单位、部门都必须切实遵守、执行课程标准，不得违反。

为了把课程标准之核心理念落到实处，国家动用了大量的人力、物力、财力编写了这套统编语文教材——统编语文教材成为了理所当然的国标教材。

统编语文教材是国标教材，意味着该教材全面体现了语文学科性、国家要求性、时代适应性；意味着该教材是非应试教材，不再是仅仅为分数提高而使用的教材；意味着该教材是非知识教材，不再是学语文的知识，而是注重培养学生的语文核心素养（语言建构与运用，思维发展与提升，审美鉴赏与创造，文化传承与理解）。

统编语文教材是国标教材，意味着在教材的施教中，必须统一标准，下要保底，上不封顶，做到有教无类，让每一个学生真正获得语文素养的全面提升与发展，为每一个学生的终身成长奠基；做到因人而异，因材施教，让每一个学生富有个性地、有品位地发展。

自课程标准出台后，全国出现了一标多本现象。这本是好事，但从本质上说，真正全面体现国家课程标准的地方教材还没有。此次全国统一使用的统编语文教材是全面体现新课标思想与本质的优秀教材：它是由教育部主持编写的教材，是经过中央审查的教材，是编写时间最长的教材（历时五年），是经过多层次、多角度审查的教材，是经过两次试教、两轮试讲的教材。这说明了统编教材确实是花了大气力、付出大代价编写的教材。

统编语文教材不仅全面体现了课程标准所包含的“立德树人”之教什么的方向性问题，而且体现了“守正创新”之怎么教的方法性问题。

守正，就是坚持正确的东西，坚持本来的东西；就是不忘本来、吸收外来、面向未来；就是遵循我们自己的语文教育规律，结合课标要求进行自主合作探究。

守正在统编教材中重点表现有三：一是选择的都是文质兼美的文章，充分体现了中华优秀文化，更多的是耳熟能详的文章，这样的文章传承性很强，体现了中国文化的特色；二是读与写紧密结合，读一方面是习，另一方面是为写奠基，写一方面是练笔，另一方面是促进读；三是着重基础，练好基本功，字词句篇、语修逻文、听说读写都是有序推进的。

创新，就是吸纳课改经验以及国外一些创新理念；就是充分利用最新成果，培养具有前瞻性、国际视野，在未来具有更强的竞争力的人。

创新在统编教材中重点表现有三：

第一，教材采取人文主题和语文要素双线组织单元的方式来编排，力求强化语文学习的综合性和实践性。

所谓人文主题，就是课文选择大致按照内容类型进行组合，如“修身正己”“挚爱亲情”“科学探索”“人生之舟”等，力求形成一条贯串全套教材的显在线索。

所谓语文要素，就是将“语文素养”的各种基本“因素”，包括基本的语文知识、必需的语文能力、适当的学习策略和学习习惯等，分解成若干个知识或能力训练点，由浅入深，由易及难，均匀地分布在不同的教学单元和教学内容中。

双线组织单元结构，既强调语文与生活的联系，重视主流文化与传统文化的渗透，促进学生形成正确的价值观、人生观；又保证了语文综合素养的基本训练，每课一得，使教学有一条大致可以把握的线索，也有层级序列较为清晰的梯度结构，使得知识与能力、过程与方法的培养与训练更为清晰。

第二，建设了“三位一体”的阅读教学体系，重视阅读能力与阅读兴趣的培养。

教材以各单元课文学习（分为“教读课文”和“自读课文”）为主，辅之以“名著导读”和“课外古诗词诵读”，共同构建一个从“教读课文”到“自读课文”再到“课文阅读”的“三位一体”的阅读体系，以更好地贯彻课程标准提出的“多读书，好读书，读好书，读整本的书”的倡议，并达到课标提出的课内外阅读总量400万字的要求。统编教材就是要主治不读书、少读书的问题。

第三，新教材更加强调古代诗文教学，一方面加大选文的比例（约占全部课文的40%以上），一方面强调多样教学，提升学生的学习兴趣。

统编语文教材是全国统一使用教材。只有从政治的高度充分认识统编语文教材的意义、价值、内涵，才能真正科学使用，才能真正让学生在学习统编语文教材的过程中真正获得语文核心素养的提升，才能最终达到统编语文教材的统编目标。

二、精准施策，科学实施

（一）关于对“单元导语”的处理策略

“单元导语”是对学生学习本单元语文提出的基本要求，自然也是对教师教学本单元语文的基本要求。“单元引导”分为两个部分（即所谓的“双线结构”）：一是主题思想的概括（人文思想）；二是语文能力点的呈现（语文要素）。这就充分体现了语文的“工具性”与“人文性”的属性。

备课时，教师必须以单元为单位，实施单元教学；必须充分吃透“单元导语”这两部分的内容实质，并切实做到相辅相成，相得益彰，彼此渗透，充分体现，有机选择，贯穿始终。

例一：

七年级上册第一单元之“单元导语”

日月经天，江河行地，春风夏雨，秋霜冬雪，大自然生生不息，四时景物美不胜收。本单元课文用优美的语言，描绘了多姿多彩的四季美景，抒发了亲近自然、热爱生活的情怀。

学习本单元，要重视朗读课文，想象文中描绘的情景，领略景物之美；把握好重音和停连，感受汉语声韵之美。还要注意揣摩和品味语言，体会比喻和拟人等修辞手法的表达效果。

显然，“单元导语”第一部分主要是这一单元的人文思想的要求；第二部分主要是语文要素的要求，包括四点：1. 学习本单元，要重视朗读课文，想象文中描绘的情景，领略景物之美；2. 把握好重音和停连，感受汉语声韵之美；3. 还要注意揣摩和品味语言；4. 体会比喻和拟人等修辞手法的表达效果。（朗读、把握重音和停连、揣摩和品味语言，以及比喻、拟人等修辞语文素养）

所以，这一单元的学习目标必须要有以下几个：

1. 品味优美语言，学习描绘手法，感受抒发情感；
2. 感情朗诵课文，想象描绘情景，领略景物之美；
3. 学习重音停连，感受声韵之美，体会修辞效果。

这三个目标不只是《春》这一课的目标，而是第一单元所有课文学习的基本目标。换言之，这三个目标是第一单元的共性目标，在讲《春》时，必须首先完成这三个任务，再对《春》之个性问题进行解决。自然，其他课文亦然。

（二）关于对“预习”栏目的处理策略

“单元导语”是统编教材的单元导语，“预习”却是学习“教读课文”的导语，也是正式进入本课之前编者对课文的一些精要评价，同时，也根据本课的一些特点、特色，提出一些与本课相关的学习思考题，从而为正式学习该课奠定基础，埋下伏笔。对于不同的“预习”要求，自然应该采取不同的策略。

如果“预习”中有一些需要课前搜集、整理、实践的内容，或需要提前读书之类的活动，则应该在课前指导学生完成这些“预习”内容；如果“预习”中提出的一些问题仅与课文内容有关，无需实践操作，只需要学生联系已学知识就可以解决，则应该将之放于课堂上让学生完成。绝大多数教读课文的学习都应该如此。

例二：

七年级上册第一单元第一课《春》(教读课文)之“预习”

春天展现美丽的世界，春天带来崭新的希望。历来文人墨客都喜欢描绘春天，赞美春天。你学过哪些描写春天的诗文？这些诗文给你留下了怎样的印象？回忆一下，准备在课堂上与同学交流。

这是一篇散文，又像一首诗。朗读课文，张开想象的翅膀，在头脑中再现文中描绘的春景，感受大自然的蓬勃生机。

显然，学生已经学过了好多描写春天的诗文，这些诗文给学生留下了各自的印象。这些内容根本就无需在课前做准备，应该放在课堂上进行。这样既可以节省时间，也可以让课堂真实、紧张、高效起来。

至于朗读课文，更应该在课堂进行，让学习看得见，将看不见的朗读训练变得切实起来，更便于在课堂上进行真实而有效的检查，同时，也紧密地扣住“单元导读”的要求。

（三）关于“教读课文课后作业”的处理

统编教材“教读课文课后作业”通常包括三个部分：

一是“思考探究”——这是对文本的总体感知、自我探究以及重点难题的思考题；

二是“积累拓展”——这是语法、修辞、语言的积累与剖析，是读书方法的学习、积累与应用；

三是“读读写写”——既提供优美的书法作品，更让学生知道准确的书写方式，积累常用的词语。

“课后作业”充分体现了人文精神和语文要素两个方面，它是编者心血的结晶，是学生学习时必须解决的问题，也是教师应该解决的教学问题。这些内容既体现了本单元的共性内容，也体现了本课的特色内容，与“单元导语”相呼应，也与“预习”栏目内容相呼应。

在具体应用时，教师应该将之作为教学的重点、课堂需要解决的关键性的问题。即在课堂教学中，应该给出更多的时间，让学生对这些经过编者反复斟酌的“课后习题”进行全面、积极而认真的思考与解决，既会真解其题目，更能理解其背后的知识点、能力点、情感点。换言之，决不能将之视作可有可无，甚至当作课后作业来处理。

在具体应用时，可以根据需要作适当改编，但其主要内容不可改变或删除；不一定在一课时中完成，也可以将之分散于各课进行解决；不一定按照编者之序进行解决，可以根据教学的需要进行适当的调整，进而更有效解决问题。

在具体应用时，还必须讲究应用之“序”：一般而言，“思考探究”放于初读课文中解决，“积累拓展”放于精读课文中解决，“读读写写”放于课文结束时解决（如果数量少，常如此；如果数量多，则可以放于课后解决；亦可放于学习文章时解决，如讲解到某个字词时）。

例三：

七年级上册第一单元第一课《春》(教读课文)后“习题”

思考探究

一、在作者笔下，春天就像一幅幅美丽的图画。有感情地朗读课文，看看课文描绘了哪些春日图景。你最喜欢哪一幅画面？说说你的理由。

二、课文读起来富有童趣，又带有诗的味道，清新、活泼、优美。你有没有这样的感觉？试找出一些段落细加品味，并跟同学、教师分享你的体会。

三、作者把春天比作“刚落地的娃娃”“小姑娘”“健壮的青年”，你怎样理解这些比喻？你能发挥想象，另写一些比喻句来描绘春天吗？

积累拓展

四、想象下列各句描绘的情景，说说加横线语句的表达效果。

1. 盼望着，盼望着。东风来了，春天的脚步近了。

2. 小草偷偷地从土里钻出来，嫩嫩的，绿绿的。

3. 野花遍地是：杂样儿，有名字的，没名字的，散在草丛里，像眼睛，像星星，还眨呀眨的。

4. 看，像牛毛，像花针，像细丝，密密地斜织着，人家屋顶上全笼着一层薄烟。

五、朗读并背诵全文。找出你喜欢的段落，标出语句中的重音和停连，在小组里朗读，互相评价。

读读写写

嗡　朗润　酝酿　卖弄　喉咙　应和　嘹亮　烘托　静默　风筝　抖擞　健壮　呼朋引伴　花枝招展

很显然，《春》之“思考探究”重点在整体感知。施教时，就可以让学生在课堂上原封不动地完成这些题目。做这些题目的目的，一是知其知，知其答案；二是知其所以知，知其答案背后的思想内涵，从而培养学生的思维能力，培养学生的语文素养。

《春》之“积累拓展”重点是课文具体内容的分析，是精读理解部分，这一部分与“单元导语”内容中“语文要素”紧密相关——把握好重音和停连，体会比喻和拟人等修辞手法的表达效果。所以，这部分一定要更为重视，这是编者利用《春》这篇文章试图达到的一个基本性的能力目标，在教学中，必须真正让学生进行“想象”并“说说”，从而培养学生的想象力、思维力、表达力；必须真正让学生进行“朗读”“背诵”(因此课较长，可以将部分内容放于课外背诵)，真正让学生“找”“标”“小组内读”“互相评价”，从而真正让学生理解什么是“重音”“停连”，会“重音”、会“停连”，能读出“重音”和“停连”，将单元目标提出的语文素养落到实处，为后面课文和后面单元的学习奠定基础。而不是虚晃一枪，一笔带过，似有却无。

《春》之“读读写写”中，编者将课文中重要的13个字词罗列出来，一是要会读，二是要会写，特别是正确、规范、美观地书写，三是要能够理解和应用这些词。换句话说，“读读写写”表面是读与写，实际还有解和用的问题。在具体教学中，应该做到三种方法学习：

一是随文学习——一定要要求每一个学生都必须准备好《现代汉语词典》《成语词典》《古代汉语词典》，以便学生在自学时随时查阅，抄录，记住，理解，积累（一般不超过10个）。

二是集中学习——在“读读写写”中字词特别多的情况下（超过10个），让学生在课堂上，正式学习课文前，利用一定的时间进行集中学习。

三是补充学习——在学习课文结束后，对“读读写写”中未能关注到的一些字词，进行补充学习、理解、应用、积累。

在《春》中，最好是集中学习，因为超过了10个，且这些词很多是新的，学生从来没有接触过，必须真花时间让学生学会。

（四）关于“课文补白”的处理策略

统编教材的一个创造，就是在课文后面增加了“补白”。这是其他教材所没有的。

何谓“补白”？“补白”就是为了配合语文学习，将一些语文知识问题，如语法、修辞、文学常识等以补充的形式出现在课文后。目的是突出基础性、实用性，从而让学生在这些知识方面能够做到“一课一得”。

“补白”不是可有可无的，是有层次性的，有重点的，是对相关内容的一种补充，也是让学生形成系统性知识的一个重要手段。“补白”不限于一课、一个单元，而是编者有意地将相关知识有序地补充在课文之后。所以，“补白”是隐性的系统，非显性的系统。

那么，如何处理“补白”呢？

可以单独教——如果内容很多，又有时间的情况下。

可以课后让学生学——如果比较简单，内容也比较少。

可以穿插在课文中学——可以结合课后练习题，和学生一道理解。

像《春》后的“补白”——比喻，我们完全可以结合“积累拓展”来理解，让学生学、用。但需要指出的是，“补白”在教材的呈现和教学中并不刻意强调体系，要避免过度操练，适可而止才行。

（五）关于“三位一体”阅读课的处理策略

这次统编教材的最大创新恐怕就是将课外阅读纳入教材体制了。

一直以来，读名著，读课外书，常是一种口号，并没有落到实处。在统编教材中，不仅有读什么的课外阅读书目，更有怎么读的课外阅读方法。如浏览、快读、读整本书、读不同文体，等等，都各有方法指导，以激发兴趣，提高效果，从而真正实现将语文教学从课堂延伸到课外的目标。

统编教材不仅强调了读名著、课外读书，还将课内传统的“精读”课文改为“教读”课文，将“略读课文”改为“自读课文”——这样修改，绝不是随意的，而是有其根本原因与目的的。

如此，统编教材就形成“教读—自读—课外阅读”三位一体的阅读教学体制。

1. 教读课的教学

教读课是语文教学涉及最多的课型，它主要承担的是语文教材中“讲读课文”“精读课文”的教学，承载着详细讲析这些课文的教学，教会学生“读、写、听、说”的主要任务。在教学过程中，教读课更加重视教师的引导、示范，以及学生在教师的引导与示范下，通过主动性的发挥完成知识由感性到理性、由片面到全面、由零散到系统的上升与转换。

教读课好比理工科中的“例题”，即通过课本提供的“精读课文”的精密讲析，为学生今后的“反三”做铺垫，找到处理同类文章的思路与突破口，获得处理同类文章的方法与技巧。

在教读课文时，教什么最为重要。这就是方向性的问题。每一个语文课堂都应该有准确的教学目标。那么，目标从哪里来呢？

从课程标准、统编《语文》教材、教师用书和学生学情的分析中进行研究、筛选确定——确定出语修逻文之知识点目标、听说读写之能力点目标、阅读与写作之方法点目标、情感态度价值观之人文点目标。

当整体的教学目标确定之后，还必须根据课时安排，将之分解到各个课时中去。即必须确定好每一课时的学习目标。

在教学的方向明确之后，下面就必须考虑如何教的问题，即教学的方法问题。

如何教呢？当以课程标准提出的核心教学理念为依据（前面已经讲过，此处不再赘述），采用科学的教学之策进行有效教学，让语文教学“归正”“守正”“求正”。课堂上，可先让学生根据“预习”和教师提出的“学习目标”，进行与课文相关内容的学习；接着教师在学生已学的基础之上，就相关内容引导学生之间进行充分而有效的探讨与解决；最后，教师在学生理解并掌握的基础之上，就所学内容引导学生进行有效的检测、迁移、拓展与应用。在各个环节的学习过程中，一定要将课后练习题贯穿于其中，不仅是做题，更是在研题、探题，提升语文学习能力与素养，促进语文核心素养的提升与发展。

2. 自读课的教学

自读课是相对于教读课而言的。自读课是以培养自学能力为目标、以自读课文为材料、以学生自我阅读实践为主线，充分激发学生主体意识，让他们自求自得，使教读课所得知识、方法和能力有效迁移和拓展的课。即在自读课上，更注重学生在教师的组织、引导下独立操作、自由体验，将已有的知识应用到具体阅读实践中，使知识内化为能力，达到举一反三的效果。

自读课好比是理工科的“习题”，即主要供学生练习、实践以达到能够灵活运用所学知识，处理相关问题的能力。

自读课文通常包括三个部分：一是课文，二是旁批及问题，三是课后练习（包括阅读提示与读读写写）。

显然，自读课文与教读课文作用不一。所以，在处理的时候，方法自然也是不同的。具体做法如下：

一是在教学过程中，教师应该结合“单元导语”主要目标和“教读课”主要目标，引导学生确定自读课文的学习目标——通过自读，能够迁移理解、应用教读课文中所学到的语文方法，从而正确地理解自读课文的内涵。

二是让出更多的时间让学生自读课文，并结合旁批和阅读提示，结合教读课文所学，对课文进行理解——一是正确回答旁批问题，二是解决阅读提示中提出的问题，三是解决自定的学习目标中的问题，四是读读写写中的字词的书写、理解、应用。

三是同学之间对有疑问的问题彼此研究，形成共识，如有特别困难的，则请教教师，由教师进行引导解决，从而加深对问题的理解。

自读课文应该在课内完成，不应该让学生在课外完成，不能将之看成是可有可无的课文类型；自读课也不是教读课，不应该教得那么详尽，尽量在一节课中完成；自读课文学习结束后，不应该再布置课内作业，因为自读课本身就是教读课的延伸课。

在这里，特别需要说明的是，前面在阅读教学中讲到“先学后教，当堂训练”教学模式的运用问题，现在，到了统编教材中还能用吗？答案是自然的，必须的。尽管教材类型变了，但其基本的方法与策略是不变的，且“先学后教，当堂训练”是基本的教学规律的再现，并不是为哪一版教材而量身定做的。

3. 课外名著阅读课的教学

把课外阅读纳入教材体系，是统编教材的一个特点。这便有了“课外名著阅读课”。这种课，不以“赏析”内容、思想、内涵为主，而是注重“一书一法”，即每次名著选读课，都强调用某一种方法进行阅读，即重在学习阅读的方法。这是与传统名著教学之间根本性的区别。叶圣陶先生曾说过：“单凭一本国文教材是远远不够的，必须在国文教材以外多看一些书，越多越好。”课程标准倡导读整本的书，统编教材将之落到了实处，“读整本的书”，也就成为统编教材编写的指导思想。

课外阅读内容很多，仅初一上学期就有六篇之多，怎么办？

采取“1＋×”的方法进行教学，即学习了一篇教读课文后，让学生用相关的方法读书本中推荐的必读书目、名著若干篇。也就是说，课后学生的作业不再是纸质性的抄写、分析、理解，或机械性的识记、背诵，或阅读理解、语段分析。而是以课外读书为主。再换言之，将来考试也是以读书快、读书多、读书准为标准来考核学生。用科学的方法来读书，即将语文阅读技能——精读、快读、浏览、朗读、默读等等，作为目标和方法落实与考核。这是未来人所必须的基本能力。

那么，如何具体进行课外名著的教学呢？

一是严格按照教材内容要求有序地来教、做、学。

二是将阅读方法落到实处，重点进行阅读方法的训练，重点进行阅读方法的迁移与应用。即将阅读方法在课堂中，在名著教学中，反复尝试与应用，最终努力在课堂上形成初步的能力，以在课后让学生能够用此方法进行迁移和应用，形成最终的能力。

三是在书本内容基本解决的基础之上，再进行相关重要问题的研究，如果时间不够，则不进行。

四是在书本名著学完的基础上，才可以学习其他的名著，而不是因自己所好，自由选择名著阅读。将书本中基本的名著读完、学完才是首要的。

五是因为时间关系，以及学生个体原因、家庭原因，要让学生真正读透名著有点不切实际。故在具体的教学中，对于名著阅读要求必须体现三个层面：一是必读名著，必须让每一个学生在有时间的情况下读（学校提供读书时间，纳入课表；语文课外作业以读书为主）；二是选择性必读名著，让学生从中有选择地读（七年级上学期四本选读名著，可让学生选择两本读）；三是完全自主性名著，让学生自我选择，但需由教师适当引导。

六是对于三类阅读名著，均需要积累，而非仅是读了，读过，特别是必读名著，要能够深入掌握主要内容、主要特色、主旨思想、相关评价、精彩篇段的理解。教师要切实做好导读工作，学生要做好精读篇目的工作。

（六）关于习作课的处理

与名著阅读出发点一样，统编教材中的习作栏目力图突破既有的模式，在突出综合能力的前提下，注重基本写作方法的引导。写作方法和技能训练的设计编排照顾到教与学的顺序，让教师能够落实，克服随意性，也注意到避免应试式的反复操练。

习作课的训练应努力做到中心突出，简明扼要，有可操作性。

如，初一两个学期一共12次习作课，每个单元1次。分别是：热爱生活，热爱写作，学会记事，写人要抓住特点，思路要清晰，突出中心，发挥联想与想象，写出人物精神，学会抒情，抓住细节，学会选材，文从字顺，语言简明。

每次都突出一点，给予方法，又照顾全盘。和以往教材比较，现在的编法是希望有一个系列，即有一个顺序，从而更能激发学生写作的兴趣，也比较有“抓手”，比较方便教学实施。每一次训练，都必须落地，切实做到方法的“点点清”。

习作课应该根据编排的要求，进行有序的训练。

切忌为了中考而进行中考性质的写作训练，即什么都进行训练，没有主次轻重。特别是在期中、期末考试时，从初一到初三都是统一的要求：中考作文要求——数理化也是中考要求吗？凡事都是有序的。这样做，无疑是违反作文教学之序，对学生作文的发展有百弊而无一利。

当然，训练的共性要求是中心突出。个性要求，因所在年级、阶段、单元不同而不同，主要是本单元所学单个或几个写作方法的训练。这样才能切实做到方法的共性要求与个性要求相结合，从而克服随意性，避免应试式的反复操练。

具体的习作教学：先做—后评—再改。

取消作前指导，像考试一样进行作文训练；重视作后评讲，兵教兵式的作后评讲；进行二次训练，对于评讲中出现的问题进行自我修正、重作，未出问题者，自由提升。二次训练的实质就是作文的升格训练。作文升格，包括三大升格：一是表面升格，对于后三分之一的学生特别重要；二是表达升格，对于中间三分之一的学生特别重要；三是表意升格，对于前三分之一的学生特别重要。升格，应该是评讲的目标。就如同数学习题一样，做错了，一定要纠正，一定要从纠正中获得新启迪与认知。

（七）综合实践的处理

1. 关于综合性学习的认识

综合性学习不能单纯地理解为一种学习方式，它是与识字写字教学、阅读教学、写作教学、口语交际教学并列的语文课程的五大教学形态之一。

识字写字教学、阅读教学、写作教学、口语交际教学四种教学形态在听、说、读、写的课程目标上各有侧重，综合性学习则强调“综合”。

综合性学习要求加强语文课程内部诸多方面的联系，加强与其他课程以及生活的联系，促进学生语文素养全面协调地发展。

综合性学习的基本特点：听说读写目标与内容的整合性；学习的跨学科性；走出校园，与社会、与生活建立紧密联系性。

主题的整体布局：三条线索——传统文化类、语文生活类、社会现实类。三类主题，三条线索并进，让学生在综合性学习板块，既能受到传统文化的熏陶，又能养成从生活中学习语文的习惯，同时也能养成关注社会、关注现实的公民意识。

每册共设置不同主题的三次综合性学习，这是由综合性学习的周期性和实效性决定的。一次完整的综合性学习从活动策划到实施到总结评价，至少在一周以上，大型的活动甚至在一个月以上。（七年级下，“孝亲敬老，从我做起”中的“孝亲敬老月”活动设计，需要一个月的时间。“我的语文生活”难度远小于“孝亲敬老，从我做起”，只需一个星期时间）这些综合性学习活动主题在排列上呈能力的螺旋上升趋势。

2. 综合性学习的实施

语文课程是实践性课程。综合性学习就是通过充分利用学校、家庭和社区等教育资源，开展综合性学习活动，拓宽学生的学习空间。所以，严格意义上讲，语文综合性学习的活动设计应当由学生自己完成，活动策划、组织和实施也均由学生自己完成。现实情况是，我国教育的不均衡，许多教师未曾实施过综合性学习，更别说是学生了。所以，综合性学习的活动设计仍由编写组详细设计，在设计中有意识地开发出多种多样的活动方式，也就是语文实践的方式。换言之，在实施中，教师除了严格执行方案外，可以有自己的考虑，去补充、完善、开发——调查、访谈、考察等，使之更丰富、更详实、更有效，以充分体现“综合性”的特点。

多种多样的学习活动的开展，与美国学者艾德格·戴尔在“学习金字塔”中提出的理论是一致的：初次学习两个星期后，透过阅读学习能够记住内容的 10%，透过听讲学习能够记住内容的 20%，透过影像、展览、示范、现场观摩来学习能够记住内容的 50%，参与讲座、提问、发言来学习能够记住内容的 70%，作报告、教学、模拟体验、实际操作能够记住内容的 90%。

学生在综合性学习活动上完成多种多样的学习任务，可以提高将所学知识服务实践需要的效率。读（读古代文献、文件资料、图表、名家文章、新闻报道、网络调查文献、图片），说（个人参与的讲述、演讲、朗读，多人参与的讨论、辩论），写（文字为主的“活动策划稿”“发言提纲”“诗歌”“剧本”，还有图文并茂的“文学角”“班刊”），还有其他种种活动，从而让学生能够在不同的任务环境中锻炼自己的语言理解与建构能力。

3. 综合性学习的评价

课程标准中指出：主要着眼于学生在综合性学习过程中的表现——如是否积极参与活动，是否能主动提出问题，还有搜集整理材料、综合运用语文知识探究问题、展示与交流学习成果等方面的情况。

以“档案袋”为载体进行多种综合评价。档案袋记录着学习过程中生成的大量的学习成果，包括着：活动方案，搜集、整理的资料，访谈提纲、采访记录，文字、图片甚至绘画成果，评价量表，等等。

评价分基本评价和客观评价，各占一半。还设计了“自我”“同学”“教师”三方评价的方式，并将评价等级分为 A、B、C、D（分多项指标进行考核，完全相符、大部分相符、少部分相符、完全不符）。这种主客观相结合的评价方式的出现，打破了语文综合性学习评价缺乏的困局，可以让学生更直观地了解自己的学习情况，并自觉调整相应的学习策略，让语文综合性学习的教学效率更高。

开发语文方法性知识，用方法来指导实践。即在教学中应注意引导学生用方法，而不是记方法；不要停留在文字的学习理解，而应在语文运用实践上总结、丰富方法性知识，提高能力。

不要将综合性学习与单元教学割裂开，随意调换综合性学习的内容。综合性学习不仅是一个单元学习内容的延伸，而且是对学生在结束一个单元学习后综合学习能力的一次检测。

教师可以根据学情选择学习活动内容。特别是在活动多的情况下，一些调查讲座等学习活动可以与学生的假期作业相结合，以调控学生学习的节奏。

统编语文教材是一部全国统一教材，是一个崭新的事物，对于新事物，应有的态度不是否定、怀疑、打击，而应该是肯定、欢迎、扶持。语文教师更应该从大局出发，从发展出发，从根本出发，充分认识其意义与价值，从而在心理上真正能主动接受，主动适应，而不是被动接受，被动适应，更不是阳奉阴违。我们所要做的工作不是破坏，而是建设，是发展。

认识决定行动，思路决定出路。只有在理性认识基础上的实践才是有效的。所以，一线语文教师必须解放思想，放开手脚，在大的框架基础之上，大胆使用，大胆尝试，大胆提出自己的见解与认识，从而不断丰富、完善统编教材，使其有更大的更好的推广价值和使用意义，能够发挥更大的育人功能，最终促进学生人文精神与语文素养实现大的突破，让学生得到更好发展。

第三章 “正语文”课堂教学之实践举隅

第一节 “正语文”课堂教学之散文实践

散文的重要特点是“形散而神不散”。因此在散文教学中，常常发现我们的教师放得较多，要求太少，课堂太过任性、随意，学生缺少管束，致使课堂的表面“形散”“失序”而导致课堂纪律、秩序的“散乱”；为了使所谓的散文之“散”得到表面的理解，让学生思维能够打开，课堂上，教师所提问题常常聚焦不够，东一榔头西一棒，致使学生随意想，随意找，随意说，表面内容很多，却“聚”不够、“神”不显。如何真正让学生在课堂上掌握散文的特点，学会欣赏散文，使散文的特点得到最为充分的体现呢？下面以莫怀戚的散文《散步》来谈谈我们的理解与做法。

一、坚守规矩，让课堂“正规”起来

我们要求所有的语文教师在课堂的一开始，都要做到三点：预备铃响后，教师候课；上课铃响后，教师走上讲台；学生“起立”，教师环视每一个学生，确保每一个学生都做到“静快齐”站立，都“站如松”，都正视着教师。然后，教师再富有激情地向学生问好，学生回应，向教师问好，确保每一个学生都真正开口。最后教师喊“请坐”，仍注视着学生，确保学生坐下后，仍保持优良的坐姿。

该段课堂开启，在某些人看来，似乎没有必要，烦琐，浪费时间，且有小题大作、装腔作势之嫌——有必要这么详细地写下来吗？是为了占篇幅吗？在我看来，很有必要，且很必须。因为从现实的“上课”看，好多课堂没有课堂的仪式，只有课堂的形式，没有任何的规矩，上课很任性，不受铃声的支配——事实上铃声就是命令，就是打仗的冲锋号，它规定着课堂什么时候开始，什么时候结束，而不仅仅是形式，更不是似有非无——学生守规矩，从教师守规矩开始，“正语文”就是要让学生做一个守规矩的人，“服从命令，听从指挥”，在规定的时间内做规定做的事情。规则是针对每一个人的，尤其是对教书育人的教师的——课堂规矩的破坏者，往往首先是教师。教师应该成为守规矩的示范与榜样。

事实上，当教师走上讲台后，绝不允许像交差事一样，上课—问好—坐下，将这些程

序做完，而应该是非常正式地有条不紊地完成这些程序，就像国家举行大型集会一样——“正语文”要求师生在课堂上要有仪式，而不是走形式，更不是交差事。

“好的开头是成功的一半”，只有真正严格按照国家规定的要求去做，做好，做到位，真正关注到每一个学生，真正让学生站有站相，坐有坐相，这才会让学生真正具有一种神圣感、使命感、责任感，也才能让学生素质得到提升，素养得到培育——纪律从起立抓起，情感从问好开始。长此训练，学生就能自然形成良好的习惯——“正语文”就是培养学生的良好习惯的，习惯首先从课堂习惯培养起。

我们的很多教师非常轻视课的结尾，匆匆忙忙，没有章法，没有节奏。我前面讲过，上课要有仪式，不要走形式。凡事都有头，也必须有尾，否则，在下一节课，学生就没有了规矩，就变得随便起来。为什么会这样？都是从教师那儿学来的。“正语文”就是要我们的教师和学生都要“端正”。语文课堂如语文课文，也需要前后呼应、一致，结构上也应该严谨。开始时，我们是上规矩的，是互致问候的，经过了几十分钟的共同学习，学习需要告一段落了，这时，就需要与之呼应的道别，这也是为人的道理。所以，在下课铃打响后，一定要按时下课，及时宣布下课——“同学们，这一节课，我们就学到这里，下课”。必须待学生全体起立、站直、端看教师后，富有激情地说：“同学们再见。”一定要让所有学生齐起呼应“老师再见”后，教师说“请坐下”，方可离开课堂。这种课堂仪式表面烦琐，实际上，训练时间长了，师生就会自然形成习惯，最终就会有彼此的默契，达到仪式的和谐，促进师生关系的融洽与亲密。整个课堂就显“正”，学生就能够从课堂走向社会，让自己时时上规矩，考虑问题全面，成为一个守规矩的人。

二、简约引领，让课堂“正向”起来

课堂开讲从哪里开始，这是很多语文人思考的问题。一般情况下，我们看到的往往是“创设情境，精彩导入”，大有“导不惊人死不休”的意味。

“正语文”认为，课堂是学堂，课堂是学生的，语文课应该从学生的读书开始。课堂时间紧张，只有45分钟，教师说得越多，学生学得越少，所以，最适宜的办法就是“开门见山，直奔主题”，简洁明了，不拖泥带水，教师未曾多占用什么时间，而是把时间还给学生。而事实上，在平日学习语文的过程中，是没有人给学生进行导入的，更不存在什么“创设情境，精彩导入”，而是学生“自编自导”；中考、高考，更没有这种“导入”。语文学习应该回归学习的本源，回归学习的起点——自读、自学、自思。真不清楚，这种所谓的“创设情境，精彩导入”是从何日起进入我们的课堂中来的，尤其是我们的语文课堂。岂不知，创设与导入的背后，表面是激发兴趣，实际是束缚学生的思维，而事实上，学生的兴趣绝不是通过精彩的设计激发的，也不可能每一节课都激发，更多的课堂是常态课。激发的最好方法是放权让学生去学、思、研，去探究其中的奥秘。

虽然学生是学习的主人，学生是学习的主体。但学什么，怎样学，却非学生所能理解与把握——因为他们是学生，不可能像学科教师一样深入钻研课标、学材、学情，所以，必须充分发挥教师应该有的作用——引领学生学习。引领好方向——“学习目标”，引领好方法——“自学指导”，从而让学生明白这节课应该追求什么，应该怎样追求，使教师之“教”与学生之“学”合而为一、共同作用，促进学生沿着正确的方向和科学的方法前行。在这一步，主要是明确学生前行的方向，在下一步，就是在方向明确的基础之上，围绕着目标，进行方法的指导。

在上面思想的指导下，课堂教学必须做到揭题迅捷，目标清晰。

第一，开门见山，揭示课题。

教师（满怀深情）：同学们，今天我们来一道学习莫怀戚所写的一篇叙事散文《散步》。（板书：散步　莫怀戚）

第二，科学引领，明确目标。

教师：同学们，本节课我们大家要达成的学习目标是：

通过反复阅读、思考、研讨，能够正确品味课文、赏析课文、诵读课文。（通过投影展示，让学生齐读一遍，并再看一遍）

三、文本学习，以“读”解“美”

如何教语文？是我常思的一个问题。我以为，一定要按照语文学习的特点来进行教学。学语文的法子就应该是教的法子。从读开始，读出印象，这是第一步；读出理由，这是第二步；读出声音，这是第三步；读出自己，这是第四步；读出应用，这是第五步。《散步》正是按照这样的法子进行教学的。这里既没有离开文本，也没有离开生活，更没有离开学生，亦没有离开教师，学与教真正做到合而为一。如此，各个方面都得到和谐的统一。五个步骤似乎多了一点，其实，完全可以浓缩与简化。这就要看教师在课堂上的认知与操作。五个步骤，由浅入深，由本而人，由知而行，由静而动，逐层深入，步步为营，自然，学生学得透彻，解得深入，用得有道。

《散步》是七年级上学期第二单元的一篇散文。这一单元讲的是亲情。而亲情是人世间最为普遍、最为美好的情感之一。通过本课的学习就是要加深学生对亲情的感受和理解，丰富自己的情感体验。虽然课文说的是一家人散步的琐事，内容好像比较浅，但如果仔细品味，就会觉察到正是这平常生活中流淌着的亲情，滋润着家人的心灵，最终随手搭起一个温暖美好温馨的家。

这篇文章我曾经教过多遍，每次上法都差不多，由于学生不同，结果课堂表现也就不同。这一次上课，我对以往的教学进行了一个重大的改革。

现在，我们的课堂常常都要追求所谓的“精彩”。这样的“精彩”常常是形式的精彩，而非本质上的精彩。本质上的精彩绝不是教师预设的到位与表演，也不是教师所谓的精美课件的呈现，也不是轰轰烈烈的活动，更不是教师生动形象的讲解。我以为，所谓的精彩，是教师的教学符合学生学习语文的特点的精彩——不从规律出发就没有课堂精彩，是在充分尊重并放权的基础之上，学生才有意外出现的精彩——没有意外就没有课堂的精彩，是学生意外出现后，教师引导学生事半功倍地引导解决问题的精彩——没有科学的引导就没有课堂的精彩，是所有学生在课堂上都有所获得的精彩——没有学生的获得就没有课堂的精彩；精彩在学生，精彩在过程，精彩在结果。任何事先的预设、课堂的装腔作势，都不可能有真正的精彩。基于这样的认识，我在没有大动以前教案的基础之上，加了几个语文的术语——这些术语（“通读悟美”“精读品美”“诵读传美”“联读馈美”“用读行美”）在具体的教学中，是不让学生知道的，这些只在备课中出现，是给教师自己看的，在教学中，都是以“自学指导”的形式出现的。原因就是要让学生在自然而然中理解并掌握，而不是刻意为之。显然，这几个过程，其主语都是学生，就是以学生为主体的，即学生是课堂学习的主人——只有学生的精彩才是课堂教学的精彩，其他功课是，语文更是。

现在，“核心素养”进入了教育，进入了课堂，进入了学科。在语文学科的课堂中如何培育学生的“核心素养”，是我们每一个语文教师都必须思考的问题。我以为，“核心素养”是在自然中培育的，而不是通过特定的安排来实现。在本文教学中，我用“读”将文章的学习贯于一体，而“读”是语文教学的最为基本也是最为重要的方法，语文课必须从学生读书开始，并将读贯穿于课堂学习的始终，这样的课堂才是语文课。“读”，实质上就是核心素养所提出的“语言的建构与应用”问题。但光有“读”是绝对不够的。“读”只是手段，只是载体，只是策略，“读”有其目的性，需要读出成效来，读出思想来，读出美感来，所以，在教学中，我又努力将《散步》之“美”贯穿于始终，将“读”与“美”有效地结合起来，“读”中见“美”，“美”融“读”中。而在具体的“读”“美”中，文章所表现的主旨得到深透的理解，学生的思维力也得到了培养。如此，语文核心素养所提出的四个方面——语言建构与运用、思维发展与提升、审美鉴赏与创造、文化传承与理解都得到了体现。但这不是最重要的，最重要的是在这节课中真正有了语文核心素养的意识，而不是刻意地表现。事实上，在一节课上四大素养都要得到真正全面而深入的体现，这是不现实的，也是不可能的。只有首先有了意识，并且不断践行，在每一节课堂都得到一定的体现，长期下去，学生的语文核心素养就能得到真正的培育，学生语文学习就会扎实而有效，就能越走越远。

在众多的“读”“美”过程中，“精读悟美”是中心环节，是最为重要的，是理解全文主旨的重中之重。所以，这一步必须做得扎实。而要做得扎实，自然，就是放手，就是相信，就是发动。每一个学生思维是不一样的，他们可以从各自的理解的层面进行阐述。在此时，教师只能依从学生，倾听学生，剖析学生的答案，从中找到重要的线索，通过追问、反问等方式，将问题深入下去，将所有学生都调动起来。而事实上，这个问题的全面回答是比较困难的，此时，教师必须从学情出发，作适当的提示与启发，最终让学生获得全面的发展。当然，在具体的教学中，还必须从课堂实际出发，学会掌控课堂，做到收放自如。只要学生讲到三四点，真正理解了三四点，也就不错了。事实上，不要说是学生，就是教师，就是编者也无法真的穷尽《散步》之美。所以，有时，点到为止，未尝不是一种好的教学策略。

其具体教学过程中是这样的：

(一) 通读悟美

1. 学习指导

教师通过投影出示“自学指导1”——请同学们独立、认真、自觉地通读《散步》全文。遇有不认识的字，或不理解的词语，请自己查字典、词典解决；读完后，请写出对课文的整体感受与初步评价，60字左右。四分钟后，比谁感受深刻，评价得当。

2. 学生读写

教师巡视，激励。

3. 交流评价

在师生共同研讨中，最终得出结论：这篇文章写得很“美”。并板书：美。

在师生共同研讨过程中，教师根据课堂学生不同的理解与感受，通过追问、反问等方式引导学生将问题引向深入，掀起思维的高潮，最终形成基于文本基本解读之下的共同感性认识。

(二) 精读品美

1. 学习指导

教师通过投影出示“自学指导2”：通过通读课文，同学们已经初步感受了《散步》之美。请细读课文，运用勾画圈点的方法，品味、思考：课文《散步》之美具体表现在哪些方面？四分钟后，至少说出两处，并能结合具体内容加以剖析。

2. 学生研析

教师巡视，激励。

3. 交流剖析

(1) 选材美：散步——悠闲，闲适之事。联系所学课文：生活之常事——苏轼曾经游承天寺，写下《记承天寺夜游》——小事不小，其中有很深的韵味。

(2) 主旨美：尊老爱幼——这是从全文的主旨看的，“我”和“我”妻子，责任担当。

(3) 人物美：“我”、“我”的妻子——尊老爱幼，责任担当，代表现在(第一节，先写“我”，而非母亲；加上“我的”，表现出对母亲的尊敬与爱戴，强调了“我”与“母亲”和“妻子和儿子”之间的情谊，并非赘词；民族英雄——决断，一切都取决于我，责任重大)；

母亲——体贴家人，爱幼(还是走小路吧)，代表过去；

孩子——可爱、天真、懂事，代表未来。

(4) 构思美：起因：为了母亲，放松心情，动员散步；经过：出现矛盾，意见分歧，左右为难，影响散步；结果：两全其美，背大背小，解决问题。寻常事中表现出了一波三折。选取“散步”这生活的一角，以“我”和母亲的主线，逐步展现了一家四口祖孙三代人和睦、亲爱的关系。

(5) 方法美:记叙为主,适当穿插议论,揭示中心。平凡中见伟大,普通中见崇高。以小见大,尺水兴波。——本文所写的“散步”是件小事,作者又只写了几个细节,没有铺开来写,但由于不是停留在表现人之常情上,而是开掘出颂扬中华民族传统美德的深意,所以,写得既明快又含蓄,既浅显又深刻,读来使人引起共鸣,掩卷催人玩味深思。

(6) 语言美:修辞美——对比、比喻、对仗、反复等;描写美——第四节,有总有分、有远有近、有动有静、有声有色地描写了“南方初春野景图”,以饶有诗意的写景和联想表达“我”祈望母亲健康长寿的一片爱心;结构美——运用结构大致相同,内容相对的对称句式,形成骈句,显得整齐匀称,读起来连续流畅,富有形式美和声韵美,增强了表达效果;议论美——文章中有两处表现主旨的议论句、点睛句,一是“一霎时,我感到了责任的重大,就像民族领袖在严重关头时那样”,二是“好像我背上的同她背上的加起来,就是整个世界”,这两句话突出了“我”的责任之大,“我”和妻子的承前启后的重任,对生活的使命感,写得真切而富有感染力;用词美——这在全文中很多,而事实上,文章之美,就美在用词的准确与精当,如“早已习惯听从她强壮的儿子”中“早已”就值得研析,再如“但是春天总算来了”中的“总算”更值得品味。

(简略评析其他美点并适时板书)

(三) 诵读传美

1. 学习指导

出示“自学指导 3”:通过品析《散步》一文,同学们已经较为深切地感受到了文章之“美”。“美文”需要“美读”,“美文”需要用“美声”来传播、弘扬。下面请在正确品味、赏析《散步》之“美”的基础上,画出并反复诵读最打动你的一个“美”句。两分钟后,比谁能富有感情地背出所画语句,并说出它打动你的原因。

2. 学生画读

3. 交流剖析

4. 教师示范

(四) 联读馈美

1. 学习指导

同学们,通过学习,我们认识到了莫怀戚的《散步》确实是一篇美文。美在材料,美在形象,美在主旨,美在结构,美在方法,美在语言,更美在事实,美在打动人心。“散步”之“美”事,仅仅出现在莫怀戚一家吗?肯定不是。在我们身边,在我们在座的每一个同学的家庭都有。每一个家庭都曾出现过矛盾、冲突,甚至对立,但最终归于和谐。这就是冲突下的“和谐美”。你们家在“和谐美”的背后,也如莫怀戚家一样,曾出现矛盾、冲突,甚至对立吗?最终又是怎么解决的呢?由此,你看到什么?有哪些感想呢?请大家联系课文，回顾自己家庭生活中冲突之下的“和谐美”。两分钟后，比谁能像莫怀戚一样“美美”地说出来，也让大家共同赏析、品味。

2. 学生回顾

3. 交流共赏

4. 反馈延伸

（1）同学们，刚才，我们欣赏了几个同学的家庭的“美”事，感受到了各个家庭不同的浓浓的“人情美”“和谐美”。确实，哪一个家庭没有矛盾、冲突，但最终都走向了“和谐”。同学们的家庭如此，教师们的家庭也是如此。只不过同学们还是小孩子，还真不一定明了大人们的心情、想法、做法。你们想听大人们在矛盾冲突下的“和谐美”吗？想知道在家庭生活中，大人们是如何处理家庭矛盾、冲突的吗？下面请两位同学到今天听课的教师那儿，请教师也来谈谈他是如何处理家庭矛盾、冲突，从而达到家庭“和谐的”，感受一下大人们的真实想法与做法。

（2）教师馈美。

5. 深化认知

同学们，为了让家庭“和美”，我们应该怎样做呢？小孩、大人、老人都要行动：加强责任，学会妥协，学会忍让，学会宽容，学会理解，换位思考，互换角色，克服自我，不走极端，互相沟通，走进对方。《散步》中出现的矛盾表面看是小的，微不足道，但如果处理不好，就会形成大的矛盾、冲突，乃至不可挽救。在我们现实生活中这样的情况也是不少的。最终，这样的家庭就会分裂、破裂，会出现家庭的悲剧。这就不是“美”了，更不是我们所希望看到的了。

（五）用读行美

1. 总结学习一

同学们，今天我们一道学习了莫怀戚的《散步》，感受到了该文之美。文章美在各个方面。但最终打动你的不是结构、选材、语言，不是这些外在的东西，而是这些外在的东西所包含的人物美、主旨美。

确实，同学们，美，人人追求。莫怀戚的家庭是美的，我们的家庭也是美的。但与美相对的“丑”也同样存在于现实之中，我们之中。只要我们大家都拥有“真美”“和美”的思想，并付出切实的行动，我们身边的“美”就会越来越多，“丑”就会越来越少，如此，我们就会永远处于“美”的环境之中，我们就会像莫怀戚一样，拥有并享受家庭“散步”之乐、“散步”之美。

2. 总结学习二

“美”，不是用来说的，是用来做的，要用行动来落实，行动才是最美的语言。行动美了，你的语言自然就美了。愿大家都能真正认识美、体验美、落实美，用美的语言来表达美。不仅在读中，还要在生活中，在行动中；不仅在班级里，在学校里，还要在社会里，在家庭里;不仅对于亲人,对于同学,还应该对于社会上其他的人。

第二节 “正语文”课堂教学之诗歌实践

“用教材教,不要教教材”是现今课堂教学改革的一个重要指导思想。许多教师都在践行之。但在具体课堂教学实践中,特别是语文教学实践中,却出现了诸多严重偏离其本质与内涵的问题,尤其是变“用教材教,不要教教材”为纯粹的“不教教材”的现象——课堂上教材只是引子,只是幌子,只是由头——对于语文教材,只是蜻蜓点水,浮光掠影,课堂上不读书,不思考,不深究,不追问,而是三下五除二,迅速将教材处理掉,然后迅速地走出教材;或在授课过程中,不是紧扣教材教学,不是充分体现编者意志,而是我行我素,进行大量所谓的链接,用课件、用课外文本、用教师讲述东扯西扯,来填充课堂。这样做的结果是,课堂时间浪费严重,文本不能得到深入解读,能力不能得到真正发展。这样的走进有“度”,走出有“界”,最终只能使学生既未能真正走进教材,更未能真正走出教材,求知既没有获得西瓜,也失去了仅有的芝麻。

这样的现象不是一个两个,而是比比皆是,更有大盛之风;这样的现象不仅一般语文教师存在,很多所谓的知名教师更是如此。这些所谓的知名教师教得似乎是不错的,耐看,特别是知识面宽,走得进,更走得出,不仅走出很多,而且走出时间很长,但最终效果却很是糟糕——影响的不仅是自己的学生,更影响了向他学习的普通教师,因为他们在依葫芦画瓢。如果任这种现象发展,语文教学改革必然毁于一旦,必然功亏一篑。

几年前,“钱学森之问”促使人们深入思考人才培养问题;而二十多年前,在语文教学界就有了“吕叔湘之问”——花了两千七百多课时,语文为什么还不过关?——这一问题至今仍然未得到正解。课程专家魏本亚教授指出:“语文课程改革进行了十多年,语文教学的生态不仅没有好转,反而更加恶化了。”为什么语文教学越来越恶化,问题越来越多?为什么越是减负,负担却越来越重,学生似乎学得越来越差呢?原因自然是多方面的,但肯定与对文本的态度有很大的关联——舍本求末,缘木求鱼,买椟弃珠——只顾走出,未能走进,没有能把握好“走进”与“走出”的关系与度界。只有扎扎实实地“走进”,才能轻轻松松地“走出”。

一、扎实“走进”是夯实基础的需要

老子《道德经》中讲,“一生二,二生三,三生万物”。一者,事物之根本也,起始也。由“一”出发,就能得到相关的知识与能力的提升。但如果“一”不够扎实,“一”很是漂浮,则不能生出“二”,更不能生出“三”。课堂教学应该首先教“一”,教“一”的根本目的就是给学生以正确的启迪,在启迪中理解文本,把握文本,最终能够在“一”的基础之上得以反“三”。意即只有将课文这个“一”,“一”这个启迪点弄通弄透,学生才能很好地发

展。课文之“一”，就是文本的核心内容与核心价值，就是编者的意图；它是课堂上焕发学生生命活力的所在。显然，这个“一”来自课文本身，而非教师，绝不是教师的“显能”。

现代著名文学家曹文轩先生曾说，“没有经过凝视的世界是没有意义的”。课堂教学也应该首先要让学生凝视，让学生聚焦——凝视文本，聚焦实质性的问题。只有将文本这个“一”，实质性问题这个“一”弄清楚了，才算是真正学习了文本，理解了问题；而如果学了半天，对文本无任何印象，对文本之外却有很大的印象，这不是标标准准的本末倒置吗？其结果还有什么深入与深刻可言？还能走出文本吗？还能真正理解并探求“三”吗？

我们都知道，教材是编者心血的结晶，是众多专家长期努力精心编写的结果。特别是2017年版部编语文教材。这套教材，小而言之，一篇文章的选择，一道习题的撰写，一个词语的造谴，都是花了大功夫的，都是有序的，都是突出这一篇个性与这一类文本共性的；大而言之，整套书的编写，从初一到初二到初三，各自版块内容的安排与穿插，都是经过反复实践、修正而最终定型的。作为教师的我们，对于教材这个“一”岂能不高度重视？岂能马马虎虎走过场？这不是对不起编者心血的问题，而是失去了教学的本心——教学本就是为学生未来成长奠基的，有序地奠基，高品质地奠基，高效率地奠基。只有用好了现有的教材，才能为学生成长奠好基，奠实基，奠准基，学生的语文素养才能得到真正的提升与发展。

翻开中高考试题，我们可以发现，现在语文学科基本不考课内的内容了，一般都是在考课外的内容，那为什么还要学课内内容，而且要学好学透呢？这是很多教师上课的疑虑，也是不教课内却着力教课外的依据。

是的，“学以致用”是学语文的根本目标，不能用，只能解课内文本，有什么意义与价值？但事实上，这样做的根本目的不为其他，就是为了“走出”，为了更好地“学以致用”，因为课内是基础，是根本，是源泉；因为双基是解决一切问题的最好的手段，如果一味地走出，而将课文仅置于“知识的载体”位置，学过就拉倒，就完全辜负了编者的一片心血，就完全与国家编写教材的意图背道而驰了。“题在课外，根在课内”——如果没有“走进”之根，只为一时“走出”之表，试问，学生真的能够考好课外内容吗！这真是痴人说梦啊！

现行语文教材是精心编写的，体现了国家意志、课标意识、中国元素，可不是可有可无的。从选材到习题，从单篇到单元，从阅读到写作，从口语到综合探究性学习，从课内到课外，从上一学期到下一学期，从小学段到初中段到高中段，都是精心打磨的——尽管有一些不尽如人意的地方（事实上，任何教材都会如此），但从国家层面来看，这是一件极为严肃、严谨、严格的事情。所以，首要的任务是把握教材的内涵，教好教材。当然，这种教好教材的根本，不是照着教材一五一十地传声，而是利用好教材，教应该教的，教必须教的。在其基础之上，再走出教材，用自己更多的更好的发现来充实教材，发展教材，建设教材，最终实现学生语文素养的全面提升与发展。如果不教课文，不好好教课文，对于课文囫囵吞枣、浅尝辄止或者弃之一边，置之不理，可有可无，而腾出大量的时间走出教材，学生对所学知识就会陌生、生疏，对于新出现的问题也只能是望洋兴叹，找不着北。表面上多做了课外题，实际上却是缘木求鱼，本末倒置。要知道，题目是做不完的，试卷是做不完的，书更是学不完的。但抓基础、抓根本是可以完成的。只有以本为本，立足课文，以课本为中心，在此基础之上的语文学习才是长久的、有益的。

抓课内，抓课本，还有一个问题，就是时间问题。

我们知道，国家所有课程的安排都是有时间限制的，都有规定的课时。如果不立足课本，只是一味走出，对于“本”，没有从根本上花时间理解与把握，最终是不可能走出文本的，是无法牢固掌握双基的。事实上，一堂课不可能穷尽所有相关的知识与内容，不妨究其一点，深入下去，精解，精析，尽管说的不多，但收获颇深，获得根本，这即是少就是多的道理。一堂课时间太有限，扯东扯西，这也讲，那也说，这也链接，那也提示，最终学生“雾里看花”，越看越花，更有可能的是不仅没有抓住西瓜，就连小小的芝麻也没有获得——这种浪费时间的课堂太多了，这样的课堂就不是低效的问题了，而是无效与负效的了，这也是学生越学越苦的根由之所在。

现行部编语文教材课型分为两类，一类是教读课，一类是自读课。教读课，就是要教透、教深、教活、教好，教知识、教能力、教方法、教思想、教审美、教语言、教文化。一句话，就是发挥教材和教师作用，让学生真正理解、把握其“本”，其本之“一”，这个教读课文就相当于理工科的“例题”——自然，例题是最为重要的，没有了对例题深入的、本质的理解与掌握，岂能真正会做习题？自读课，就是用教读课所学的方法与策略、知识与能力来自我解读文本。这相当于理工科的“习题”，是教读课文的应用，是“一”掌握后的“三”的体现。也就是说，现行部编教材本就是“走进”与“走出”的结合体，“一”与“三”的自然融合。

综上所述，教学的第一步，不应该首先考虑如何“走出”，而是考虑如何“走进”，如何实实在在地“走进”，如何通过实实在在地“走进”，让学生真正获得教材这个“一”，从而去解与之相关的“二”“三”，这才是正道，这才是语文教学的要义。

二、扎实“走进”是面向全体的需要

课堂是全班学生的课堂，非少数学生的课堂。走进文本，就是让所有的学生能够理解与掌握。过度地走出文本，进行所谓的课外链接，确实可能让尖子生扩大了知识面与视野，但对于非尖子生来说，对于大多数学生而言，却可能是一无所获——在评课时，之所以教师们认为这样的“走出”很好，是因为他们希望能够深一点，对所有人有所帮助，岂不知，学生水平是不同的，接受与掌握能力是各不一样的。这其实也是因材施教的问题——没有针对学生学情的教学都是虚无飘渺的，因为掌握才是第一位的。

在很多课堂上，学生是受教师摆布的棋子，学生缺少主动的发展。不用说中等生，即便是所谓的尖子生，也是如此。教师在课堂上大量地出示与课文似乎相关却又游离于课文的图片、问题、语段、表式、音频、视频等等，旁征博引，学生被动地看着，听着，讲着。更有甚者，教师不是让学生从文本中来，到文本中去，却是让学生不看书，只看所谓的投影，就投影来学课文——文本成了可有可无的教学载体，学生真正成为了学习的棋子，利用的工具。

在现今的课堂上，在现今改革的课堂上，在培养真正人的课堂上，学生不应该是课堂学习的棋子，而应该是课堂学习的棋手。也就是说，课堂上，只有让学生有自己学习的主导权，让学生主动而积极地参与学习，而不是被动地学习，更不是被灌输着学习，这样的学生才是具有未来发展前途的学生。事实上，教师搞所谓的一刀切式的走出，是不符合学生整体实情的，因为学生情况是不一样的。即便是同样的一个问题，学生因为这样那样的情况，所以，对问题的理解也是不一样的。这一事实就决定了教学中必须用不一样的方法来解决学生存在的根本性的问题。只有从根本处理解了学生存在的不同的问题，才能让不同的学生很好地走出来。现在之所以出现很多的学困生，究其原因，不是因为学生差，而是因为学生并没有真正地掌握与理解，造成学生“阴天驮稻草，越驮越重”。而这一切形成之由，就在于教师走出太快、太早、太多，没有从不同类型的学生的掌握出发。

常听现在高中阶段的教师不屑于小学、初中课堂教学的一味“走进”，总是认为讲得太简单，讲的内容似乎都是课本，没有走出去；也常常会以为小学、初中的教师就懂这么一点知识，没有走出的本领。这显然是错误的。因为小学初中的学生并没有经过选择，都是义务教育阶段的学生，这些学生基础是不一样的，哪里像高中已经经过了选择——前一半上普高，后一半上职高。上普高的学生中，又分上了不同星级的学校，自然，学习能力与水平差不多的学生都在一个学校，都在一个班级了。所以，他们可以共同地走进与走出，差距并不是很大。而小学、初中却不然，参差不齐，基础不同。故授课过程中，自然必须以走进为主，让更多的人学到，学会，从而让大部分人都能达到目标。更何况，小学、初中九年义务教育的基本在于打基础——只有打好了基础，才能为后期成长奠定坚实的基础。

在听课过程中，我们发现了很多教师更喜欢走出——走出，成为了一堂好课的重要标准；如果你的课堂上没有走出，那显然你的课是不当的、不行的，评优是不可能实现的。事实上，很多的课堂中所谓的走出文本，多是给听课教师看的，不是给学生看的——因为内容太多，文字太深，知识太杂了，而且更可怕的是，时间太短，这么多的内容、那么多的课件，如果真正理解的话，几分钟岂能实现？没有一节课是不行的。那怎么办？“意思到即可”，虚晃一枪，装腔作势，点到为止。至于懂与不懂，会与不会，掌握与否，就不是我的事了，只要我已经有了，我已经放了，我已经用了，至少不能说我没有走出文本。这是标准的贴标签。这样的“走出”，又有什么意义与价值呢？倒不如让学生就本解本，就文解文，从文中来，到文中去，教师在学生不明处多说几句，说的几句自然可以是文本，也可以是非文本，总之是为了真正的理解，而非交差。

还有的教师课堂总是喜欢故弄玄虚，以“新的发现”来解读文本，似乎过去所有的人的解读都是错误的，只有他的解读是正确的。于是在课堂上，引用大量的文献资料，用各种推理来解文本，用这样那样的名家来为自己的解读“正”名。目的只有一个，就是不能听文本的，不能听编者的，不能听他人的，他们全错，只有我是正确的。——如此的“走出”真是乱花渐欲迷人眼。岂是“走出”，倒不如说是一种背离、反叛。让文本的真正教学失去了靶心，失去了方向，失去了应有之义。

三、扎实“走进”是为“走出”的需要

著名学者王国维认为，欣赏文学作品“须入乎其内，又须出乎其外”。其之言“入乎其内”，是前提；其之言“出乎其外”，是拓展。没有“入”，何来的“出”？当然，如果只是很好的“入”，而没有很好的“出”，自然也是有问题的——但绝对不是大问题——事实上，教师是不可能完全带领学生走出所有文本的，需要去引导学生进行所谓的“举一反三”，走“出”，很大的情况下，是学生自己的事，是学生的悟性，是学生的自觉。此之谓，“师傅领进门，修行在个人”。事实上，弟子不必不如师。如果师都在想方设法让学生如何“出”，那就束缚了学生的手脚，学生“出”得就不自然，就没有了自己个性的走出——这种“出”，在某种程度上讲是戴着镣铐地“走出”，没有也罢。但确须说明的是，无“入”，无深入的“入”，是决计不能“出”的，不能很好地“出”的。

是不是在走“入”的过程中，就没有走“出”呢？显然，这是错误的。其实，真正“走入”的过程，无处不在“走出”，只是始终扣住课本，扣住主问题，扣住主旨，以“本”为中心，教师在学生思考的过程中，不提示、不暗示、不揭示，让学生在自己已有认识的基础之上，在所学的基础之上，进行思维的拓展，这就是走出——对生活的常识、已有的学识、所见的知识，以及自己不被束缚的思想、思维方式进行整合，进行思考，进行自己个性化的理解与提升。事实上，“走入”之中，是绝对不可能完全没有“走出”的，都会有或多或少的“走出”的。

教师在引导学生解决问题的过程中，怎么可能完全就书讲书呢？必然需要举一反三，触类旁通，用现实的例子，用已学的知识，进行拓展、启迪、诱导，这也是“走出”；当学生似乎理解文本之时，教师完全可以带领学生适当走出，另设问题——自然必须紧扣所学，让学生思考，从而加深对类似问题的理解与把握，这是在“走入”前提下的正确“走出”，这是课文的升华与深化；学生做练习题，怎么可能真的就是重复书本题呢？可以分类处理（可以分为必做题、选做题、思考题），也可以从课外找出相关习题进行延展训练。所有这些，都是有意义的“走出”。——我们所强调的处理好“走进”与“走出”的关系，讲“走进”与“走出”边界，不是绝无，而是讲课堂教学中不能本末倒置，应该以“走进”——“入乎其内”为根本与前提，以“走出”——“出乎其外”为目标与延展。

1961 年，语文教育家叶圣陶先生提出，语文课之“最终目的为：自能读书，不待教师讲；自能作文，不待教师改”，即“教是为了达到不需要教”。“走进”的本质之意就是

“教”，就是充分发挥教师的主导作用，不只是教所谓的书本知识，而是教书本中所蕴含的思想、内涵、本质、根本，不仅要让学生知道书本之“然”，还要让学生知其“所以然”，更要让学生能够“用其然”。而所有这些，均需要真心实意让学生“走进”文本世界，“走进”学生世界，而不是一开始就进行所谓的“走出”——去解、去用、去创类似问题——还没有学会走，就想跑，那可不是现实的事情，“自能”的目标必然落空。而如果高度重视“走进”，科学地“走进”，不旁逸斜出地“走进”，为了“走出”而“走进”，就会真正学到精髓，就会触类旁通、举一反三，“走出”就会变成自然而然的事情了。鲁迅先生说：“从喷泉里出来的都是水，从血管里出来的都是血。”是“水”，是“血”，全在于真“走进”，还是假“走进”，真为“走出”，还是假为“走出”。如果在真“走进”上做了文章，那就是叶老所讲的真“教”了，就是所谓的会“教”了。如此，“走出”就很自然，就是必须，“教是为了不教”的目标就一定能够实现。

本人从事初中语文教学三十一载，始终坚持着“扎实走进”的语文教学思想，在课堂教学中，几乎不进行所谓的“拓展”与“延伸”，而是脚踏实地地将课文老老实实地教好，特别是做到三个吃透——吃透课本总要求，吃透单元总要求，吃透文本总要求。我以为，只有真正吃透了这些总的要求，真正“走进”了总要求，下面的具体内容、具体任务、具体目标，才能真正掌握。在三个总要求之中，文本总要求是最为关键的，特别是编者撰写的一系列文字，包括预习要求、旁读提示、探究练习、补白说明等等，它们都是编者思想最为充分的体现，果真将之理解透彻了，少讲一题、少说一例、少引一案又有何妨？少“走出”一点，再少“走出”一点，多“走进”一点，再多“走进”一点不是更好？

2018 年末，我应江苏语文课堂研究中心邀请，去宿迁上了一节郭沫若所创作的诗歌《天上的街市》，与其他几位教师的课形成了鲜明的对比，受到了大家的一致推崇：没有花哨，只有紧张而有序的“阅读、思考、研讨”，学生教材的“走进”扎实，教材的“走出”靠实，收到了实实在在的效果。我在整个教学中，就用了三个“自学指导”题，将整个课堂串连起来，最终达到了意想不到的效果。其具体内容如下：

学习目标：通过自我阅读、积极思考、相互探究，能够正确背诵诗歌，富有感情地朗诵诗歌；合理描述诗中所描绘的世界，准确理解诗人所表达的思想感情。

自学指导(一)：请同学们自由朗读全诗。五分钟后，比谁能够基本正确背诵诗歌全文。

自学指导(二)：请再读全诗，用自己的话概括诗中所描绘的世界，写下来，不少于三个词。三分钟后，比谁正确概括。

自学指导(三)：请再读全诗，积极完成下面两题：一、你知道民间传说中的《牛郎织女》的故事吗？在你的想象中，他们在天上应该过着怎样的生活？这样的生活与郭沫若笔下《天上的街市》中的“牛郎织女”的生活相同吗？郭沫若为什么要这样描绘呢？诗人想通过此诗，表达怎样的思想？二、依据你对诗歌主旨的理解，有感情地朗读全诗。五分钟后，比谁能结合诗歌中具体诗句正确剖析。

课堂练习：请同学们结合今天所学——“借联想和想象来表达情感”的方法，朗读“积累拓展”第三题中三首与牛郎织女有关的诗歌，能说出诗人借牛郎和织女的故事，分别表达了怎样的情感。三分钟后，比谁能结合诗歌进行大致分析。

“教什么比怎么教来得重要。教师没有对文本的自我解读，没有对学生主体的正确认识，没有对教学目标的科学预设，课堂自然面目可憎。”我在课堂教学中的所有问题均来自文本，来自文本中固有的“预习题”“探究题”“拓展题”。通过首先解决文本中的问题，就能够深入地理解文本内涵，把握文本实质，透视文本精神，从而为走出文本——进行课堂练习奠定坚实的基础——因为文本的理解性内容与练习有着高度的关联性，如果文本不能解透，如何能够走出？而事实上，编者在编写这些问题时，是充分地考虑到学生的学情的，是依据学生的实际情况而设计问题的，所以，我在教学上，虽然也对问题做了小的变动，但总的来说，是原题的翻版，没有涉及更多的内容，就强调感情与方法，连诗歌的炼字都未曾涉及——因为这不是本课的重点。“钱梦龙老师教学的《中国石拱桥》一共用了两个课时，从整个教学流程来看，钱老师的教学内容，分别是‘用词准确’‘抓住特征’‘注意顺序’。”说明文教学内容那么多，钱老师却只选择了这三个点展开教学，“显然，他更多的是考量了学情——学生刚接触说明文，要以培养学生兴趣为重。”

“不陵节而施之谓孙。”“杂施而不孙，则坏乱而不修。”(《礼记·学记》)意思是，不超越受教育者的才能和年龄特征而进行教育，是合乎顺序；教师杂乱地施教，学生不按顺序学习，会使学生头脑混乱不知所措。这两句话高度强调了教学不能超过学生的实际，不要急于求成，体现了循序渐进的原则。在《天上的街市》一诗的教学中，我是从读诗入手，从背诗入手，背是更有价值的读，且将读诗贯穿于教学的全过程。“万法之法，莫过真读。”课堂中“始终激动人心的一定是作品本身，是阅读本身。”“潜进去、读进去，用心去感受文字；忠实于自己的内心。这些都是非常重要的。”读到位，自然才能自解，读到位，才能真正走进——读是走进的最好方式，比教师的讲不知要好上多少倍。读是前提，理解是延展，整体性把握——写了什么、表达了什么、如何表达这三个问题是语文教学的基本问题，也是核心问题。我有序地安排时间让大家深入思考。最终，我出了一道练习题——学以致用，用今天所学之法来解相关诗歌，这样，“走出”就自然水到渠成。

还需说明的是，我在教学中，没有像其他教师一样对学生进行所谓的作者简介，时代背景的介绍，即没有所谓的“知人论世”的走出。我以为，只有给出时间，让学生真正地沉潜到作品中去，从作品中来，到作品中去，而不是从作品外来，到作品中去，更不是到相关的作品上去，也不是用教师提供的其他的作品、评论来堆砌解读，来统一化地理解作品——统一化的理解无视了作者作品内容的丰富性、情感的独特性、形式的多样性，最终造成学生思维的僵化与推断能力的缺失。事实上，作品的内涵必须从作品本身出发，而不是通过“知人论世”所能理解与把握的，“知人论世”充其量是提供一个线索、一种可能。而且对于人们研究过的作者可以参考，如果是未知名的作者与未知的时代，那又将如何解读呢？事实上，现在，中高考阅读分析与教师基本功文本解读能力测评时，选择的常是人们未读过的文章，没有了所谓的背景简介与作者介绍，又将如何“知人论世”？“知人论世”只能是套用，非放之四海而皆准。

课堂是关系处理的一门科学。课堂上的关系太多了，只有理顺了，理明了，才能把握要谛，实现和谐，达到高效。“走进”与“走出”是课堂上一对极为重要的关系。这对关系也必须理顺、理明，要有法度，要有边界——先课内，再课外；只有扎实“走进”，才能轻松“走出”。而不是随意、随便、随心，任其自然，无限拓展，随意添加，旁逸斜出。如此，本才能掌握牢靠，源才能开掘自然，“用教材教，而不是教教材”的理念才能得到正确实施，最终提高课堂效率，实现减负增效的目标。

第三节　“正语文”课堂教学之小说实践

最近，应某教育机构之邀给四百多位语文教师讲了一篇表现人性善恶的小说——澳大利亚著名作家泰格特的《窗》。

在第二课时，还有 15 分钟，便进行本课的“当堂训练”。我出了这样两道题目：

第一道题目：你想做善人吗？想做善人的请举手。

结果，全体同学无一例外地举了手。

第二道题目是：某一个晚上，你一人正走在回家的路上。突然，迎面走来的一位老奶奶跌倒在你身边。你身边没有手机，旁边也没有他人，也喊不到人。面对跌倒的老人，你怎么办？你是立即走上去扶，还是不扶？闭上眼睛，思考一分钟，给出你的答案。

一分钟后，我提问：立即扶的请举手，不想扶的请站起来。

结果，班级三分之二的同学站立了起来，只有三分之一的举手。

我很是诧异。在我看来，学了《窗》一课，已经明了本课的主旨——向善避恶，我们纯洁的学生应该会选择“扶”。想不到站立的学生，即不想扶的学生竟然达到三分之二。这时，我开始及时反思：是我授课不行，还是其他原因？

“你为什么立即走过去扶？”我没有让站立的坐下，而是请举手的一位同学到讲台前面回答。

“因为她是一个生命，假如因为我不及时扶，她死了的话，我会心不安的。”

“但是，假如万一她是一个假装跌倒者，是一个碰瓷者，会讹上你，讹上你家，那你怎么办？你还会扶吗？”我反问道。

“那算我倒楣。”学生无可奈何地回答。

“你呢？”我问起了其他举手的同学。

“会立即扶。假如真的遇到碰瓷者，那只能算我倒楣。”其他举手的同学几乎异口同声地回答。

“你为什么不想扶呢？”我又问起站立着的一位同学，并请他到讲台前面回答。

“我们老师说过，现在社会上讹人的现象很多，这位老奶奶突然跌倒，肯定是装的，如果你碰了，她就会讹上你，那你就会吃不了兜着走。而且，当时，只有我一个人，为了保护自己免受伤害，当然是不管为好了。”这个学生很是淡然地回答。

“对！是这样的。”站立着的同学窃窃私语。

“与这位同学想法一样的请坐下。”

结果，只有两位女生还站着。

“你们还有什么想法吗？”我问道。

“我不是不扶。我想先观察一下，是真跌倒还是假跌倒。如果是真的，我会立即扶；如果是假跌倒，我就不扶。”

“那你怎么知道是真的，还是假的？更何况，如果真是碰瓷者，她很是狡猾的，会这么容易让你看出来吗？”我进一步问道。

“既然这么难以辨别，那我还是不扶吧。”

“你为什么不坐下来？”我又问最后一个站着的同学。

“我从书上看到，救人是要有所讲究的。有的病人不能立即扶，如果立即扶了，会加速死亡。所以，我会先上去问一问这位老奶奶，看她的反应再作处置。”

“也就是说，你还是要扶的，只不过要看具体情况而已。是吗？”

“是的。”

至此，所有同学已经坐下。教师总要给学生一个答案，总不能“只要回答，就算正确”吧！“教师也是课堂教学的资源”，对，不妨听一听下面听课教师的回答，这样更有利于对学生的引导。

“同学们，刚才大家对扶与不扶都有了自己的想法。大家想不想知道今天听课教师如何做呢？”

“想！”学生异口同声。

“请你到台下，像小记者一样，随机采访两位男教师和两位女教师。看一看教师们是如何处理这个问题的，好吗？”我指导道。

这个学生很高兴地走到台下，像一个记者一样采访了四位教师。

结果三位教师答案基本一样：“我会看一看情况再作决定，如果是真的跌倒的话，我会立即扶。如果不是的，自然就不扶。”

一位年轻的男教师振振有词地回答：“我肯定不扶。现在被讹的现象太多了。上次我们镇上有一个人因为好心救了人，结果把对方送到医院，病人死了，家属就讹上了他，到现在事情还没有处理完呢！”说完，整个会场出现了各种各样的议论声。

至此，学生和下面的教师对“扶不扶”的问题的思考与回答全部结束。

显然，师生之中有一些人是扶的，但存在着大量的不想扶者。即使想扶的，有的还是心存顾虑的——怕被对方讹上，怕让自己摊上大事。

“语文是工具性和人文性相结合的一门学科。”

向善、向美，做善人、做善事是《窗》的主题。你让学生回答“你想做一个善人吗”，学生就会如本堂课中的学生一样，也会举手，因为这是文本给的主旨，如果不举手，就说明不理解文本，没有学好文本，这可是知识掌握的问题。事实上，说在嘴上的，又不一定有行动，谁都知道，善是人人追求的，不这样说，后果自然是很严重。

但行动是检验思想的工具。当遇到具体情况时，却不是说这么容易的。对于“扶不扶”这样的问题，有没有标准答案？理应说，没有——只要言之有理即可。这可是大多数教师的结论。确实，事物的答案是丰富多彩的，事物的答案不止一个。但本题中是不是真的可扶可不扶呢？是不是扶也对，不扶也对呢？亦或是扶也错，不扶也错呢？如果这样讲，我们的学生真的遇到这种情况究竟如何处理呢？会不会无所适从呢？你怎知学生就一定遇不到呢？所以，教师必须能够真正理解《窗》之主旨，必须真正引导学生把握人之“真善”，必须真正帮助学生在“善”与“恶”的问题上做出正确的选择，从而采取正确的行动，从而让语文学科的“人文性”得到真正的落实，将“立德树人”这一时代教育要求真正体现在语文课堂上。

“同学们，你们想知道假如教师遇到这种情况是扶还是不扶吗？“我吊起了学生的胃口。学生们一个个睁大了眼睛盯着教师。

“扶。肯定会扶，一定会扶，一定是毫不犹豫地扶。”我斩钉截铁地说。学生更是屏住呼吸，整个会场也鸦雀无声。

“同学们，问你们一个简单的问题：假如跌倒的是你的爷爷奶奶，你们会毫不犹豫地扶吗？注意一个前提：不立即扶，就会危及生命，立即扶了，生命就能存活。”

“当然会立即扶。因为跌倒的是我的爷爷奶奶，是我的亲人。”学生异口同声地回答。而且还没有等我问为什么，学生就已经给出了原因。

“同学们，教师再问你们一个问题，假如跌倒的是你的爷爷奶奶，他(她)跌倒在别人的面前，而不是你的面前。你最希望的是什么？注意一个前提：不立即扶，就会危及生命；立即扶了，生命就能存活。”

“当然最希望的是别人能够立即把我的爷爷奶奶扶起来，拯救他(她)的生命。否则，我就永远地失去了我的爷爷奶奶。”同学们依然是异口同声，且说出了原因。

“同学们，再问你们一个问题：你认为那些人会扶吗?”我进一步问道。

“会扶。”“不会扶。”学生形成了两派。

“同学们，从刚才的举手中，我知道了大家都想做一个善人。我们从小接受的也是做一个‘真善美’的人的教育。但是，我们所追求的‘善’是一个怎样的‘善’呢？‘善’不只是自己不作‘恶’，不危害他人，这是‘善’的底线要求。‘善’还包括着对他人的‘善’——有‘善心’，有‘善举’——我们都希望别人伸出扶助之手，可是你却不能做到‘把别人的爷爷奶奶当作自己的爷爷奶奶’，去扶一扶跌倒的老人，这是真‘善’吗？这是一种‘伪善’‘假善’‘虚善’。我们所追求的‘善’应该是纯粹的‘善’、纯洁的‘善’、纯净的‘善’，一种不计后果、不求回报的‘善’——因为怕讹，就采取躲避、逃避的行动，这是一种自私。文中近窗病人给远窗病人讲了窗外没有的美好事物，他考虑后果了吗？没有。结局很惨，但这结局正是其伟大之处，这正是他的善的表现。

“是的，在社会上确实有碰瓷的现象，但这是极少极少的，非社会的常态。千万不能因为有了一例讹人的现象就将整个社会污名化，就认为所有跌倒者都是讹诈者，是坏人，不能帮，不可帮，就逃之夭夭，不闻不问。现在社会上确实有不良分子，我们需要的是用我们的智慧识别、处理。如果我们智慧不够，不能分辨，那只能是毫不犹豫地扶，总不能因为我们不及时出手而导致悲剧的发生，总不能如远窗病人一样视而不见、听而不闻啊！如果，你扶了，那个跌倒者真的是讹诈者，真的讹上了你，你也别怕，让法律解决，而不是让钱私下来解决，要相信‘邪不压正’‘好人终究有好报’。请永远记住两句话——‘讹不讹是他的事，扶不扶是我的事’。讹，是他的恶；扶，是你的善。如果我们每一个学生都这么想，都这么做，那么，社会上还会有那些个讹人者吗？我们的爷爷奶奶万一跌倒，不就有救了吗？他人的爷爷奶奶跌倒不就有救了吗？人与人之间不就少了伤害了吗？我们的社会不就变成美好的人间了吗？”

“同学们，今天学了泰格特的《窗》，不仅要理解故事情节，要学习写作技巧，要把握主旨思想，更重要的是受到思想的洗礼——对善与恶有正确的理解，采取正确的行动。‘善’不是用来说的，而是用来做的，不是假做，而是真做，从每个人做起，从这堂课后做起，行吗？下课。”

在我的引导下，同学们和下面的教师一个个听得格外认真，时而点头，时而思考，时而微笑，时而齐答——从他们的表现中，我看到了他们对《窗》主旨的真正理解与掌握，看到了他们以后的行动与回报。

在我说出“下课”二字、全体同学起立后，整个会场持续地响起雷鸣般的掌声。

此课得到与会人员的一致认同、赞赏。

此次成功最关键一点就是真正充满了正能量。对于“扶不扶”的讨论，由来已久；不仅社会在讨论，就是在《道德与法制》的课堂上也有。学生家长大多是从后果的万一性上讲，处理的最好办法莫过于远离，以免惹火烧身，殃及自己；学校和班主任、任课教师大多数是从保护自我的角度处理——拍好照片，找好证人，留下证据，以免不测，然后再扶。

但我以为，这些做法是很世俗的做法，这不是在培养人，不是在“立德树人”，而是在培养“精致的利己主义者”，这是一种自私、为我、消极、虚伪的做法，是一种无利于学生真正成长、社会真正发展的做法，是一种培育“负能量”的做法。如果这样的做法越演越烈，越传越广，一代一代地传下去，那整个社会道德体系就会崩塌，后果将真的是不堪设想。

在本课中，三分之二的学生采取不扶的做法不是学生的错，是家长、学校、教师教育的结果，是家长、学校、教师的错。尤其是学校的错，教师的错。家长有此想法似乎很是正常，但教育人的学校、教师有此想法就很不正常。虽然学校、教师也具有社会性，但必须切实搞清楚教育究竟是为了什么，怎样的教育才是真正的好教育。在本课中，四位教师的发言似乎有理，但确实经不起推敲，特别是那一位年轻的男教师，说法更是奇葩与荒唐——我本想在上课时予以点名批驳，但由于时间等原因，没有采取直接的批驳而是间接的否定。试想，在这些教师长期的引导下，我们的学生究竟会变成什么样的人。他们的人生观、世界观、价值观究竟会是怎么样的呢？能不能正确面对人生，认识世界，实现价值呢？

课堂，特别是语文课堂，特别是人文思想浓重的语文课堂，作为教师，你要么不提问题，照本宣科，这样学生受到的影响可能还少一点，面可能还小一点；要么你就是一个充满正能量的人，对人文思想有正确认知的人，能够采取正能量行为的人。如此，你对你所提出的关于人文思想问题的答案才能是正确的，学生在你的引导下，也才能成为充满正能量的人，你才能在你的语文课堂上体现语文课标思想，培养学生的核心素养，为学生未来成长奠好基、奠实基、奠正基，学生才能有美好灿烂的未来；否则，即便学生长大了，亦或说是有所成功了，也是不完全的成功，因为其根——人文思想是有瑕疵的，迟早是要出问题的——这样的例子太多太多了。

从最后大家的热烈鼓掌中，我受到了很大的感动——那些语文教师、那些语文听课者明白了我的长篇大论，理解了我的良苦用心——教书育人，教书只是载体，不是目的，育人才是根本，才是目的；教书者，必须先育人；育人者，当然必须先自育，成为一个“身正为范”的人，“德高为范”的人。“没有教不好的学生”是洋思中学的办学理念，其核心并不是让每一个人成为学科的佼佼者，而是成为一个思想品质纯正、追求“真善美”的人。而这一切的实现，自然离不开我们的课堂，特别是人文思想很重的语文课堂。

可以说，在语文课堂上，无时无刻不进行着显性或隐性的人文思想的教育与熏陶，“文道结合”“以文载道”“以文传道”是语文学科的重要特点。无论是小说、诗歌、戏剧、散文四大文学样式类的文章，还是记叙文、议论文、童话、寓言，即便是说明文等也同样具有。如果我们的语文教师只是被动接受、人云亦云、片面理解，而不是主动思考，研究、吃透文本中表现出来的人文思想，而不是全面地、辩证地、历史地、系统地看待，那么，就不是在教真正的语文，就是对语文教学的亵渎。担负着人文思想教育重任的语文教师必须清晰地认识到这一点，才能教好语文。

自 2015 年始，我便带领团队进行了“正语文课堂教学”的研究。其中之“正”的一个内涵就是“正向”，即语文课堂教学的方向要正。而方向正的一个重要方面就是对文本中所表现出来的人文思想理解要正，把握要正，传播要正。在具体教学过程中，要实实在在地播洒正能量，体现正能量，培养正能量，让学生在语文学习的过程中，既学会作“文”，更学会做“人”，做到“文”与“人”并举，“文”与“人”齐进，“文”与“人”共生，而不是只见“文”不见“人”，或只见“人”不见“文”，或“人”与“文”都是蜻蜓点水。而事实上，“正语文”课堂教学所提出的“文”与“人”和谐并存、并重的思想与现今部编教材编排思想——“人文主题和语文要素双线组织单元的方式来编排”是一致的。换言之，“正语文”课堂教学思想的提出是与时代合拍的：只有做到语文课堂教学之“正”——和谐处理、科学处理“文”与“人”的关系，才能科学使用部编教材，才能正确领悟、理解、把握编者思想，才能有效实施语文教学。

让语文课堂充满正能量，播洒正能量，不是简单说说的，而是要用师生的行动来表达与表现的；这种正能量的播洒，不只是在一篇文章中，不只是在一堂课中，而是贯穿于所有课堂、所有文章中；这种正能量不是仅让少数学生获得，而是让每一个学生都获得，因为育人必须面向所有学生；这种正能量的传播，不是做做样子，有领导、教师来听课了，就做一下，而是需要实实在在做的；这种正能量的传播，不是一朝一夕的事，而应该持之以恒地长期地做，应该贯穿于学生的整个学习过程。只有这样，在课堂上，培养具有正能量的人的目标才能实现，我们的学生也才有可能成为具有正能量的未来接班人。

“扶，还是不扶？”——这似乎是一个问题，但这又不是一个问题。——只要我们对教育、语文、课堂准确定位，理性认识，科学认识，这就不是一个问题；自然，也不会难以解决。

语文应该教什么？如果连“扶还是不扶”都没有一个明确的答案，那所教的语言又有什么用处呢？

第四节 “正语文”课堂教学之古文实践

一、认识

从小学到大学，作为国语的语文是唯一贯穿始终的课程，语文是内容最丰富的课程，语文是耗时最多、学时最长、分值最大的课程。照理说，语文应该是学生最为喜欢、学得最好、用得最得心应手的课程。可偏偏事与愿违。

为什么？原因当然很多。但教材、教法、评价问题多多，是脱不了干系的。

花了这么长的时间，教是教了，学是学了。但教的是什么，学的是什么呢？常常是应付考试的所谓的“知”，考纲规定的，试卷可能考到的。又是怎么教的，怎么学的呢？我们的教师常常是喊着“改革”的口号，尤其是领导专家前来听课时；但在实际行动时，却总是始终不变的三个字——“讲”“背”“练”。“讲”透了，“背”熟了，“练”多了，确实让分数提升不少，但只要试卷稍微一变，学生就变得不知所措，无从下笔。如果放置一段时间，学生所学，就迅速还给教师，“可忘而不可记”了。

这不是在教语文，至少不是在教真正的语文。真正的语文的教学方法不是这样的，教的内容、学的内容不是这样的，教的方法、学的方法不是这样的，评价也不是只看试卷上看得见的分数就能定高下、论好差的。

怎么办？只有进行改革才能改变现状，才能让语文成为语文，让语文成为既体现工具性,又体现人文性的课程。

进行教材的改革——国家已经在进行,且有成效,但教师用得太死,缺少变化,都是拿来主义,让教什么,就教什么,不敢取舍,不能拓宽,不能深入,不能延长,只是在“教教材”,而没有“用教材教”;进行评价的改革——国家已经在规划,各地都在积极推进、实践,但仍不够全面,仍存在以知、以记、以背、以练为主的考核与评价;进行教学的改革——2001 年就已经进行,取得一定的成效,改变了很多教师的思想,但在具体实践中,收效欠佳。

以上三大改革在全国都如火如荼地进行,但我以为,最为本质的、最有效地改革还是国家课程校本化的改革——在国家改革的背景下,以校为本、以我为本,从学校实际出发,从教师自身实际出发的主动性改革。

我从 2010 年开始就提出了“守正立人”之“正语文”的语文教学主张:语文教学应该切实做到内容与形式的“正而不邪”“正而不歪”“正而不偏”,必须切实做到“正向”——方向正,“正行”——行动正,“正果”——结果正。而这正与 2017 年《普通高中语文课程标准》中所提出的“以核心素养为本,推进语文课程深层次的改革”的思想是不谋而合的——语文教学必须培育学生为未来成长奠基的语言应用能力、思维发展水平、审美鉴赏品位、文化理解层次。虽然语文“核心素养”尚未在义务教育课标中提出并落实,但有着与之表述相切近的“知识与能力、过程与方法、情感态度与价值观”之“三维目标”。我也相信,随着义务教育课程改革的深入进行,以培育学生“核心素养”的课堂教学改革将成为新的主旋律,成为教学改革的必然趋势。这种改革,自然包括了国家课程教材校本化的改革,国家课程评价校本化的改革,国家课程教法学法校本化的改革。

鉴于以上认识,我持之以恒地深入进行着语文课堂教学的教材校本化、评价校本化、教法校本化的改革,一方面,努力地践行“守正立人”之“正语文”教育思想,另一方面努力地培育学生语文“核心素养”,以真正体现语文课程的学科性质与特点。

二、落实

下面试以《岳阳楼记》一课的教学实践谈谈我是怎么具体落实“国家课程校本化”的。

部编教材主编温儒敏教授指出:“部编本语文教材的课文选篇,更加强调四个标准:经典性、文质兼美、适宜教学,当然,还要适当兼顾时代性。”无疑,《岳阳楼记》就是这样的一篇选文。

《岳阳楼记》是部编教材九年级上学期第二单元第一篇课文,这是一篇文言文,是一篇讲读课文。

教学课文的第一步就是明了教学目标。

文言文,有着固定不变的几个教学目标,尤其到了九年级。这也是《义务教育语文课程标准》所规定的——“能借助注释和工具书理解基本内容”“注重积累、感悟和运用”“提高自己的欣赏品位”。很多的教师都是从这儿入手进行文言文教学的，这当然是应该与必须的。

在具体的语文教材中，单元导语更是清晰地提出了本单元的要求，而《岳阳楼记》是该单元的第一课，是讲读课文，所以，必须全面地体现单元要求：“学习时，要注意体会古人寄托于山水名胜中的思想情感，感受他们的忧乐情怀”，“学习这个单元，要在理解课文内容的基础上，熟读成诵”，“积累、掌握课文中的文言实词和名言警句，并体会文言虚词在关联文意、传达语气等方面的作用”。

“文后练习”题是最终体现编者思想意图的，教学中自然要突出与体现编者的这种良苦用心，只有这样，才能真正做到“教好教材”。因此，再结合课文《岳阳楼记》的“思考探究题”和“积累拓展题”中的具体要求，还必须让学生体会语文美，理解景情理之间的关系等等。

在充分吃透了以上三个要求的基础上，最终，我确定了学习《岳阳楼记》的基本学习目标，重点有三个：一是积累文言词语（特别是实词，虚词则是体会作用）和名言警句，二是读（要有感情，读出语言美）、译、解（重点是理解其景情理的结合与关系），三是体会范仲淹的政治情怀（重点是范仲淹的忧乐情怀、志趣抱负）。

如果真的这样做并达到了，从教学文言文的一般意义上看，是很不错的，不仅达到基本的教学要求，也能够很好地应考。事实上，很多的文言文就是这么教的。

但我始终认为，如果文言文仅是如此教，学生很多的语文核心素养都未能得到很好的培育，其理解的内涵不深，其认识的品味不足，其学到的方法不多，其所学的一切应考的成份太多，还重点落实在“语言的建构与运用”上，而其为自己未来成长奠基的成份太少——特别是其“思维的发展与提升”“审美的鉴赏与创造”“文化传承与理解”三个方面，几乎无所体现，或体现不够。如果真是如此教，学生怎么可能感受到语文的魅力与价值呢？语文不还是“读”“背”“练”吗？显然，这样的语文教学是不“正”的，“正语文”课堂教学不应该是这样的。

“学生是有血有肉的人，教育的目的是为了激发和引导他们的自我发展之路。”这是英国著名教育理论家怀特海在《教育的目的》前言中开宗明义的话。确是如此，如果只是前面的三个基本目标，学生还是处于一种“接受”的状态，因为课文、翻译、理解等实际上都是明了的，只要记住就差不多了，但其自我成长、自我思维、自我认知呢？

“语文课当然要引导学生学习祖国的语言文字，如何正确理解，如何规范地使用，这是实用功能，因为它是人们最重要的交际工具。”“与此同时，它还具有发展功能，尤其是思想力的发展。”“语文还应发挥教育功能、审美功能。”人民教育家于漪在《点亮生命灯火》中的《奠基，“奠”怎样的“基”》一文中高度强调了语文课的四大功能。现在看来，也就是语文核心素养的源头。鉴此，如果只确定前述几个目标，那就窄化了语文教学的价值了。

“教语文课本不是语文教学的目的”，“教语文课本是语文教学的手段”。著名的语文教育家宁鸿彬在《怎样教语文》一书的《语文课教什么》中突出明晰了这两个问题。确实，我们不能“教课文”，而应该“用课文去教”，去教方法，去教思维，去教审美，去教文化，去教思想，而不是只教这一篇、这一课、这一点，而应该去教这一类、这一些、这许多，走出课文，跳出课文，走向语文更为广阔的时空！

在充分明了语文究竟教什么的基础上，我又进一步地思考《岳阳楼记》除了教“规定性”外，还能教什么呢？对，还应该教以下几点：一是认识与把握古代“记”体特点（这是古代散文的一种重要体裁，既是文化知识，也是文学知识），二是对文中所出现的人物滕子京有正确的评价与认识（因为滕子京是颇有争议的人物，对此评价，可以锻炼学生的思维能力，全面客观评价一个人的能力与方法），三是全面深入认识作者范仲淹，特别是其情怀的内涵（它是中华文化的一部分，是很多知识分子所向往与践行的，对今天的文化人都是很好的引领）。这三个目标，既有思维性目标，也有审美性目标，还有文化性目标，与语文核心素养是完全吻合的，但一点也不显得做作。

创新性目标的确定，将会使语文课堂更为深刻，学生语文学习更为实在。学生学到的就不仅是表、知，而是内在的、实质性的内容。显然，这对于孩子一生的发展都是有意义与价值的。这实际上也改变了对教学的评价——不仅要评价表、知，还要评价是否促进学生未来成长奠基性的思维目标、审美目标、文化目标的实现。

在充分明确了教学目标后，下面就应该设计教学方案了，即用怎样的策略与路径来实现所设定的教学目标。这里所涉及的问题有三个，一个是用哪些材料，一个是用几个课时，一个是如何具体实施。

第一个问题：用哪些材料？

文本材料是理所当然的。这是学习之本，由头，引发。显然，仅有此材料是远远不够的，需要有更多的相关材料的支持。

“巧妇难为无米之炊。”前面几个目标的实现似乎只要文本就足够了，但要达到后面的深入理解与持续发展，非要找到更多的材料才行，即要让学生阅读到更多的文本材料才行。

“要重视培养学生广泛的阅读兴趣，扩大阅读面，增加阅读量，提高阅读品位。”这是课程标准要求的。是的，如果仅是就书讲书，就文学文，学生就不能走出去，到头来还是在书里转来转去，而不能领略书外大千世界的美好。学生之所以对语文越来越缺乏兴趣，这也是一个重要原因——面太窄，量不够。因此，必须在课堂上扩大学生的阅读面，让学生能够走出教材，走出文本，接触更多类似的、相关的文本，从而让其课后能够主动地寻找并阅读类似、相关文本。如此，语文学习才真正富有效果。

显然，这就是国家课程中教材的校本化应用，以国家教材为由头，而生发出类似、相关文本，从而让学生在众多的文本阅读与学习中得到有关语文能力与品质的提升。

通过外界的帮助与自己的寻找，我找到了六份相关的材料。

一是同时代的尹洙所写的《岳州学宫记》。

二是同时代的欧阳修写的《偃虹堤记》。

这两“记”都是当时两位作者应滕子京之请求而写的“记”，与《岳阳楼记》合为“三记”，从中既可以看出其他两位作者对他的态度与评价，又可以看到古代“记”体特征。

三是《与范经略求记书》。

这“书”中阐明了求记的缘由，表述了滕子京建岳阳楼与希望范仲淹写记的心迹。

四是《滕宗谅传》。

滕宗谅，即滕子京，从其“传”中可以看出滕子京的身份、事迹、为人，让学生作一个全面的评价。

五是《宋史·范仲淹传》。

其传较长，有意识地进行相关的浓缩，从中可以明晰其一生经历，及与滕子京的交往，还可以看到他们俩都曾在泰州为官，为泰州人民造福。让学生认识到这么两个人物离我们并不是很远，他们的功绩一直留传到现在，使学生有一种亲近感，从而更深入地了解、理解、认识他们。

六是书籍《滕子京与范仲淹》。

这是北方文艺出版社 2007 年出版的一本小册子，其书收录了宋代及其后以及今人围绕“岳阳楼”“滕子京”“范仲淹”所写的诗词歌赋、评论、故事、感怀等。对于进一步地理解与把握人与事有很好的参考价值。

找到了不少材料，如何用好这些材料呢？

根据事先确定的教学目标，只有在学好《岳阳楼记》之本的基础上，再让学生有意识地走进这些材料，阅读材料，才能使材料为学生所用，才能让材料成为学生语文素养发展的载体。但材料这么多，且都是古文，如何让学生有效地应用呢？事实上，当我看到这些材料时，我的脑子就懵了，很多的句子翻译是把握不准的，而翻译不准又如何正确理解这些文章的内涵呢？其必是“以己昏昏，使人昭昭”了。为此，我通过各种办法，终于将翻译准备齐全。于是，我便将前五篇文章的原文与翻译进行对照排版、印刷，学生人手一份，在课前预习时用，在课堂学习时用，而书籍《滕子京与范仲淹》则是教师进行深入研究，在具体上课时适时选用。

第二个问题：用几个课时教完？

显然，如果将所有材料都学深学透，没有一个月是不可能的，但课堂时间有限。当然，也没有必要。因为教学《岳阳楼记》的最终目标并不是做研究性学习，而是在学习中培育学生相关语文核心素养。而教学，必须也要经得起考试，经不起考试的改革都是失败的改革；但仅能考试，显然也是失败的改革，故还必须突出“育人”，让学生通过拓展、研究、剖析、互动来实现，必须抓住要害，抓大放小，让学生理解关键、核心、重点，语文核心素养的四个方面都能得到提升。适当、适宜、适合，是教学的原则。

在上面思想的指引下，确定四个课时完成：一至二课时，以本为本，理解文本，把握文本；三至四课时，从本出发，拓展文本，有序推进。

第三个问题：如何具体实施？

课堂是学生的，学生是课堂学习的主人，教师只是课堂教学的组织者、引领者、引导者、促进者。只有师生扮演好各自课堂角色，各司其职，各负其责，才能达到预设的目标，说不定还有更多的收获。

而“洋思教学模式”正是体现上面课堂教学思想的教学模式。它是立足于洋思教学实际而形成的先进的教学模式，是一种在国家课堂教学改革大方向的引领下，完全自主成长与发展的校本化的课堂教学策略。应用“洋思教学模式”教学，可谓是国家教材教学方法校本化的重要体现。这对于我来说，可谓轻车熟路，应用自如。

于是，我便围绕着五大目标，进行了四个课时的教学目标的整体设计：

第一课时阅读目标：

通过自读、思考、研讨，能够：1. 正确朗读全文；2. 正确译讲全文。

第二课时阅读目标：

通过自读、思考、研讨，能够：1. 理解课文主要内容与写法；2. 初步感受作者的政治情怀；3. 有感情有气势地朗读课文。

第三课时阅读目标：

通过自读、思考、研讨，能够：1. 客观地认识、评价滕子京；2. 理解古代“记”体散文特点。

第四课时阅读目标：

通过自读、思考、研讨，能够：1. 正确认识范仲淹其人并深入感受范仲淹的政治情怀；2. 有各自不同的学习体会与收获。

“大道至简。”“洋思教学模式”的一个重要特点就是“简”。三个基本程序“先学”“后教”“当堂训练”就是非常“简”的。通过第一课时和第二课时常规性的“洋思教学模式”的实施，学生对《岳阳楼记》的读、译、解基本到位，也就基本达到了课标与文本“规定性”的教学目标。第 3、4 课时就是走出文本，拓展理解文本，从而有效地提升对文本的认识了。这可是一个全新的课题。

更加开放，更加活跃，更加互动，是解决此问题的根本策略。于是在课堂上，我设计了更为开放的问题。更为开放，就是没有预设任何的答案，而是让学生自己通过读、解、悟、研，最终在教师的组织下，得出相对公允的结论——当然，教师并不是弃之不管，并不是不闻不问，听之任之，而是对相关的问题进行追问，进行引导，进行探究，以集思广益，以扩大范围，达到真正理解、掌握、应用之目的。

鉴于这样的思想，我在第三、四课时，就以研读、研讨、研究为主，实施课堂上的自主化、个性化、多元化的教学策略。

在第三课时，提出了两个问题。

第一个问题是：滕子京因《岳阳楼记》的传诵而扬名天下。但有学者认为，滕子京并非真的功勋卓著，而是自我炒作，是沽名钓誉。请结合《与范经略求记书》和《岳阳学宫记》《偃虹堤记》三篇文章，谈谈你的认识。五分钟后，比谁说得有道理。

结果，学生结合三篇古今对照性的文章各自说出自己的想法与依据，最终得出“滕子京非沽名钓誉，是真心为民，真心做事，是名至实归”这样的结论。

在理解了此问题后，我还追问了一个问题：有人认为滕子京是一个大贪官，理由是他之所以被贬到岳阳去，就是因为“贪”。大家结合《滕宗谅传》中所讲事件谈谈你的看法。

对此，学生更是热情大涨。所以，看得格外认真，讨论也格外热烈。学生也能结合其在泰州期间为泰州修筑捍海堰之事谈起，说得有理有据。我在这个时候，也出示一个重要依据——《滕子京与范仲淹》一书中提及的何培金所写的《滕子京“贪官”帽子的由来》一文，特别是其中谈到的“1992 年冬，因拓宽公路 316 国道的需要，对青阳县境内九华山的滕子京墓进行发掘和搬迁，发现其葬甚俭。墓内随葬品极少，只有一块砚台、一串水晶珠、几枚铜钱”，这与范仲淹在《祭滕子京文》中承诺对其幼子“我今抚之，必教有称”一句正好吻合——如果滕子京家财万贯，何用范仲淹作此承诺。墓葬似佐证了滕子京还算是比较清廉的官员。

通过此题的研究，最终得出一个重要的结论：要评价一个人，必须全面了解这个人，千万不能人云亦云，不能随便下结论，要理据充分才行。还有，证据一定要可靠，而不是只是听网上讲，要看原材料。要看其出发点，要看是谁写的。总之，不是随便得出一个结论，论证、证据很重要。我也以我为例让同学们对我进行剖析：我，你们的教师是一个怎样的人？自然，学生都说是好人，是一个负责任的人。理由就是我对他们教学负责任。我引导分析：你认识社会上的刘老师吗？你认识家庭中的刘老师吗？你认识小时候的刘老师吗？从而提示学生，我们看到的、听到的，不一定是正确的，要想彻底地了解一个人，就必须全方位走近他，客观地分析他，最终得出较全面的结论。

第二个问题是：请同学们在课前已经预习下发的原文及翻译的《岳阳学宫记》和《偃虹堤记》主要内容的基础上，结合已学《岳阳楼记》，积极思考：你认为“记”体文章具有哪些特点？五分钟后，比谁能结合“三记”具体内容来阐述。

此问题的研究同样是用“洋思教学模式”进行。通过对三文的比照，学生很快就可以得出古代散文“记”体特点。也有一些学生结合已经学习过的《核舟记》《桃花源记》《小石潭记》进行剖析，很是到位，讲出了其中的根本。在比较中，学生很好地把握了“记”体散文的特征。

在第四课时，我也提出了两个问题：

第一个问题是：请再读“三记”，你认为哪篇“记”最为出色？为什么？五分钟后，比谁说得有道理。

这一问题实际上是建立在第二个问题的基础上的，设计此问题的目的就是进一步理解与把握《岳阳楼记》的与众不同和它之所以长盛不衰的根由，更为深入地体会文本的内涵。

自然，通过比较，极个别的同学谈说了其他两篇“记”好，我没有给以明确回答，而是追问：既然他们的文章这么好，为什么流传不广呢？这些文章表达的是怎样的思想内涵呢？请你比较比较。在其他同学的帮助下，他们似乎也真的理解了《岳阳楼记》确实较其他两篇胜上一筹——主要是所要表达的“不以物喜，不以己悲”的主旨（这不是无病呻吟般的吟作，而是来自自身真实心声的流露，没有自身的经历，没有自身的行动，没有相似的情感，哪有这么阔大胸怀的表达；而其他两篇确实只是应对性文章，其思想与胸怀确实没有这么大），其次是创新性的语言，这正如北宋诗人陈师道所讲的“范文正公为《岳阳楼记》用对语说时景，世以为奇”。文章中大胆地运用了排比、对偶等手法，富有文采和诗意，读起来朗朗上口，铿锵有力，体现了散文的语言美。一句话，这篇文章既有形式美，更具有内涵美，可谓文质彬彬，自然会流传久远，深得大家的喜欢。

在此问题解决之后，又自然地延伸出一个重要问题：既然范仲淹的散文《岳阳楼记》比欧阳修散文《偃虹堤记》名声大，流传久远，那么，范仲淹为什么不是“唐宋散文八大家”之一，而欧阳修是呢？

这一个问题对于深入认识范仲淹、把握范仲淹的政治情怀很有意义与价值，同时也能拓宽学生的视野。这是一个完全脱离了文本，完全需要借助所学、所读而得出答案的问题。通过交流、研讨、引导，最终明确：范仲淹的身份首先是政治家，其阔大的政治情怀才是关键；然后才是文学家。其留下的重点是政治财富。范仲淹的政治成就盖过了他的文学成就，或者说他的仕途生涯冲淡了他在文坛的影响力。另外，“唐宋散文八大家”是散文运动的发起者和主要实践者，而范仲淹不是。

至此，课文似乎已经学完了。如果再深入也可以，但我以为，文章解读不可过度，必须切实做到“去过度化”，否则，会本末倒置，得不偿失。

对于所学文章，最后，我总会设计一道题目，以让学生全面地自我总结与提升。这就是在第四课时所提出的第二个问题：通过四节课的学习，你有哪些收获呢？请自我总结，结合所学具体说出来。五分钟后，比谁收获大而多。

这一个题目是一个常规题，学生都能说出道理来。但意想不到的是，学生除了谈到学习到实词、虚词、写法、主旨外，更多地谈到了如何正确地评价历史人物，如何结合背景来理解文章的政治思想，特别是如何跳出课文来拓宽认识——不能就文解文，不能人云亦云，要进行独立思考，拓宽眼界；要不限于课文阅读，要进行群文阅读，进行比照阅读，进行客观分析，有序推进，逐层深入地理解与把握，最终得出正确的结论。

三、评价

“群文阅读是一种全新的带‘货’思路，带的不止是一件‘货’哦，而是一批‘货’啊！其实又怎能仅仅用‘货’来说啊，带的是一颗颗追求知识、能力、素养的灵魂！”

“阅读权、评价权、总结权，都交还给了学生，让学生在群文学习中学会阅读、分析、比较的方法，不但会读一篇文，还会读一类文，更会将这种方法运用到其他类文章的阅读中。”

“切实改变了公开课‘演’的成份，找到了应对考试与提高素养的平衡点。让语文教师充分相信，精心准备的语文课堂完全可以以提高学生语文素养为终极目标，不必担心学生不会考试。不要再以应试为借口而忽略学生语文素养的提高，忽视学生的可持续发展。”

“学生这四节课学到的不仅仅是课堂知识，更多的是从一篇课文中学会为人处世、待人接物。这种影响要比掌握好应付考试的知识内容来得更深远。”

“这样的课堂让人向往，在这样的课堂里，教师用心灵感动心灵，用灵魂塑造灵魂，用生命润泽生命。或许多年以后，很多记忆将会淡去，但这堂课、这座楼、这篇记、这些人，将是学生心中永不老去的风景。”

“虽然教参上对《岳阳楼记》的教学安排了三个课时，但在实际教学中，常常是四个课时，甚至五个课时。而刘老师虽然比教学参考书安排多了一课时，但四节课目标的设定与实施，可谓抽丝剥茧、行云流水、一气呵成，符合语文教学规律。这四个课时所达成的目标远远比那五个课时来得实在、高效。”

这些是我工作室教师听完四节课的评价。是不是真的达到了，是不是真的让学生核心素养提升并发展了，是不是为其未来成长奠基了，我不知晓，但这将一直是我思考与努力的方向。

怎样的语文教学改革才是有效的？国家课程校本化的改革才是最为有效的。即将国家课程校本化，进行国家教材、评价、教法的系统、协同、科学的校本化改革，即既从国家改革大背景出发，也从本校实际、从教师自身实际、从学生实际出发进行课程改革。当然，这种改革说来容易做时难，是花功夫才能实现的改革。

我所上《岳阳楼记》一文只是“国家课程校本化”做法的一个粗浅的实践，自然很不成熟，问题也不少，我也知道“国家课程校本化”也绝非如此简单、易行。但是，为了真正的语文，为了教真正的语文，为了让学生学到真正的语文，为了让学生学到真正为未来奠基的语文，我将一直努力，一直实践，一直研究，一直行走在探求的路上，持续做好“国家语文课程校本化”这篇大文章！

第五节 “正语文”课堂教学之说明文实践

通过对经典事理说明文《大自然的语言》的听课、观课、评课，我发现教学内容严重存在着虚浮、繁杂、散乱、琐屑等问题：既教了共性的字音、字形，特别共性的“簌簌”“孕育”“连翘”等十来个词；也教了作者竺可桢其人生平及其巨大贡献；还教了文章题目之手法、内涵与作用；更花气力教了与说明文相关的几乎所有内容——说明文类别、说明对象、说明特征、说明层次、说明方法、说明顺序、说明方式、说明语言、科学精神等等，不一而足。最终导致教学目标不明确、不准确、不精当，造成教而不教，学却未学，事倍功半。

“教什么”历来是课堂教学中研究的核心问题，是决定着整个课堂教学走向的大问题、主问题。“教什么”远比“怎么教”来得更重要、更关键。“教什么”是方向性问题，是战略性问题；而“怎么教”却是方法性问题、策略性问题。故必须高度重视“教什么”与“怎么教”的研究工作。

一、教什么

（一）教朗读

《义务教育语文课程标准》明确指出，要“能用普通话正确、流利、有感情地朗读”。所以，只要是语文阅读教学，都必须重视“读”“朗读”，说明文也不例外，说明也应该读得“有声有色”，正确、流利、有感情。

在现实教学中，朗读之于说明文，似乎并没有那么重要，容易被忽视，因为说明文似乎没有散文、小说、诗歌、戏剧、记叙文、议论文那么富有感情，更能通过朗读来表达。

说明文也要朗读吗？是的，也要朗读，这是毋庸置疑的；更何况，通过朗读，反复地有感情地读，有助于对说明内容的理解与把握。

很多教师认为，说明文是没有感情的，不必在朗读上做文章，只要理解就行。所以，在说明文的实际施教中，基本上没有“朗读”教学这一说。这种思想、看法与做法是不对的，是需要纠正的。

说明文朗读得好，朗读得到位，就能够促进对所写事物、事理更深层次的理解与把握。事实上，说明文也是有感情的，即便是平实说明文，即便是平心静气的介绍，因为每一篇文章都是作者心血的结晶，都透露出作者的感情，都体现着作者的思想，尤其是科学小品文、生动说明文、科普作品类文章——法布尔的《昆虫记》即是，选自《昆虫记》的《蝉》（八下第五单元课文）自然也是。此文虽然有些深奥，但通过朗读，通过准确的朗读，是有利于促进对文章的理解与消化的。

竺可桢的《大自然的语言》是一篇科学小品，当然需要强调“朗读”。通过有感情地朗读《大自然的语言》，就能体会大自然物候变化与人类发展的关系，就能够体会竺可桢在文章中所投注的情感——对科学家求真、严谨的科学精神的肯定与赞赏（这也是编者编排此文的意图之一），对人类掌握大自然语言从而让大自然语言为人类、为农业所用的一种肯定与期待，就能够体会作为科学家的竺可桢本人写作此文的严谨与认真。好的朗读，对学生理解与把握文章内涵与情感有着绝好的意义与作用；如果真的读出这些来了，文章理解也就真的透彻了。

朗读说明文，是要讲究方法的。生动性的语言如何读，平实性的语言如何读，疑问性的语言如何读，议论性的语言如何读，等等，只有通过教师示范性朗读与引导和学生的实践读与修正读，学生才能最终对说明文达到真正的会读与能读，把握说明语言的特点，从而更深入地走进与把握文本，爱上说明文的阅读，在语文课堂上爱上科学，树立科学理想，走进科学园地，为后期发展奠基。中央电视台大型电视栏目《人与自然》之所以广受好评，给人们留下难以磨灭的印象，与赵忠祥富有感情的解说是密不可分的。

当然，说明文的朗读也绝非像抒情散文一样特别突出与强调，要花大量的时间反复地研读、诵读，因为这毕竟是说明文，要求并没有那么多，只要能够读流利、读正确，并大致将其情感读出来，将其内涵读出来即可；理解与把握说明内涵才是关键与重点。否则，就是本末倒置。

（二）教“事理”

我们知道，教材是整体设计的，体现了教材编排的系统性、有序性。各年级、各分册、各个单元看似各自为战，其实是彼此相连、循序渐进的，不断提升与丰富。

统观整个初中阶段的语文教材，总共设计了两个说明文单元，其教学内容各有侧重：一个是八年级上册第五单元的事物说明文单元，一个是八年级下册第二单元的事理说明文单元。在整套教材中，虽然也偶有说明文体裁的文章，如七年级上册第五单元的第二课自读课文《动物笑谈》。但这类说明文的教学目的不是专门学习说明文的知识的，而是由其单元目标——“人文主题”所决定的，如《动物笑谈》就是切合本单元“人文主题”之“增进人与大自然的关系的理解，加强对人类自我的理解和反思，形成尊重动物、善待生命的意识”而编入的，这篇文章的编入基本与教学说明文没有关联。换句话说，在执教这一篇文章之时，根本就不需要讲所谓的说明文知识，而是让学生体会到此单元所要表现的“人文主题”（见上文）与“语文要素”（默读、摘录、把握主旨、理清思路、学会概括文章的中心思想）。所以，只有将这两个单元的事物说明文和事理说明文全部学会学透才算是达成初中阶段说明文的学习目标。

事物说明文是简单的说明文，故需要将一般性的说明文的知识渗透教完；事理说明文则是较为复杂的说明文，是在事物说明文的基础上的一种提升与发展，故需要突出其与事物说明根本不同的核心内容——事理；前者是后者的基础，故事理说明文需置于事物说明文之后。事实上，编者也是这么编排的。

对于已经学习了事物说明文的学生来说，由于“事理说明文”是全新的内容，且是这一单元的核心内容，因此，在学习“事理说明”之时，自然首先要教清说明文的基本分类（事实说明文与事理说明文），事理说明文含义、特点，本文所阐述的主要事理，本文是怎样一步一步阐述事理的等等围绕“事理”的一系列问题。这当是教学事理说明文的关键。事实上，这也是课程标准的要求——“阅读说明性文章，能把握文章的基本观点”。

为了达成这一目标，编者在“单元提示”中提出了“学习本单元，要读懂文章阐述的事理”这一要求，并且在文后所精心设计的“思考探究一”中提出“本文题为《大自然的语言》，主要是讲物候现象，你能概括一下‘物候’是什么吗？”之问题，这足以说明“事理”的理解是需要花大气力完成，绝不是一笔带过的，也不是通过所谓的课件的展示就能真正掌握的。

当然，在具体的教学过程中，在理解与把握这一中心事理的前提下，还可以进行其他相关“事理”的探究——什么是大自然的语言，什么是物候学，物候观测对于农业有什么意义，影响物候的因素有哪些，等等。通过这些问题的提出与探究，让学生真正明白与掌握《大自然的语言》这一个点的事理及其来龙去脉，进而举一反三，运用归纳法，归纳出一般性事理说明文事理的剖析方法——如何筛选主要信息，如何分析文章结构，如何理清文章前后关联，最终运用演绎法，能够将归纳的这些方法应用到特定的事理说明文中，准确剖析、理解并把握该篇事理说明文的事理。

（三）教“顺序”

应该说，“说明文的说明顺序”在八年级上册第五单元的事物说明文单元已经提及，学生已经知晓一些。但由于这一单元的教学重点在三个方面——“说明事物要抓住特征”“了解和掌握几种常用的说明方法”“体会说明文语言的准确性”。显然，“说明文的说明顺序”并不是重点。

而《大自然的语言》所在单元的导语提出了本单元的一个重要任务，就是“要注意理清文章的说明顺序”，《大自然的语言》又是本单元的第一课，故“说明文的说明顺序”应该作为本课的重点。而这一单元的“写作”专栏部分的主题就是“说明的顺序”——“如何才能把知识讲得清楚明白呢？除了需要准确抓住事物的特征，讲究说明方法外，还要合理安排说明顺序”。显然，这个作文训练的要求是承接上册事物说明文单元写作要求“说明事物要抓住特征”基础之上所提出的新的要求，必须加以落实。

文后习题是编者心血的结晶，它充分地体现了编者的编写意图。《大自然的语言》文后的“思考探究二”是这样设计的：“阅读相关段落，体会课文说明事理的严密性，回答下列问题。1. 第1—3段是怎样将‘物候’这一科学概念一步步引出来的？2. 第7—10段说明物候现象来临的决定因素，采用了怎样的说明顺序？你认为这样的顺序安排是出于什么考虑？”这样的设计目的就是引导学生正确梳理文章内容，把握文章说明的顺序，从而真正落实单元导语中所提出的单元教学要求。

在具体教学之中，教师当以编者设计的文后习题为教学主问题，切切实实教清弄明这篇事理说明文的“说明顺序是怎样的”。但仅此还不够，还必须从此出发，教清“为什么要采用这样的说明顺序”，更需要“由点而面”，“教一反三”——将“说明顺序”的相关知识教清、教明，从而让学生不仅理解、把握这篇课文的“说明顺序”，还能走出文本，理解课文外的诸多事理说明文的“说明顺序”；不仅要明白、把握八年级上册书中事物说明文的说明顺序，也能理解、把握八年级下册书中事理说明文的说明顺序，从而为正确阅读课外说明文，理解、把握说明顺序奠定坚实的基础，更为写作说明文，尤其是合理安排说明文的说明顺序，将事物特征与事理说得更明白清晰，奠定坚实的基础。

（四）教“精神”

课程标准提出“阅读科技作品，还应注意领会作品中所体现的科学精神和科学思想方法”。因此，“科学精神和科学思想方法”也应该是科技类作品教学的重点，在具体教学中，必须加以落实。

《大自然的语言》是说明文，是事理说明文，自然也是科技作品，故也必须突出文章中所体现的“科学精神和科学思想方法”。事实上，编者在编写教材之时也将“科学精神和科学思想方法”的教学作为重点作了要求：“本单元的课文体现了求真、严谨的科学精神”，“学习分析推理的基本方法，善于发现问题、思考问题、质疑问难，激发科学探究的兴趣。”足见编者对通过事理说明文的学习让学生获得基本的“科学精神和科学思想方法”的重视。如果根本不涉及，或浮光掠影、蜻蜓点水般带过，这就违背了编者的初衷，也不符合课标的要求。

为了将“科学精神和科学思想方法”落到实处，编者在文后，特地精心设计了“积累拓展五”：“这篇文章总结了物候现象来临的四个决定因素。课外查找资料，或根据自己的观察、体验，为课文补充一些例证，还可以探究一下是否有其他决定因素，与同学交流。”这一题虽然没有明确提出所谓的“科学精神和科学思想方法”，但其中所含之义是再明白不过的——不仅要理解、把握《大自然的语言》中的“科学精神和科学思想方法”，更要将这样的“科学精神和科学思想方法”应用于自己的实践中去，做到“知行统一”——一定要把握住物候现象来临的“四个重要因素”；还要走向生活，观察、验证、补充、探究。这就是我们所讲的“学以致用”“应用是最好的学习”。如此，就让学生通过《大自然的语言》的学习，不仅学到事理、顺序这些所谓的说明文知识，更学到其背后的内涵——“科学精神与科学思想方法”，使其思维更为宽广、深刻。学生如果不能明白、理解、把握“科学精神和科学思想方法”，又如何应用呢？

所以，在具体的教学中，教师必须有意无意地将“科学精神和科学思想方法”贯穿说明文教学的始终，通过本单元的学习，以具体的课文《大自然的语言》的教学，引导、促进学生理解科学精神、科学品质、科学道理，获得分析推理的科学方法，激发其科学研究的兴趣，为后来科学发展提供可能性。

（五）教“其他”

那么，与文章相关的其他内容还教吗？

这得看具体情况，做到随机应变，相机而动。

如果学生八年级上学期相关知识（“说明事物要抓住特征”“了解和掌握几种常用的说明方法”“体会说明文语言的准确性”）学得不够扎实，如果学生确实需要，如果时间允许，则可再教——即从学情出发，从学生出发，有选择性、有针对性地教；如果学生学得尚可，而且时间不充足，则不再教学。

总之，需要明确的是，无论如何，“说明事物要抓住特征”“了解和掌握几种常用的说明方法”“体会说明文语言的准确性”这些内容都不应该是重点，因为已经教过了，已经学过了。至于什么字音、字形、作者、作品、语言方式、表达方式等都应该具体情况具体对待，绝不可面面俱到，绝不可作为重点与关键来处理，绝不可冲淡“事理”“顺序”“精神”。因为这些并不是本课教学的重点，不是编者编排教材的意图。否则，就是本末倒置，主次不分。

《大自然的语言》究竟应该教什么，不是教师自己随意确定的，不是人云亦云的，必须在用心分析的基础之上科学确定，必须切实做到以本为本——依据课标，凭借教材，剖析课文；必须树立教学内容的整体观——将阅读教学和说明文教学看成一个整体，系统观——将分列于不同单元的说明文教学看成一个有序的系统，重点观——将两个单元的各篇说明文分列出各个教学重点予以突破。唯有这样，才能突出重点，体现文体特色，实现编者意图，才能使教师教得扎实而轻松，学生学得有序而有效。《大自然的语言》如此，其他课文亦然。

《大自然的语言》是一篇老文章，但老文章不是就能够教得好的，如果没有剖析清楚，如果只是随大流，如果只是照本宣科，如果只是人云亦云，如果只是我行我素，其教学的最终效果必然不佳，编者的编写意图必然落空，教学说明文的意义就必然失去，学生的语文核心素养的培养必然成为一纸空文。

《大自然的语言》教什么，确实是一个问题，一个存在着极大问题的问题；但通过理性剖析，这似乎又不应该成为一个问题！

二、怎么教

“教什么”的问题解决了，那么下一个问题就是“怎么教”，“怎么教”得科学、实在、富有成效了。

怎么教呢？

（一）以学为本，做到学法科学、学程有序

教学的本质就是教师引导学生学。

只有学生主动积极参与的学，才是真正的学，这样的学才能在课堂上真正发生。但仅有学生的学，而没有教师作用的科学发挥，这样的教学也不是完整、有效的，学生的学就如同失去了线的风筝。所以，在教学中，还必须充分有效地发挥教师应有的作用，真正让教服务于学，促进学。“物有本末，事有终始，知所先后，则近道矣。”强调学生的学，强调教师作用的发挥，还需要做到教与学的科学、有序。

1. 独学

对于要求学生所学习的《大自然的语言》的各项内容，教师只是呈现相关学习的任

务与要求，必须切实做到“不提示、不暗示、不揭示”，放出一定的时间让学生独立地自学，安静地自学，不受任何干扰地自学，同时，同学之间也不得进行任何研讨，只是要求学生个体认真阅读文本，从文本中筛选出问题答案的关键，找出“是什么”“为什么”“怎么样”，做到有理有据。对于不能理解与把握的内容，则记下来，在文本旁边打一个“?”，有特别的理解与见解，则在其旁边做好批注。

2. 合学

在学生独学的基础之上，在学生个体对问题的探究之上，教师组织学生进行多种形式的合作学习（同桌的合作，前后的合作，全班的合作等），重点就《大自然的语言》学习、探究的问题进行交流、研讨，特别是一些答案不理解的地方，不尽一致的地方，理解错误的地方，具有典型意义的地方。在合作学习中，教师必须找出典型问题，必须充分给出时间，必须充分尊重每一个学生的思考，让学生充分地论述、辩论，千万不可搞形式、走过场，让“合学”成为一种时髦的样式而无实质的内容。

3. 导学

为了让“学”真正发生，让每一个学生都能真正成为课堂学习的主人，在学生“独学”“合学”中，必须发挥好自己应有的作用：在“独学”中引领——引领《大自然的语言》的学习目标、学习任务、学习方法，让学生明白要探究什么问题，如何探究问题，达到什么目标。在“合学”中引导——引导大家在《大自然的语言》的学习中，发现富有价值的问题，找出问题的解决策略与解决方式并得出最终结论（包括答案与规律），从而让学生既知其然，也知其所以然。

教师课堂所出示的学习目标是：

通过自读、思考、研讨，能够：

- 富有感情地朗读课文，准确品味出作者在文章中所包含的诸多思想感情。
- 准确把握文章所表达的事理，正确理解决定大自然语言来临的重要因素。
- 了解说明事理常见的说明顺序，能正确理解、找出文章所用的说明顺序。
- 正确体会科技工作人员在科学研究过程中所表现出来的科学精神与态度。
- 进一步理解巩固说明文语言的准确表达以及说明文表现方法的正确应用。

教师课堂所出示的自学指导有两个：

“自学指导一”是：

请同学们自读课文《大自然的语言》，15 分钟后完成：

- 富有感情地朗读课文，说出作者在文章中所包含的感情。
- 完成课文后“思考探究”一、二。同时能够总结出什么是事物的“事理”，事物的“事理”如何总结出来，说明“事理”的顺序有哪些，及如何具体应用等。

“自学指导二”是：

请同学们继续学习自读课文《大自然的语言》，十分钟后，比谁：

- 完成课文后“拓展与练习四”，同时能够总结出说明文的语言表达方式有哪几种，如何体现。

● 文章总结了物候现象来临的四个决定因素。请你用智慧的大脑思考一下，是不是还有其他决定因素，为什么。

● 从文章中所阐述的事理和作者的表达看，你认为一项科学研究与科学表达具有怎样的特点？你可以看到科学家们怎样的一种科学精神？这对于你来说，有怎样的启示？

4. 督学

为了让学真正发生，无论是在学生独学，还是在合学之中，教师除了必要的“导学”外，还需要切实做好督学工作。

常言说得好：“理想很丰满，现实很骨感。”确实是这样。理想的课堂教学总是建立在学生高度自觉基础之上。但事实上，学生真的是非常自觉的吗？应该说，学生的自觉性还是不够的，其自律性还存在很大问题。所以，教师在课堂必须发挥其“督学”的作用——全过程督促着学生学，做到“信而不信，督而不督”，既敢于放手，相信学生，又及时发现问题，督查到位，确保放手与督促合而为一，共同发展。

如何督查呢？一是要制定好班级规则，让师生双方都守规矩；二是教师切实做到“身正为范”，处处、时时做好表率；三是教师在课堂上要做到三个“勤”——腿子要勤，要走下去，走到学生之中；眼睛要勤，要看过去，关注到每一个学生；耳朵要勤，要倾听学生的发言，听清楚说了什么，怎样说的。如此，就是真的在督学。

当然，在督学的时候，教师千万不可随意地指导学生如何解决问题，而是要努力地引导学生自己去发现问题，自己去解决问题，互相去解决问题。教师充其量是“启”与“发”，不可替代学生去解决问题。

（二）以用为本，做到应用规范、实践有序

学以致用，是教学的最终归宿。事实上，用也是为了更好地促进学。所以，在《大自然的语言》的教学中，也必须将“用”落实到处，而不只是“纸上谈兵”。“走进文本”是为了更好地吸收，“走出文本”是为了更好地应用。应用的方式很多，用已学的“物候原理”解释相关的现象是应用，在生活中发现“物候现象”并解释是应用，有意识地进行“物候研究”，探究出除文本之外的一些物候现象更是高层次的运用。应用要做到规范，即以书本所讲为依据，在书本所讲原理的基础之上进行适当的拓展，而不是随意随便，我行我素。应用还应该做到有序，由知而智，由智而行，循序渐进，逐步提升与发展。

1. 课中

在课堂上，在每一个知识点后，可以进行及时的检测、反馈与应用。如在学习了“物候”之事理后，在理解了“物候来临的四个决定因素”之后，教师可以顺理成章地抛出与上述知识点相关的问题让学生思考：学习了《大自然的语言》后，有位同学把这一物候知识告诉了远在澳洲的表妹，可她来信嘲笑这位同学机械学习知识，说他们那儿的桃花并不是越往北开得越迟。请问这是什么原因，怎样说才更加符合科学。如果真的将这一问题搞清楚了，那么，对决定物候来临的四个因素的事理的理解也就更加透彻了，遇到类似的问题都能理解与把握了。

2. 课末

通过自学、互学，本应解决学生所存在的诸多问题，但是不是真的这样呢？这个时候，不能急于完成新的学习任务，而应该在课末，拿出一定的时间，进行一次集中的课堂检测；不仅检测通过文本学习应该获得的“事理”“顺序”“精神”的基本内涵，还应该适当拓展，通过书外的诸多“事理说明文”的考核来检测学生在学习上的迁移能力，最终有没有真正形成能力，究竟还存在哪些问题，从而为后一课事理说明文《阿西莫夫短文两篇》的学习提供依据，调整学习策略，使后期的学能够更加有的放矢。

3. 课后

课堂作业与课后作业是相辅相成的。所以，课后作业的布置不应该脱离课堂作业的实际情况。事实上，课堂作业时间是一定的，不可能有过多的时间来练习，所以，必须借助于课后作业来深化、拓展、提升。尤其是像《大自然的语言》这样的事理说明文，不仅要知，更要行。怎么办？我们的办法就是在学完后，在课后布置相关作业进行消化、应用，特别是充分应用好文后“积累拓展五”：“这篇文章总结了物候现象来临的四个决定因素。课外查找资料，或根据自己的观察、体验，为课文补充一些例证，还可以探究一下是否有其他决定因素，与同学交流。”通过查找、观察、体验、补充、探究、交流等一系列的课外学习行为，既巩固了对“物候现象来临的四个决定因素”的认知，更将知转化为能，学转化为用，学习的意义得到了真正的体现。

《大自然的语言》应该怎么教，绝对不是教师随意确定的，不是通过拿来就能教学的，必须以本为本，充分确定好教学内容，有步骤地进行教学；必须以学为本，通过“独学”“合作”“导学”来发现、分析、解决问题；必须以用为本，通过检测、反馈、迁移、查找、观察、体验、补充、探究、交流等方式，促进学，发展学。如此，才能通过《大自然的语言》的教学让学生真正理解、把握文章内涵，全面培育学生语文核心素养，促进学生语文学习水平与能力不断提升与发展。

《大自然的语言》究竟应该怎么教，确实是一个问题，一个存在着极大问题的问题；但通过理性剖析之后，这似乎又不应该成为一个问题！

第六节 “正语文”课堂教学之自读课文实践

2017 年秋，全国开始统一使用的义务教育语文学科教材打破了长期以来存在的“一标多本”之格局。此套统编语文教材有一个显著的创新和亮点，就是创建了一个从“教读课文”到“自读课文”再到“课外阅读”的“三位一体”的阅读体系。对于“教读课文”，教者普遍重视，研究者众，效果较为明显突出。而对于“自读课文”，重视程度相对薄弱，研究也相对滞后，效果很不理想。

在“自读课文”的实际教学中，普遍存在着“将自读课文当作教读课文，精讲精教”“将自读课文当作略读课文，大略施教”“将自读课文当作课外读物，可教可不教”等乱象。这就违背了统编语文教材设计初衷，偏离了自读课文教学轨道，制约了学生语文核心素养的有效培育与有序发展。

该如何凸显“自读课文”功能，有效教学“自读课文”呢？下面试以统编语文教材八年级下册第一单元自读课文《安塞腰鼓》的教学为例进行阐述。

一、大胆取消课前预习

“凡事预则立，不预则废。”这是教学的要求。确实，几乎所有“教读课文”都有“预习栏”，都有编者精心设计的“预习题”，以让学生有效“预”，进而有效“学”。这对于“教读课文”的学习是有道理的，是有益处的。但对于“自读课文”的教学却不然。

但在现实教学中，许多教师将“自读课文”当“教读课文”教，精心设计“预习题”，也让学生课前进行大量“预习”，以期达到更好的教学效果。

《义务教育教科书教师教学用书》编写说明中指出：“教读课文，由教师带着学生，运用一定的阅读策略或阅读方案，完成相应的阅读任务，达成相应的阅读目标，目的是学‘法’。”“自读课文，学生运用在教读中获得的阅读经验，自主阅读，进一步强化阅读方法，沉淀为自主阅读的阅读能力。”由此可见，“教读课文”与“自读课文”各有不同功能——“教读课文”重在教“法”，学“法”；“自读课文”重在用“法”，形成能力。“教读课文”相当于理科的“例题”，“自读课文”则相当于理科的“习题”。

既然“自读课文”的设计目的是用“法”，那自然就不需要进行所谓的“预”“预习”，而应该直接是“法”的应用，“法”的实践；既然“自读课文”是“习题”，那教学“自读课文”就应该是“习题”的训练与检测。

事实上，统编教材中的所有“自读课文”都与“教读课文”助读设计不一样，未设置所谓的“预习栏”，其目的就是真正做到学以致用，真正让学生在课堂上运用“教读课文”之法自学课文——自我阅读、自我解读、自我探究、自我实践、自我发展。

取消课前预习，一方面切实减轻了学生语文课外学习负担；另一方面，让学生对“自读课文”内容充满着新鲜感、好奇心、尝试欲，在课堂上能够更加富有兴趣地“自读”；同时，学生语文学习时间相对变少，这就促进学生在语文课堂学习中更加投入、更加紧张、更加积极，进而实现课堂高效，达到事半功倍。

在教学“自读课文”《安塞腰鼓》时，尽管其篇幅不短，生僻字不少，理解也较不易，我们还是大胆取消预习，让学生直接课堂“自读”。事实证明，学生在没有任何预习的情况下，会更加认真，更为努力，效果自然更佳。

二、学生自读互研为本

叶圣陶讲，语文教学的“最终目的为：自能读书，不待教师讲”。语文课程标准更是指出，“积极倡导自主、合作、探究的学习方式”“教学内容的确定，教学方法的选择，评价方式的设计，都应有助于这种学习方式的形成”。“教读课文”需如此，“自读课文”更应如此。

“自读课文”重在“自读”两个字上。“自读”，“自己读”“自己解”“自己练”，显然，这是要求真正以学生为本学习语文的文章类型。只有在课堂上让学生“自读”的课文才是真正的“自读课文”，真正让学生“自读”，这样才能体现编者设计意图，体现“自读课文”的意义和价值；反之，则不能叫“自读课文”，是虚假的“自读课文”，名不符实。换言之，只有让学生在“自读”中学习“自读课文”，才能将“教读课文”所学之“法”转化为学生的自读能力，叶圣陶先生所提出的“自能读书”的目标才能实现，“自主性”才能得到真正体现。——“自读法”是“自读课文”教学最为根本的方法，是最为原则性的方法。

1. 自定学习目标

凡课堂学习都有学习目标。“自读课文”的学习也不例外。换句话说，“自读课文”的设置不是可有可无的，“自读课文”不是可教可不教的，学习“自读课文”是要有任务意识、目标意识的，“自读课文”有其特定的功能；只有完成“自读课文”应有的任务，达成“自读课文”应有的目标，“自读课文”的学习才算是结束。

现实教学中，学习目标的制定权常常是语文教师的，尤其是“教读课文”的学习。这不外乎是由“教读课文”的性质决定的——“教读课文，由教师带着学生，运用一定的阅读策略或阅读方案，完成相应的阅读任务，达成相应的阅读目标，目的是学‘法’”。但“自读课文”目标的制定权却不应该是教师的，而应该是学生的，否则，就违背“自读课文”的性质——“自读课文，学生运用在教读中获得的阅读经验，自主阅读，进一步强化阅读方法，沉淀为自主阅读的阅读能力”。所以，教师必须将“自读课文”的学习目标的制定权还给学生，让学生进行自主定标——教师通过前两篇“教读课文”的教学，通过积极引导，有效培养学生制定“学习目标”的能力与方法，学生通过前两篇“教读课文”的精学、细学，理应明晰本单元的学习目标，否则，就是教师职责的缺失。

通过“教读课文”的学习，学生自主地定标，教师有效地引导，最终确定《安塞腰鼓》“学习目标”如下：

(1) 在已学《社戏》《回延安》的基础之上，理解《安塞腰鼓》所蕴含的民俗文化的意义和价值。

(2) 用已学分析多种表达方式的方法来理解、把握《安塞腰鼓》所表达的情思。

(3) 能够品味《安塞腰鼓》富有表现力的语言，有感情地朗读课文。

2. 自定“学习”流程

通过两篇讲读课文的示范与引领，学生在自我确定“学习目标”的基础上，就开始进行自我的学习流程——“先学后教”。

“先学”:学生围绕自定的学习目标,用“教读课文”所学到的方法自我读文、钻研问题、探究实质,从而进行初步的“方法与能力”的应用尝试。

“后教”:在“先学”的基础上,再与同学一道共同研究、修正、解决“先学”理解中出现的诸多问题,使“方法与能力”的应用得到进一步的强化、沉淀。

在《安塞腰鼓》一文的教学中,“先学”就是让学生围绕着三个“学习目标”,通过阅读文本,通过默读朗读,通过勾画圈点,通过对课文内旁批和课文后阅读提示的自我思考与处理,初步地理解、把握、达成学习目标。对已经理解的问题,写上关键词;对理解模糊或不能理解的问题,做上标记;对新发现的问题,则写下来——以“后教”时交流、研讨、互动。

“后教”就是在学生自我思考解决《安塞腰鼓》问题、努力达成学习目标的“先学”基础上,让学生在自己理解的基础上进行交流,从而得到进一步的完善,对自己未理解的问题通过询问、质疑以及彼此的研讨进行最终的解决。这种交流与研讨可以是两人,可以是多人,也可以是全班,因问题的不同而采取不同形式。

需要说明的是,在实际教学过程中,“先学”需多长时间,“后教”需教什么问题,由哪些同学研究,都因学生各自实际状况的不同而由学生自己确定与选择——因为有了“教读课文”的尝试与训练,学生实际也已经有了自我确定与选择的方向与能力;而又因为“自读课文”是用“法”,是践“法”,是“教读课文”所习之“法”的应用,所以,在整个学习过程中,会显得更加认真,会更加珍惜时间。

三、取消课后书面作业

“温故而知新”“学而时习之”,这是孔子教导之言,适合于“教读课文”,但不适合于“自读课文”。这同样是由“自读课文”的性质与功能决定的。

“自读课文”紧承“教读课文”,是以“教读课文”教学为前提的;“教读课文”是例子,是例子就要学深、学透、学实、学到位,就需要用一些课后作业来强化、巩固、深化。而“自读课文”是习题,是例子中思想与本质的应用。相对于“教读课文”而言,“自读课文”本身就是练习题。

因此,需取消围绕着“自读课文”这一“习题”再进行所谓的训练。否则,就是“习题”中的“习题”,就是节外生枝,就是主次不分,就是本末倒置,就是没完没了,就会加重负担,就是违背编者编写意图,失去“自读课文”的设置意义——“自读课文……没有设置练习,目的是加大自主阅读的力度”。虽然“自读课文”后所设置的阅读提示似乎也有类似于习题的内容,但完全是可以穿插在课堂教学中实施与完成的。《安塞腰鼓》后的阅读提示讲“这是一篇适合朗读的文章,大声朗读几遍,自然能感受到其中强烈的生命律动”,这一要求在课堂上完成,课后不再作要求。

事实上,对于确实富有价值的“自读课文”,如果在课堂教学中学生还不能完全理解与把握，可以适当进行相关练习。这种练习，绝对不能是语段分析类的，不能是抄写类的；只能是朗读类的，阅读类的，心得类的，拓展类的，综合实践类的；必须少而精，必须恰到好处，必须慎之又慎，尤其是不能加重学生的学业负担。如《安塞腰鼓》可以布置“配上音乐，朗读课文，录制下来，发至群中”之作业，从而更好地消化、理解情感，培育语文的核心能力。

四、发挥教师应有作用

“自读课文”以学生自读互研为本，但并不排除教师作用的发挥，相反，教师应有作用的发挥对这类课文学习效果的影响很大。

1. 组织作用

课堂学习效果的好坏常常就在于有没有有效的组织。“自读课文”的教学以自读互研为本，更需要有效组织。

在“自读课文”教学中，教师必须全程有效组织学生进行自读——组织学生自我进入文本、自我阅读课文、自我探究课文、彼此研讨课文，最终理解课文、形成语文素养。

这里需要重点说明的是，组织教学的第一步就是“导入新课”。在“自读课文”的导入过程中，必须大胆地取舍，采用“开门见山，直奔主题”的方法导入，而不是像“教读课文”导入一样，用所谓的精美设计(通过可感的动画、动听的音乐、华丽的文字、富有创意的背景)导入，这是由“自读课文”的性质决定的，这是由课堂教学的主体内容决定的，是为了让学生有更多的自读学习的时间，更好地完成自读任务，达成自读目标，只有教师少说，学生才能多学。

如《安塞腰鼓》的导入：同学们，今天，我们来自读、研究刘成章所写的抒情散文《安塞腰鼓》。——这样的导入，干脆利落，节约了时间，提高了效率。

2. 引导作用

引导是教师课堂作用发挥的关键，“自读课文”更是重在教师的有效引导。

一是在学生自读、自探、研讨达到“愤”和“悱”之时，教师给予适当的启发、提示与诱导。

二是教师适时适当的、必要的讲解与提示。

“自读课文”以学生自读为主，要不要教师的讲解呢？一切看需要，没有统一的要求。

如《安塞腰鼓》一文，学生对于安塞腰鼓并没有太多的了解，在学生自读、互研的基础之上，适时提供关于安塞腰鼓的常识：安塞腰鼓是产生于陕北黄土高原延安市辖下安塞县(现为安塞区)的一种民间艺术。安塞腰鼓表演可由几人或上千人一同进行。要求挥腿有股狠劲，踢腿有股蛮劲，转身有股猛劲，跳跃有股虎劲，看了叫人带劲，听了给人鼓劲。安塞腰鼓磅礴的气势、精湛的表现力令人陶醉，被称为“天下第一鼓”。

再如，学生对文章主旨不够明晰，涉及写作背景，这时，教师就需要不失时机地投影写作《安塞腰鼓》的背景：“《安塞腰鼓》写于20世纪80年代，当时，西北地区黄土高原比较贫穷、保守、封闭、落后，人们生活很是艰苦。整个中国也都比较落后。全国都正处于改革开放的初期，正如火如荼地进行着改革开放。中国的西北地区，较之沿海地区的改革开放又推迟了几年，自然落后更多。”

在无法理解旁批“最后一句话营造出一种怎样的意境？体会结尾的妙处”之问题时，则适时介绍一下安塞区30多年后发展的状况——“陕北地区生态脆弱、灾害频发、交通不便，又加之基础设施薄弱，发展相对困难，有很多的贫困人口、贫困村、贫困镇，安塞是贫困区。但安塞区人民不屈服，积极作为。2018年7月8日，安塞区最后的55个贫困村全部达到脱贫退出标准。至此，整个安塞区成为脱贫区。安塞区的下一个奋斗目标就是确保脱贫后不返贫，力度不减奔向‘小康安塞’”，从而让学生准确理解“鸡啼”不仅是“以静写动”，更是一种象征，一种期望，一种目标，一种冲破，一种新生活的开始，且这种生活一定能够实现。

三是教师必要的板书。

现代教学中，教师常常不注重板书。不用说是“自读课文”的学习，就是“教读课文”的学习也常是如此，常常是用课件来代替板书。这种板书是一种预设的、静态的，而不是动态的、针对学生实际所学的有效的板书，对于学生语文素养的提升，尤其是对学生知识的掌握、思维的发展缺少真正的指导作用。板书必须高度注重“适时”与“适当”。“适时”，恰在其时，“愤启”之时；“适当”，抓住关键，突出重点。

教师在学生自读、互研之时，需要走到学生中间看、听、察、思、记，了解其学习中真正存在什么问题，在后期解疑时，有针对性地、有重点地引导解决这些问题，这时具有个性、适时、适当的板书就显得尤为重要。

3. 激励作用

教师的作用不仅在于有形的，还在于有声的与无形的。教师在整个“自读课文”的课堂上都应该是充满激情的，这当然会在无形中给学生以正确的影响。不能因为是“自读课文”不是“教读课文”就不注重自己形象的塑造与影响。

有感情地朗读是《安塞腰鼓》一文的学习目标。为使这一目标能够有效达成，除了教师的引导，分析字词句的内涵、读法外，教师还应该在课堂上进行示范性朗读，最好能够以“安塞腰鼓”音乐、视频为背景录制自己的朗读（注意，非他人的朗读），根据课堂需要适时播放，从而让学生从教师的朗读中感受到安塞腰鼓的魅力，让学生模仿有据，更好地理解与把握文章的情感。

再如，学完《安塞腰鼓》，教师为了引导学生从安塞腰鼓中汲取力量，可以采用下面的结束语——“同学们，无论生活在南方还是北方，无论生活在乡村还是城市，无论生活贫穷还是富裕，无论逆境还是顺境，我们都一定要拿出敲打安塞腰鼓的那股精神来，气势来，激情来，坚定信念，积极乐观，坚强不屈，奋发向上。如此，才能不负人生，活出精彩，活出意义！”如此，学生不仅学到《安塞腰鼓》知识，还能走出来，学到其精神，用于自己的学习、生活之中，可谓一举多得。

4. 督查作用

在学生自读、互研的全过程中，教师必须关注每一位学生，关注学生的学习状态，督促学生更加积极、更加努力，确保每一位学生通过本课的学习，语文素养都能有所提升。这是有效教学的保障。

“自读课文”是语文统编教材的创新型课文。只有用心剖析，不断研究，才能厘清其与“精读课文”“略读课文”教学的区别，才能把握其教学本质、特征、功能，才能让其教学正确归位，才能使其在教学中真正发挥功能，才能真正促使学生语文核心素养的全面提升。

附 录

附录一:让每一个师生享受书香

——泰兴市洋思中学大阅读实施思考

一、强化对大阅读的高位认识

大阅读是相对于小阅读而言的。

小阅读之小者,表现在仅是语文教材的阅读。大,则不仅是语文教材阅读,还指其他各种教材的阅读,数学、英语、物理、化学,等等,哪一门功课都是通过阅读来发展的。

小阅读之小者,表现在仅为课堂阅读。大,则不仅是课堂阅读,还包括了课间的阅读。

小阅读之小者,表现在仅为学校内的阅读。大,则不仅是在学校内的阅读,还包括着学校外的阅读。

小阅读之小者,表现在读显性之材料。大,则不仅表现为显性,还表现为隐性,如读社会,读山川,读自然,读各种人,读各种事件。

小阅读之小者,表现在仅为学生阅读,仅为少数学生读,是小众的读,非大家的读,这是剥夺学生读书权利的表现。大,则不仅表现为学生阅读,还表现为教师阅读,除了语文教师阅读,还有其他学科教师阅读,不仅是教师的阅读,还包括着学生家长的阅读。

小阅读之小者,表现在仅为语文的阅读,为考试的阅读,为升学的阅读,是功利性的阅读。大,则不仅是为考试的阅读,还表现为为未来的阅读,为成长的阅读,为奠基的阅读,为大我的阅读。

小阅读之小者,表现在仅对名著进行阅读。其实,学生成长,需要很多方面的阅读,有名著的,还有很多非名著的,如军事、农业、工业、科技等方面的阅读。

小阅读之小者,表现在偶尔阅读,暂时阅读,瞬时阅读,短时阅读。大,则表现在长时阅读,永久阅读,终身阅读。

小阅读之小者,表现在浅薄、粗浅,不求甚解,不求深入。大,则是指深入,深刻,既知其表,更知其里。而不是走马观花,浅尝辄止,浮光掠影。

二、大阅读需要扎实有效的措施

为让大阅读能够落地、生根、发芽、开花、结果并茁壮成长,学校不仅要改变思想观念——读书对于升学作用不大，而且应该从“立德树人”的高度来看待，来推进，来践行。

学校如何做？把大阅读当作课程来做。而不仅仅是喊口号，要有具体的措施，要有强有力的招数，列入课表，有内容，有人员，有考核，有措施。

要有时间读——除了正常上课必须有时间让学生读教材外，洋思中学还增加了专门的读书时间，每天下午的 3:20—3:50。这在整个泰兴是独此一家，这就保证了真正有时间读书。

要有地方读——学生读书时间在班级教室，教师读书时间在统一规定的地点，即阅览室和实验室。

要有内容读——学生读书包括了两类书，一类是文学名著类，这是主体，因为语文教材中有若干部这样的书要读，二是非文学名著类，即兴趣类的书，如军事的、科学的、人文的、哲学的、农业的、动物的等等。周五专门读后一类书。教师读书有两类，一是学校统一下发的教学研究方面的书，二是自我选择的书，学校统一发书和教师自我购书两者结合。

要有效果地读——把大阅读列入课程，变为学校课程的一部分。这样的阅读，一定是有效果的。只有列入课程，学生才会重视，教师才会认真。学生读书，要有教师的导读，每个年级教师都要进行至少两节导课，激发学生读书兴趣，教给学生读书的方法；学生读书，由班主任坐班，跟学生一起读书，看住学生，保证秩序，学校值班领导巡察，拍照，记录，考核，不得有任何的非读书现象，特别是移作他用；每学期各举行一次读书展示活动，由家而班而年级而校逐步进行，比摘录，比手抄报，比反思，比讲故事，比应用，比研究，比发现，比谁升级快且好。教师读书，集中地点，免得稀稀落落的，有氛围，有值班教师专门记录，拍照上传；要对教师读书进行考核，有摘录，有心得，有反思，有应用。另外，创设读书氛围，让每一位师生共度读书好时光。

大阅读展望——大阅读工作不应该是运动，而应该是常态，应该是学校的正常工作，应该是学校提升教学质量，提升内涵品位的重要抓手，而不是为了应付的形式主义，更不是让学校、让教师、让学生说谎的又一个渠道。大阅读应该是一把手工程，而不是哪一个分管负责人的事情，应该成为教育教学工作的常态。

大阅读不是任务，而是工作，是生活，是生活的常态。只要持之以恒地抓下去，大阅读一定会富有成效。小而言之，对语文水平的提升有作用；中而言之，对学生各门功课的提升有作用；大而言之，对学生未来成长有作用。近而言之，对学校品位提升有作用；远而言之，对整个中华民族的未来发展有作用。大阅读是教师专业发展的重要抓手。

附录二:师生共读,馨香校园

——泰兴市洋思中学开展大阅读活动概览

作为基础教育改革先锋的“洋思人”义无反顾地加入全民阅读的大潮中,轰轰烈烈地开展了“师生共读,馨香校园”大阅读活动。学校实施了以下举措:

1. 依托优势资源,广开图书渠道。学校经过多方磋商,与泰兴市图书馆建立合作关系。师生每人办一张借书卡,既可以在学校图书馆借书,也可以在市图书馆借书,切实解决了图书资源不丰富的难题。同时,也避免了因为阅读买书,给学生家长带来不必要的经济负担,受到家长的一致好评。

2. 安排相应时间,集中进行阅读。在繁重、紧张的教学中,学校坚持每周抽出三个大课间的时间,让同学们在教师的引领下集中阅读。有组织、有计划、有指导的集中阅读,切实提高了阅读效果。

3. 开辟专门场所,坚持师生共读。学校专门设置了阅览室,让教师们静心阅读,增加知识储备。学高为师,身正为范,教师们率先垂范,极大地激发了同学们的阅读积极性。

4. 强化监督管理,注重信息反馈。在师生共读时间,学校加强监督,对漫不经心的教师、同学及时通报诫勉,维护良好的阅读风气。

在学校阅读方针的指导下,我班积极参加大阅读活动。为提高阅读效果,近一段时期,我班也采取了一些小小的措施。

1. 坚持读法指导。小说名著指导学生略读,重在体味人文内涵。美文小品,倡导大家精读,感受文笔的优美。社会综合类,建议大家选读,增加自己见闻。

2. 书上的推荐篇目,虽不要求同学细读,但要求读后注意反思。要求大家每读一定章节,能概括情节,能抓住节点进行反思。内容不限,可联系天文、地理、历史等进行天马行空的想象,在一定程度上训练了学生的写作能力。

3. 美文小品的赏读,要求同学们每读一篇,找出自己认为最美的文字,进行记忆、仿写,增加大家的语言储备。

4. 提倡睡前小读。要求同学不拘文字,不限篇幅,不做要求,小读 10 分钟,带着软绵绵的倦意酣然入梦。随意的小读往往会在不经意间有意想不到的收获。

5. 定期举行读书交流会、故事会等活动。既提高了学生的阅读兴趣,也促进了阅读质量的提高。

书山有路勤为径。校园大阅读虽然开展时间不长,但大家都感觉,学校书卷味浓了,师生言行儒雅多了,同学之间开始谦恭礼让了。

愿“师生共读,馨香校园”大阅读活动更加蓬勃,为洋思的教改腾飞插上翅膀。

附录三：泰兴市洋思中学“正语文”课堂教学十条刚性要求

1. 所有教师必须严格遵守课堂教学常规，特别是按时上下课，不得对上下课铃声充耳不闻，不得提前上课，不得拖课。

2. 所有教师在整个教学过程中必须充满激情、教态亲切、运用普通话，必须全身心地投入教学中去，不得做与教学无关的事情。

3. 所有教师必须确保在整个教学过程中关注到所有学生，让所有学生像考试一样紧张地学习，一定要确保学生在课堂上认真、积极，绝对不能出现有一个学生随意、马虎的现象，特别是有问题的学生，确保实现“堂堂清”“人人清”的目标。

4. 课堂上所用课件要确实能为教与学服务，要实在、有用、有效，不要花哨，可有可无的课件一定不能出现；教师上课板书规范、认真，一定要起到示范、引领、提升等作用，要恰到好处，不得随意、马虎。

5. 课题导入要简洁明了，三言两语，恰到好处，不得暗示、提示，两分钟内必须揭题、示标。

6. 学习目标必须明确、准确、具体、恰当，以知识目标、能力目标为主，情感目标渗透其中。目标一定要让学生看清楚，弄明白，不得走过场。整堂课必须围绕目标展开，与目标无关的少提、不提。

7. 不得预习，课堂必须从学生的“先学”开始。学生“先学”时，必须充分相信学生，相信学生学习的潜能，让其自己学，自己思，自己试，自己创，确保学生主体地位。教师必须充分估算，保证学的时间，让学生学得够，学得透；学生“先学”时，教师不得干扰，不必提醒、提示，要走下去，做好观学、督学、思学的工作，做好“二次备课”的工作，努力为学生“后教”做好材料的准备。

8. 学生“后教”时，教师必须充分放手引导学生进行“兵教兵”，不能见问题就讲，一定要体现“兵教兵”的过程，一定要让差生暴露问题，让尖子生帮助，可同桌帮助，可四人帮助，亦可全班帮助，教师最终要在“兵教兵”的基础上，引导学生由感性上升为理性，形成规律性的认识。

9. 学生“当堂训练”时，一定要精选训练题，保证训练题围绕目标展开，起到检测作用；一定要充分保证训练时间，确保在下课之前能够完成、收齐；一定要分层次，基础题一定不能难，确保基础题“人人清”“当堂清”。

10. 教师课堂上要尽可能少讲、不讲，要全过程引导学生紧张、有效地学。

附录四：泰兴市洋思中学“正语文”课堂教学评价表

<table>
<tr><td colspan="3">授课人</td><td>班　级</td><td colspan="2"></td><td>时　间</td><td colspan="2"></td></tr>
<tr><td colspan="3"></td><td>课　型</td><td colspan="2"></td><td>课　时</td><td colspan="2"></td></tr>
<tr><td rowspan="2">评价序列</td><td rowspan="2">评价项目</td><td colspan="3" rowspan="2">评　价　内　容</td><td rowspan="2">评价权重</td><td colspan="2">评估结果</td><td rowspan="2">项目得分</td></tr>
<tr><td>分值</td><td>得分</td></tr>
<tr><td rowspan="2">一</td><td rowspan="2">目标意识</td><td colspan="3">1. 教与学的目标吻合，具体、明确、科学、可测，符合课程标准，切合教材和学生实际。</td><td rowspan="2">10</td><td>5</td><td rowspan="2"></td><td rowspan="2"></td></tr>
<tr><td colspan="3">2. 重点、难点得当，抓住关键，符合要求，以简驭繁；准备充分、合理、切实。</td><td>5</td></tr>
<tr><td rowspan="8">二</td><td rowspan="8">主体意识</td><td colspan="3">3. 教学思路与学习思路科学、清晰，课堂结构符合学习规律、学科规律。</td><td rowspan="8">30</td><td>5</td><td rowspan="8"></td><td rowspan="8"></td></tr>
<tr><td colspan="3">4. 先学后教，面向全体，体现差异，因材施教，正确处理预设与生成的关系。</td><td>5</td></tr>
<tr><td colspan="3">5. 传授知识准确，以目标和问题导向进行有效施教，施教过程与学习过程符合学生认知规律。</td><td>5</td></tr>
<tr><td colspan="3">6. 学习环境和谐、良好，探究、质疑、讨论、合作等活动恰当。</td><td>3</td></tr>
<tr><td colspan="3">7. 科学指导学生学习方法，注重学生实践、创新能力的培养。</td><td>3</td></tr>
<tr><td colspan="3">8. 体现知识、能力、情感的形成过程，激发学生自主探究热情，引导学生自悟与发现。</td><td>3</td></tr>
<tr><td colspan="3">9. 学生课堂学习的全过程真实、有序、紧张，教师及时、有效地处置相关问题。</td><td>3</td></tr>
<tr><td colspan="3">10. 学生学习主动、灵活，人人参与，课堂气氛活跃，热爱教师，热爱课堂，热爱学习。</td><td>3</td></tr>
</table>

续表

评价序列	评价项目	评　价　内　容	评价权重	评估结果		项目得分
				分值	得分	
三	训练意识	11. 现讲现练，精讲精练，注重思维训练，以文本为要，落实“三基”(知识，技能，思想)。	20	10		
		12. 训练方法灵活多样，即时反馈，效果明显。		5		
		13. 教学信息多向交流，反馈、矫正及时。		5		
四	情感意识	14. 教学民主，尊重学生，师生平等、和谐。	8	3		
		15. 热爱每一个学生，对每一个学生负责，让每一个学生获得。		3		
		16. 注重培养和激发学生良好的学习时机，发展兴趣、习惯、信心等非智力因素。		2		
五	技能意识	17. 教师个体素质高，基本功扎实，严格执行学校课堂教学常规。	12	3		
		18. 用普通话教学，声音洪亮、清晰，语言规范简洁，生动形象。		3		
		19. 形象育人，身正示范，教态自然，端庄大方，有亲和力、凝聚力及鼓动性。		2		
		20. 板书工整、美观、适宜、恰当，层次清楚，言简意赅，富有启迪性。		2		
		21. 根据教学实际选用恰当的教学手段，能熟练、恰当使用现代化教学手段，不做花架子。		2		
六	效率意识	22. 向45分钟要质量，做到“堂堂清”“人人清”，能达成教与学目标，教学效果好。	15	10		
		23. 以全面提升语文核心素养为目标并贯穿始终，使学生听说读写能力均得到真正的提升。		3		
		24. 信息量适度，学生负担合理，各类学生均能够得到合适的发展。		2		
七	特色意识	25. 既体现学校要求的共性、教学的共性、学科的共性，又体现个人特色与风格以及教学的个性。	5	5		
综合评价			总分			
听课教师：________						

注：100—90分为优秀，89—75分为良好，74—60为合格，60分以下为不合格。

附录五：泰兴市洋思中学“正语文”课堂教学教师课内规则

一、执行教学法规，严格按课表上课，必须按教案授课，严禁无教案上课。未经批准不得私自调课、缺课。

二、预备铃响后，语文教师愉快地站在教室门口，关注每个学生。若发现有缺课学生，及时与班主任联系。上课铃响后，语文教师精神抖擞、富有激情、面带微笑地走进教室，亲切地说“同学们好”，学生们齐说“教师好”，教师再微笑着说“请坐下”。

三、每节课开始，教师都用简洁语言等有效形式组织教学，能根据学生学情有机进行教学，调动学生学习积极性，促进学生全过程注意力集中地学习。

四、教师用普通话讲课，声音响亮，语言简洁；板书工整，有条理；能灵活运用多媒体设备。

五、对自己严格要求，严禁教师带茶杯、手机进课堂，着装整洁、端庄，不坐着上课，不随便离开课堂。

六、课堂上如发现学生不遵守纪律，教师可采取目光示意、语言警告等形式，巧妙地处理偶发事件，严禁让学生停课或外出，严禁体罚和变相体罚学生，特别是让学生站着上课。

七、每节课都必须当堂完成作业，下课前交作业本，立即由学科代表送办公室，不得留任何形式的课间作业。

八、督促、指导学生做好眼保健操。

九、按时下课，下课铃响后，班长喊“起立”，教师亲切地说“同学们再见”，学生呼应“老师再见”，之后，教师可先行离开。

附录六：泰兴市洋思中学“正语文”课堂教学学生课内规则

一、预备铃响后，将本节课相关的书本和文具放在课桌的左（右）上角，停止讲话，坐姿端正，胸部距课桌一拳，眼离书本一尺，静静地等待教师上课。真正做到“入室即静，入坐即安”。

二、上课铃响后，班长喊“起立”，教师亲切地招呼“同学们好”，同学们一起有礼貌地大声应答“老师好”，教师微笑着说“请坐下”，学生方可坐下并坐正，等待教师发布学习指令。

三、课上坐姿端正，集中注意力，专心听讲，勤于思考，做好思考记录，积极参加讨论，勇于发表见解，回答问题要大声，要讲普通话。

四、严格执行《中学生日常行为规范》，不得将手机等通讯工具带进课堂，课上不喝茶，不吃零食，不做小动作，不随便讲话，不妨碍他人学习，不得擅自离开教室。特别是配备好语文学习所用工具书——《现代汉语词典》《成语词典》《古代汉语词典》。

五、认真独立完成教师布置的作业，要求书写工整，不抄袭，不与他人讨论，不翻阅任何资料，真正做到“堂堂清”。

六、尊重教师，服从教师的教导；有问题课下解决；不上甲课做乙课。

七、认真做好眼保健操，要求动作准确，真正达到保健的目的。

八、下课铃响后，班长喊“起立”，教师亲切地说“同学们再见”，同学们大声齐呼“老师再见”，待教师离开教室后，方可离开教室。